Peter Zolling
Das Grundgesetz
Die Verfassung unserer Demokratie

Peter Zolling, Hamburger Historiker, Verfassungsrechtler und Kommunikationsexperte, verantwortete im Nachrichtenmagazin DER SPIEGEL den Themenbereich Zeitgeschichte. Einem breiteren Publikum ist er durch sein hochgelobtes Standardwerk ›Deutsche Geschichte von 1848 bis zur Gegenwart – Macht in der Mitte Europas‹ bekannt, das als erweiterte Neuausgabe 2017 bei *dtv* erschien. 2022 legte Zolling eine Studie über den Hamburger Unternehmer Ernst Jung vor, die dessen Verstrickung in Zwangsarbeit und Kriegswirtschaft während der nationalsozialistischen Gewaltherrschaft enthüllte.

Peter Zolling

DAS GRUND GESETZ

Die Verfassung
unserer Demokratie

dtv

1. Auflage 2024
© 2024 dtv Verlagsgesellschaft mbH & Co. KG, München
Umschlaggestaltung: Lisa Höfner | buxdesign, München
Umschlagmotiv: shutterstock.com / Tobias Steinert
Satz: Fotosatz Amann, Memmingen
Gesetzt aus der Minion
Druck und Bindung: GGP Media GmbH, Pößneck
Printed in Germany · ISBN 978-3-423-62795-5

Für Andrea und Hermann Zolling

INHALT

I. 75 JAHRE GRUNDGESETZ – EINLEITUNG ZUR NEUAUSGABE

KOMPASS IN ZEITEN DER KONFUSION

Als dieses Buch 2009 zum 60. Geburtstag des deutschen Grundgesetzes erstmals erschien, standen Staaten und Gesellschaften in der ganzen Welt im Bann einer globalen Finanz- und Wirtschaftskrise – wie zuletzt Anfang der Dreißigerjahre des 20. Jahrhunderts. In Deutschland gelangten damals die Nationalsozialisten an die Macht, bis dahin eine als nicht regierungsfähig geltende radikale Rechtspartei, nun aber Nutznießer einer dramatisch ansteigenden Arbeitslosigkeit und des dadurch verursachten sozialen Elends. Mit der schrittweisen Errichtung einer Diktatur machten ihr »Führer« Adolf Hitler und dessen Gefolgsleute der demokratischen Verfassung der Weimarer Republik den Garaus. Die entsetzlichen Folgen sind bekannt. Nun, 80 Jahre später, sahen wir wieder eine weltweite Finanz- und Wirtschaftskrise, und glücklicherweise blieb diesmal eine Katastrophe aus.

Dennoch: Die vom Fall der US-amerikanischen Großbank Lehman Brothers im September 2008 ausgelöste Erschütterung der meisten Volkswirtschaften der Welt verschärfte alte und erzeugte neue gesellschaftliche Spannungen, die bis heute fortwirken. Dazu beschwor sie weitere Herausforderungen herauf, wie etwa die Euro- und Staatsschuldenkrise, die nur wenig später Europas Einheit auf die Probe stellte. Seitdem, so das weitverbreitete Zeitgefühl, sind Krisen zum Erkennungsmerkmal, ja eine Art

Markenzeichen unserer Epoche geworden. Ihr anschwellendes Begleitrauschen im Alltag, also in der subjektiven Wahrnehmung eines jeden Einzelnen, wurzelt im Aufstieg der sogenannten *sozialen Medien* zu einer neuen Kommunikationstechnik mit all ihren Möglichkeiten leider nicht nur zur Meinungsäußerung, sondern auch zur Meinungsmanipulation.

Nicht alle diese Krisen haben direkte verfassungspolitische oder verfassungsrechtliche Folgen. Aber viele beeinflussen doch auf längere Sicht und im weitesten Sinne die *Verfassung* eines Landes und damit ebenfalls das Bau- und Regelwerk seines Staates und seiner Gesellschaft. So auch im Fall des Grundgesetzes, der Verfassung der Bundesrepublik Deutschland, die 2024 seit 75 Jahren besteht.

Das Jubiläum unserer Verfassung wäre für sich allein betrachtet vielleicht noch kein Anlass für eine Neuausgabe eines Buches, das vor allem als Einführung in eine komplexe Materie gedacht war. Aber schon 2009 war auch vom Wandel die Rede, dem eine Verfassung wie das Grundgesetz Rechnung tragen muss, einem Wandel, der in unterschiedlicher Gestalt auf die politisch-soziale Bühne treten kann: Einmal verdrängen neue Wertvorstellungen alte und verlangen nach Repräsentation, so etwa bei den Debatten um die Ehe für alle oder die geschlechtliche Selbstbestimmung. Ein andermal werfen wirtschaftliche und technologische Durchbrüche Fragen auf, etwa nach dem erweiterten Schutz von Grundrechten im digitalen Zeitalter oder zum Verhältnis von *künstlicher Intelligenz* (KI) und menschlicher Autonomie und Kreativität.

Daneben oder besser darüber erleben wir im 21. Jahrhundert globale Krisen und Herausforderungen, auf die das Grundgesetz allein zwar keine Antworten geben kann, die es aber berücksichtigen, ja verinnerlichen muss. So, um nur das drängendste der weltumspannenden Themen zu nennen, der vom Menschen mit zu verantwortende Klimawandel, der uns Voraussetzungen und

Grenzen unserer Existenz auf dem Planeten Erde drastisch vor Augen führt.

Es hinterlassen, wie gesagt, nicht alle kleinen und großen Krisen sichtbare Verfassungsspuren. Aber Auswirkungen auf das Verfassungsverständnis haben die globalen Brandherde mit ihren oft dramatischen Folgeeffekten sehr wohl. Sei es die Gefahr durch den Terrorismus, wie ihn die islamistischen Anschläge am 11. September 2001 in New York und Washington versinnbildlichen, seien es die Weltwirtschaftskrise am Ende der Nullerjahre und die darauf folgende Euro- und Europakrise, sei es die Fluchtbewegung über den Balkan 2015 und der fortwährende Migrationsdruck oder der als »Zeitenwende« verstandene Überfall Russlands auf die Ukraine im Winter 2022 – stets waren und sind durch solche gravierenden Ereignisse auch die das Grundgesetz tragenden Werte berührt, nämlich Freiheit, Sicherheit, Gleichheit, Recht und Gerechtigkeit. Damit verweisen sie zugleich auf den obersten und höchsten Wert, das Leitbild unseres Grundgesetzes: die alle Grundrechte überwölbende, unantastbare Menschenwürde.

Von vielen aufwühlenden Ereignissen aber hat in der jüngeren Vergangenheit nichts die deutsche Verfassung und die darin verbürgten Grundrechte so stark unter Druck gesetzt wie die sich seit Anfang 2020 weltweit ausbreitende Corona-Pandemie. Nie zuvor in der Geschichte der Bundesrepublik Deutschland, weder vor noch nach der Vereinigung mit dem Osten Deutschlands, hatte es derart tiefe Eingriffe des Staates in die Grundrechte seiner Bürgerinnen und Bürger gegeben. Doch um es gleich vorwegzunehmen: Keineswegs ist das Grundgesetz dabei außer Kraft gesetzt worden oder drohte gar die Errichtung einer Diktatur, wie es auf Demonstrationen gegen die Anti-Corona-Politik von Bund und Ländern vielerorts laut tönte.

Ganz im Gegenteil hat sich das Grundgesetz in dieser Krise bewährt, und entscheidenden Anteil daran hatte der Grundsatz der Gewaltenteilung, also die Unabhängigkeit von Gerichten und

Richterinnen wie Richtern. Sie prüften, bestätigten oder verwarfen die Rechtmäßigkeit der von staatlichen Stellen beschlossenen Maßnahmen und kontrollierten so die politisch Verantwortlichen. Auch die oberste richterliche Instanz, das Bundesverfassungsgericht in Karlsruhe, war an diesem Prozess beteiligt und zeigte sich in seinen Urteilen so unabhängig, wie es unsere Verfassung vorsieht.

Die große Aufgabe des Karlsruher Gerichts ist es, den von der Politik gestalteten gesellschaftlichen Wandel kritisch zu begleiten und im Zweifelsfall – das heißt in seinen Urteilen – mit den Spielregeln und Anforderungen unserer Verfassung in Einklang zu bringen. Ja mehr noch: Mit seinen zwei Spruchkammern, dem Ersten und dem Zweiten Senat, entwickelt das Karlsruher Gericht die Verfassung unterhalb ausdrücklicher, mit Zweidrittelmehrheiten im Bundestag und Bundesrat förmlich zu beschließenden Veränderungen weiter. Man könnte auch sagen, es sorgt dafür, dass unsere Verfassung keinen Staub ansetzt. Das gelingt, wie alles im Mit- und Gegeneinander menschlicher Leidenschaften, Ansichten und Interessen, nicht immer perfekt. Aber doch immerhin so gut, dass das Bundesverfassungsgericht bei über 80 Prozent der Bevölkerung ein hohes bis sehr hohes Vertrauen genießt. Sieht man im Grundgesetz den Bauplan unserer Demokratie, stellen die inzwischen 160 Bände füllenden Urteile des Bundesverfassungsgerichts eine Art »Betriebsanleitung für die Bundesrepublik Deutschland« dar. So die treffende Bezeichnung, die der ehemalige Bundesverfassungsrichter Peter M. Huber in seiner Abschiedsrede am 24. März 2023 dafür gefunden hat.

Es waren, um auf das vorliegende Buch zurückzukommen, ereignisreiche Jahre seit dessen erstem Erscheinen vor 15 Jahren, und weil das Grundgesetz davon nicht unberührt bleiben konnte, haben sich Autor und Verlag entschlossen, es zu überarbeiten und zu aktualisieren. Dabei konnte vieles Grundsätzliche bleiben, wie es war, denn bei allen Veränderungen verkörpern Verfassungen wie das Grundgesetz in erster Linie das Bleibende und sind vor allem dazu da, die nicht selten konfliktreichen Prozesse des Wandels durch bewährte Institutionen und Verfahren in geordnete Bahnen zu lenken. Ein Charakterzug von Verfassungen ist ihre Beständigkeit im unablässigen Strom der Vergänglichkeit. Anker und Kompass zugleich zu sein, damit Stabilität *und* Richtung von Staaten und Gesellschaften stimmen – so könnte man ihre Aufgabe vielleicht definieren.

Für uns in Deutschland erscheint das umso wichtiger, als wir augenscheinlich in einer »Demokratie in Zeiten der Konfusion« leben – so der Titel einer Studie des Sozialwissenschaftlers Helmut Willke. Was der Forscher damit anspricht, nimmt seit Jahren immer bedrückendere Ausmaße an: Desinformation und Desorientierung, die bestimmte Milieus der Gesellschaft so heftig infiziert haben, dass sie – ähnlich dem Corona-Virus, das sie gern verharmlosen oder gar leugnen – zur epidemischen Gefahr werden könnten. In *Fake News*, Halbwahrheiten und Verschwörungsmythen wird Kompliziertes verführerisch vereinfacht und werden für alles, was in der Welt geschieht, Sündenböcke präsentiert. Verbreitet und vervielfältigt wird dies alles durch Kommunikationsplattformen im Internet, in denen jeder und jede rund um die Uhr und in Echtzeit Sender und Empfänger zugleich sein kann. Wir sprechen von *social media*, sozialen Medien, und erinnern uns, dass sie einmal ein großes demokratisches Versprechen waren. Heute müssen wir feststellen, dass sie mindestens so sehr, wie sie unser Leben bereichern können, zu Foren und Verstärkern von Hetze, Hass und Manipulation geworden sind.

Großen Anteil hatten die sozialen Medien auch an den zwei großen Radikalisierungsschüben, die Deutschland in den vergangenen anderthalb Jahrzehnten erlebt hat: den ersten 2015/16 im Zusammenhang mit der Aufnahme von über einer Million Geflüchteten vor allem aus dem vom Bürgerkrieg geplagten Syrien, den zweiten nach Beginn der Corona-Pandemie 2020, als selbst ernannte »Querdenker« gegen die politischen und behördlichen Maßnahmen zur Bekämpfung der Seuche agitierten. Beide Ereignisse wirkten bis in den Lebensalltag der Menschen hinein, erzeugten entsprechend große Spannungen und dürften den Aufschwung der in maßgeblichen Teilen mittlerweile rechtsextremen Partei »Alternative für Deutschland« (AfD) mit erklären.

Aber wie bedrohlich sind diese Radikalisierungsschübe für unsere Verfassung? Schließlich hat die nun schon seit 75 Jahren Stabilität *und* Wandel in Deutschland moderiert und so manche Herausforderung gemeistert. Verfassungsfeinde, rechts wie links, hat es in der bundesdeutschen Geschichte zu allen Zeiten gegeben, und immer haben das Grundgesetz, Politik und Gesellschaft solche antidemokratischen Kräfte kleinhalten können. Doch seit 2015 haben sich die Gewichte verschoben. Mit den erstmals im Herbst 2014 organisierten fremdenfeindlichen Pegida-Demonstrationen gegen eine vermeintliche »Islamisierung des Abendlandes« begann sich aus der Mitte der Gesellschaft heraus eine politische Bewegung am rechten Rand zu formieren, die ab 2020 Anschluss an das »Querdenker«-Milieu verschwörungsgläubiger Corona-Leugner fand.

Viele Aktivisten und Sympathisanten dieser beiden teils offen militanten Strömungen haben ihre politische Heimat inzwischen bei der AfD gefunden, die in Wahlumfragen Mitte 2023 bei rund 20 Prozent landete, als zweitstärkste Partei noch vor der SPD. Dieser Befund gewinnt dadurch an Brisanz, dass laut einer Untersuchung der Universität Hohenheim aus dem Jahr 2023 genauso viele Deutsche inzwischen ein geschlossenes rechtspopulistisches Weltbild haben, was die These von bloßen Protestwählern als Mär entlarvt. Ins Bild fügt sich, dass nach dieser Studie 25 Prozent der Deutschen mit der Demokratie in Deutschland unzufrieden sind, glatte zehn Prozent mehr als noch im Jahr zuvor.

Und bei diesem besorgniserregenden Aufschwung der Neuen Rechten, der ja vielerorts in Europa, aber seit der Präsidentschaft von Donald Trump auch in den USA unübersehbar geworden ist, bei der Wiederkehr von Autoritarismus, Nationalismus und Minderheitenfeindlichkeit gerät auch zunehmend das Grundgesetz ins Fadenkreuz der Feinde der Demokratie. Niemand sollte sich durch die vermeintlichen Verbeugungen dieser Freiheitsverächter vor der Verfassung täuschen lassen: Schon die Pegida-Anhänger führten gern das Grundgesetz im Munde und beriefen sich auf das Grundrecht der Meinungsfreiheit in Art. 5 GG und skandierten »Wir sind das Volk«, die Parole der Bürgerrechtler in der 1989 untergegangenen DDR. Das eine wie das andere aber stellte die Dinge auf den Kopf: 1989 war es um den Sturz einer Diktatur gegangen, 2015 protestierte man in einer Demokratie. Und während beim Thema Flüchtlinge scheinheilig vom Recht auf Meinungsfreiheit schwadroniert wurde, griff der Pegida-Mob zugleich mit Hassparolen, aber auch tätlich die von ihm so bezeichnete »Lügenpresse« an, Journalistinnen und Journalisten, die gemäß Art. 5 Abs. 1 GG ihrer Pflicht nachkamen und über solche Kundgebungen berichteten.

Noch stärker instrumentalisierten, ja missbrauchten die sich als »Querdenker« ausgebenden Verschwörungsideologen das Grundgesetz während der Demonstrationen gegen Corona-Maßnahmen des Bundes und der Länder, wenn sie, wie vor ihnen schon die Pegida-Anhänger, das in Art. 20 Abs. 4 des Grundgesetzes niedergelegte Widerstandsrecht für sich in Anspruch nahmen. Die radikalsten und fanatischsten unter der Pegida- und »Querdenker«-Gefolgschaft versuchten gar einen Sturm des Reichstags – eher eine Posse und dennoch so symbolträchtig wie bedrohlich auch deshalb, weil Ausfluss einer völligen Fehlinterpretation des im Grundgesetz gemeinten Widerstandsrechts. Es kann nämlich von den Bürgerinnen und Bürgern nur und erst dann in Anspruch genommen werden, wenn die verfassungsmäßige Ordnung der Bundesrepublik so gut wie abgeschafft ist, was, wie jeder, der noch ganz bei Sinnen ist, weiß, noch nie auch nur ansatzweise der Fall war.

Und noch eine Gruppe von eigentlich Grundgesetz-Feinden wäre hier zu nennen. Wie bei den Pegida-Anhängern und nicht wenigen »Querdenkern« handelt es sich um Menschen, die eine offene Gesellschaft ablehnen und von einem anderen Staat mit einer ethnisch »reinen«, homogenen Volksgemeinschaft träumen – wenn sie dieses aus der deutschen Geschichte nur zu bekannte Ziel nicht sogar offen propagieren. Die Rede ist von sogenannten »Reichsbürgern«, die nicht nur die Legitimität und Legalität der Bundesrepublik Deutschland bestreiten, sondern mit haarsträubenden Argumenten auch gleich deren Existenz. Unverblümt fordern sie die Abschaffung des Grundgesetzes, und seit die Mitglieder eines mutmaßlich terroristischen Stoßtrupps um einen gewissen Heinrich XIII. Prinz Reuß im Dezember 2022 beim größten Anti-Terror-Einsatz in der Geschichte der Bundesrepublik festgenommen worden sind, wissen wir, dass sie sich in ihrem Wahn sogar einen gewaltsamen Umsturz auf ihre Fahnen geschrieben haben. Dass 20 000 Menschen den »Reichsbürgern« zugerechnet werden, erschreckt.

Wie gefährlich die »Reichsbürger« tatsächlich sind, lässt sich schwer sagen. Aber sie eint mit den anderen Gruppen aus dem extrem rechten Spektrum ein Weltbild, das den Werten des Grundgesetzes konträr entgegengesetzt ist. Es ist geprägt von Rassismus und Antisemitismus, vom Hass auf Andersdenkende, von Intoleranz gegenüber religiösen und geschlechtlich nicht eindeutig definierten Minderheiten, von Frauenfeindlichkeit, antipluralistischen und antiliberalen Affekten, von übersteigertem Nationalismus und völkischen Reinheitsfantasien. Wer diesem Weltbild anhängt, verachtet folgerichtig den Rechtsstaat und die Demokratie einschließlich der beide auszeichnenden Ausgleichs- und Kompromissverfahren. Und diese Feindseligkeit schließt, ausgesprochen oder unausgesprochen, auch das Grundgesetz ein und dessen Ursprungsimpulse und Leitwerte. Freiheit, Gleichheit, Humanität, die unveräußerlichen Menschenrechte eines jeden

Einzelnen, all das gilt in diesem politischen Lager nichts. Umso mehr schweißt es stattdessen die radikale Leugnung des menschlichen Anteils am Klimawandel zusammen und die Verharmlosung von dessen Folgen.

Freilich: Angriffe auf die Demokratie sind, wie wir wissen, kein allein deutsches Problem. Vielmehr scheinen Autoritarismus und Nationalismus in großen Teilen der Welt auf dem Vormarsch zu sein: in Diktaturen mit Scheinabstimmungen wie Russland und China, wo der Nationalismus gar mit einem neuen Imperialismus einhergeht, in alten Demokratien wie den USA und Großbritannien, wo rechte Demagogen wie Donald Trump und Boris Johnson die Bevölkerung ihrer Länder in unversöhnliche Lager gespalten haben, aber auch auf dem europäischen Kontinent, etwa in Frankreich, wo eine Präsidentschaft der rechtsnationalistischen Putin-Bewunderin Marine Le Pen nicht mehr unvorstellbar ist, oder in Italien, wo ein Rechtsbündnis unter Führung der Postfaschistin Giorgia Meloni regiert. In Ungarn und über einige Jahre auch in Polen wiederum sind nach und nach sogenannte »illiberale Demokratien« entstanden, in denen die Unabhängigkeit der Justiz, Pressefreiheit und Minderheitenschutz geschliffen wurden und für Missstände im eigenen Land in schöner Regelmäßigkeit die Einrichtungen der Europäischen Union herhalten müssen.

Selbstverständlich sind die Demokratieverächter weltweit nicht einfach gleichzusetzen. Zu unterschiedlich sind die Länder und Staaten, in denen sie sich finden, und die nach außen gerichtete Aggressivität Russlands und die Drohgebärden Chinas suchen in der Welt von heute ihresgleichen. Und doch verbindet die Internationale der Rechten und Rechtsradikalen ein alter propagandistischer Trick: die Berufung auf das Volk, so, wie sie es verstehen. Immer reklamieren sie für sich die Demokratie, den Demos, das Volk, und behaupten, durch Wahlen legitimiert zu sein. Dass echte Wahlen Chancengleichheit, Meinungsfreiheit und Fairness gegenüber allen Beteiligten, also Wählern und zur Wahl Stehenden voraussetzen, diese Grundbedingung der Demokratie wird bewusst missachtet. Ebenso die Tatsache, dass Wahlen nur *ein* Kriterium für die Existenz einer funktionierenden Demokratie sind, eine notwendige Bedingung, aber eben keine hinreichende. Wir kommen darauf zurück.

Hier halten wir fest, dass ohne Grundrechte für die Menschen, ohne Menschenrechte als Schutz vor dem Staat und untereinander, ohne die Gewähr, dass die in einer Wahl unterlegene Minderheit die Mehrheit von morgen sein und einen Regierungswechsel herbeiführen kann, ohne unabhängige parlamentarische und gerichtliche Kontrolle der Regierenden, ohne einen Rechtsstaat, der jedem Individuum Klagewege eröffnet und verbürgt – dass ohne all dies Demokratie nur vorgegaukelt wird. Ein solches Scheingebilde war bis 1989 die *Deutsche Demokratische Republik,* die entgegen ihrer Selbstbezeichnung in Wahrheit eine Diktatur war, in der das anfängliche Befreiungs- und Glücksversprechen des Kommunismus unablässig mit Füßen getreten wurde. Zu einer wirklichen Demokratie gehört schließlich auch ein Sozialstaat, um zu große wirtschaftliche Ungleichheit zwischen den Bürgerinnen und Bürgern aufzufangen, damit nicht nur Wohlhabende die Früchte der Freiheit genießen können, sondern möglichst viele.

Wir sprachen von einem politischen Trick, mit dem die Neuen Rechten ihre eigenen politischen Ziele mit denen eines ominösen Volkswillens gleichsetzen. Dass dieser Trick verfängt, sieht man daran, dass viele journalistische und wissenschaftliche Beobachter irreführend von »Rechtspopulismus« sprechen. Das verharmlost aber diese globalen Strömungen, weil es den *totalitären Kern* der Ineinssetzung von Volk und verschworener Gemeinschaft übersieht – einem Grundpostulat des klassischen Faschismus. Und es unterschätzt die Entschlossenheit der neurechten Bewegungen, ein postdemokratisches Zeitalter einzuläuten, in dem alle Macht auf Dauer in ihren Händen konzentriert sein soll. Sehr viel genauer charakterisiert der Rechtsextremismus-Forscher Wilhelm Heitmeyer daher solche Kräfte und Regime als Verkörperungen eines »autoritären Nationalradikalismus«, der statt Vielfalt in Gesellschaften Homogenität propagiert. Zentrale Instrumente dafür sind die Überbetonung der eigenen Identität und die Ab- und Ausgrenzung von allem und jedem, was auch nur als fremd und störend empfunden wird.

Um Missverständnissen vorzubeugen: Was hier mit Blick auf die extreme Rechte und ihre verschiedenen Spielarten ausgeführt wurde, gilt in der Analyse und den Konsequenzen selbstverständlich genauso für den Linksextremismus und seine Gewalt bejahenden Kräfte, in Deutschland etwa bei der *Antifa* und den *Autonomen*. Auch ihre gegen friedliche Konfliktaustragung gerichtete Aggressivität verträgt sich nicht mit dem Geist des Grundgesetzes, das sie gewiss lieber überwunden denn ausgebaut sehen wollen. Anders zu bewerten sind dagegen die durchaus radikalen Formen zivilen Protests wie etwa die Klebeaktionen von Aktivisten des Umweltbündnisses *Letzte Generation*. Sie verstoßen zwar gegen Gesetze, aber wir werden noch sehen, dass sie damit nicht unbedingt einen Verfassungsbruch begehen.

Und wie verhält es sich insgesamt mit den »Gefahren von rechts und links«, die hierzulande gern in einem Atemzug beschworen werden? – Es verhält sich so, dass die größte Gefahr für die freiheitlich-demokratische Grundordnung in Deutschland schon seit vielen Jahren von rechtsradikalen und rechtsextremen Kräften ausgeht. So steht es in den Berichten des Bundesamts für Verfassungsschutz, und wir handeln im Sinne unserer Verfassung, wenn wir uns gegen die Bedrohung von rechts wehren.

Wehrhaftigkeit ist unserer Verfassung sogar ausdrücklich eingeschrieben: Die Mütter und Väter des Grundgesetzes hatten die Radikalisierung des politischen Klimas in der Weimarer Republik und den Terror der nationalsozialistischen Herrschaft noch hautnah erlebt und wollten die neue deutsche Demokratie gegen mögliche Feinde wappnen. Unsere Verfassung hat deshalb Zähne und weiß sich gegen ihre Feinde zu wehren. Wer sich auf sie einlässt und ihr feines Räderwerk zu verstehen beginnt, erkennt schnell, wie viel Wandel sich auf ihrem festen Fundament gestalten lässt. Oft stellen Prozesse der Veränderung die Menschen vor Herausforderungen. Was die einen begrüßen, können andere als Überforderung empfinden, und der Zusammenhalt einer Gesellschaft kann darüber in Gefahr geraten, ja regelrecht zerbröseln und zerbrechen – schon jetzt in einer *Gesellschaft der Singularitäten* zu leben, bescheinigt uns der Soziologe Andreas Reckwitz und meint eine Lebenswelt, in der mehr oder weniger alle zu einsamen Glückssuchern geworden sind. Wir werden sehen, welche Antworten das Grundgesetz darauf geben kann.

Fassen wir kurz zusammen: Unsere Verfassung sah sich in den vergangenen 15 Jahren in immer schnellerer Abfolge mit sich teils überlappenden und auch gegenseitig verstärkenden Krisen konfrontiert. Die wiederkehrenden und das grundgesetzlich verbriefte Asylrecht stark unter Spannung setzenden Flüchtlingswellen, die Corona-Pandemie, der Klimawandel und der Krieg, den Russland gegen die Ukraine vom Zaun gebrochen hat, sind dabei nur die wichtigsten. Zu nennen wären auch die großen Fragen der Digitalisierung, der Kindergrundrechte, der sozialen Gerechtigkeit, des Einwanderungsrechts. Und nicht zuletzt ging und geht es auch um die Stellung des Grundgesetzes im zähen Ringen um die europäische Integration und um die Europäisierung des Rechts. All das wird uns in der Folge beschäftigen, und am Ende des Buches werden wir darüber hinaus die Perspektiven einer stärkeren Beteiligung der Bürgerinnen und Bürger an der Politik in den Blick nehmen.

Der Brückenschlag von der Erstausgabe zur Neuerscheinung dieses Buches im Jubiläumsjahr 2024 rückt wegen der erwähnten Ereignisdichte und Schieflagen die Zeitgeschichte deutlicher in den Fokus. Der frühere Bundesverfassungsrichter und international hoch angesehene Jurist Dieter Grimm hat jüngst in seinem Buch »Die Historiker und die Verfassung« zu Recht kritisiert, das Grundgesetz werde in Darstellungen zur Geschichte Deutschlands seit 1945 eher stiefmütterlich behandelt. Vielleicht können wir diese Lücke zu schließen helfen.

Im Gedankenaustausch wie durch Hinweise auf bedeutsame Gerichtsentscheidungen und neuere verfassungsrechtliche Debatten bereichert, hat diese Neuausgabe dankenswerterweise Micha Heilmann, von Haus aus versierter Jurist und Kenner des Grundgesetzes, obendrein ein scharfer Beobachter des politischen Geschehens. Sein Großvater Ernst Heilmann, der von den Nationalsozialisten ermordet wurde, zählte als einflussreicher sozialdemokratischer Jurist, Parlamentarier und Publizist zu den bis heute viel zu wenig bekannten Führungspersönlichkeiten, die den Rechtsstaat der Weimarer Republik maßgeblich mitgeprägt haben.

Gabriele Leja von der *dtv Verlagsgesellschaft* setzte sich mit Leidenschaft und schlagenden Argumenten für diese Neuausgabe ein. Dafür sei ihr herzlich gedankt. Desgleichen wieder einmal meinem unersetzlichen Lektor Friedbert Stohner, der den Text mit seiner ihm eigenen, unnachahmlich feinen Feder geschliffen hat.

Widmen möchte ich das Buch meiner Mutter Andrea, die mein publizistisches Wirken zeitlebens mit großer Anteilnahme begleitet hat, und meinem Vater Hermann Zolling. Nachdem er in amerikanischer Kriegsgefangenschaft »zum ersten Male«, wie er später schrieb, »das Gefühl« kennengelernt hatte, »ein freier Mann zu sein«, war er, der als 17-Jähriger für den »Führer« und Verführer Adolf Hitler in den Krieg gezogen war, als junger Journalist 1948/49 Zeitzeuge bei der Entstehung des Grundgesetzes – beruflich und aus persönlicher Passion. Vor etwas mehr als 50 Jahren war es dann Hermann Zolling, der im Nachrichtenmagazin DER SPIEGEL, damals noch »Sturmgeschütz der Demokratie« genannt, die heimliche Überwachung prominenter demokratischer Politiker wie z. B. Willy Brandt, Herbert Wehner und Gustav Heinemann durch den Bundesnachrichtendienst (BND) aufdeckte. Diese Beschattungspraxis verstieß gegen die Verfassung, denn der BND hat die Aufgabe, die eigene Regierung mit Informationen aus dem Ausland zu versorgen, und nicht, die Bürgerinnen und Bürger des eigenen Landes auszuschnüffeln. Das skandalöse Tun des BND aufzuklären, war ganz im Sinne des Grundgesetzes.

EIN KURZER HÖHENFLUG

Was sind eigentlich Verfassungen, was zeichnet sie aus und warum werden sie benötigt? Um diese Fragen zu beantworten, wollen wir uns kurz aufschwingen und die Welt aus der Vogelperspektive, also mit etwas Abstand betrachten. Verfassungen strahlen Souveränität aus – je älter und erprobter sie sind, desto mehr. In ihnen kommt nämlich der Souverän, der Herrscher, zu Wort. In vordemokratischen Zeiten waren dies Kaiser, Könige und Landesfürsten, die mal mit, mal ohne Teilhabe einzelner Gesellschaftsgruppen durch Verfassungen ihre Macht selbstherrlich verewigen wollten. In diktatorischen oder autoritären Staaten, an denen es auch in der globalisierten Welt bedauerlicherweise nicht mangelt, ist es heute noch so, dass das Volk bei der Verfassungsgebung keine Rolle spielt.

In Demokratien freilich, die auf dem Prinzip der *Volksherrschaft* beruhen, verhält es sich genau umgekehrt. Hier ist das Volk der Souverän, und die Verfassung garantiert ihm seine Mündigkeit. Nur mit dieser Art Verfassung, die auch Leitbild des deutschen Grundgesetzes ist, beschäftigt sich das vorliegende Buch. Es will nachdrücklich an die Wurzeln der westeuropäischen und nordamerikanischen Verfassungstradition erinnern.

»Eine Gesellschaft, in der die Verbürgung der Rechte nicht gesichert und die Trennung der Gewalten nicht festgelegt ist, hat keine Verfassung.« Dieser kurze und bündige Satz aus der französischen Erklärung der Menschen- und Bürgerrechte von 1789, dem Auftaktjahr der bürgerlichen Revolution in Frankreich, ist die eine Säule des demokratischen Verfassungsstaates. Wir werden darauf später noch zurückkommen. Der andere Pfeiler verdankt sich Thomas Paine (1737–1809), einem der geistigen Gründerväter der Vereinigten Staaten von Amerika. Er formulierte ebenso knapp wie treffend: »Eine Verfassung ist nicht der Akt einer Regierung, sondern der Akt eines Volkes, das sich eine Regierung gibt.« Damit ist die Frage, was Verfassungen ausmacht, zwar längst nicht erschöpfend beantwortet. Aber diese beiden Kernaussagen umreißen scharf, woher *demokratische* Verfassungen im Wesentlichen ihre Legitimität, ihre Rechtmäßigkeit, nehmen.

Vom Souverän, dem Volk, das sich in der Verfassung verkörpert, war eben schon die Rede. Mit einer guten Verfassung, die von Menschen für Menschen gemacht worden ist, verbindet sich Souveränität aber noch auf eine andere Weise. Sie wird manchmal übersehen, weil durch den Siegeszug des technisch-naturwissenschaftlichen Denkens in den modernen Wissensgesellschaften Tugenden, die einst lebenswichtige Erkenntnis und Orientierung boten, an Wertschätzung verloren haben. Es haftet ihnen etwas Altmodisches an, etwas Überzeitliches, das eher in sinnstiftenden Religionen und alten Mythen zu finden ist als in den exakten Wissenschaften. Zu diesen seltenen Gaben zählen die Klugheit und die Weisheit – Begriffe, ohne die man eine Verfassung nicht erfassen kann.

Sie sind Maßstäbe für das Gelingen oder Scheitern eines solchen Wurfs, eines Verfassungswerks. Für diesen Schöpfungsakt versammeln sich gewählte Frauen und Männer in einem bestimmten historischen Moment an einem Ort, um zu beraten und zu beschließen. Sie debattieren und entscheiden im Licht von Erfordernissen der Gegenwart, Erfahrungen der Vergangenheit und in Vorsorge für eine Zukunft, die immer offen und ungewiss ist.

So ist es in allen Staaten geschehen, die schriftlich niedergelegte Verfassungen haben – und das sind die meisten. Seiner Logik nach gilt dieses Verfahren aber ebenfalls in denjenigen Nationen, die unter dem Dach ungeschriebener Verfassungen leben. Wie beispielsweise im britischen Königreich, trotz seiner monarchischen Spitze eine parlamentarische Demokratie, die mehr oder weniger auf der Überlieferung von Rechten und Gesetzen und fortentwickeltem Gewohnheitsrecht (Common Law) fußt. Ausgangspunkt der Verfassungswirklichkeit sind jedoch auch dort grundlegende Freiheitsdokumente, wie etwa die Magna Charta (1215) und die Bill of Rights (1689).

Trotz der großen Unterschiede zwischen diesen beiden Verfassungsformen überwiegen letztlich die Parallelen. Sie sind demokratisch verankert, sie bekennen sich zu Grundsätzen und Grundrechten, an die von niemandem gerührt werden darf, und sie geben dennoch Raum für Anpassungen an die sich ständig verändernden Lebensverhältnisse. Diese drei Eigenschaften hüllen demokratische Verfassungen in den Mantel der Souveränität, heben sie über das Tagesgeschehen hinaus. Wie ein großer Vogel, unter dessen Schwingen die Menschen Schutz finden, »schweben sie über den Dingen« und betrachten das Treiben unter ihnen von einer höheren Warte aus. Solche Verfassungen sind zwar den Zeitläuften nicht entzogen, aber nie für den Augenblick gedacht, sondern auf Dauer angelegt. In ihnen verdichtet sich das politische Erfahrungswissen einer Nation, das von Generation zu Generation weitergereicht wird. Dieses Verfassungserbe sollte man nicht ausschlagen, es ist ein Schatz, den es zu hüten, und eine Chance, die es fortzuentwickeln gilt.

Das klingt ja alles ganz schön staatstragend, fast ein wenig hochtrabend, stöhnt jetzt vielleicht die eine Leserin oder der andere Leser. Geht es denn nicht auch eine Nummer kleiner? Oder zugespitzt gefragt: Kämen die Menschen nicht auch ohne Verfassungen gut über die Runden? Benötigen wir sie tatsächlich so dringend, und weshalb ist das so? Darüber grübelten schlaue Köpfe, Juristen, Staatsdenker und Gesellschaftsphilosophen, zu allen Zeiten – bis heute. Im Grunde beschäftigen uns diese Fragen, seitdem Menschen in Verbänden leben – egal ob, wie ursprünglich und mancherorts immer noch, in Stämmen oder, wie in der Gegenwart zumeist, in Nationalstaaten.

Die Antworten auf diese Fragen hängen eng mit dem Menschenbild zusammen, das jemand besitzt, also damit, ob er oder sie die menschliche Gattung eher für gut oder für schlecht hält, eher biologisch durch ihre Anlagen bestimmt oder durch kulturelle Einflüsse und Erziehung geprägt. In diesem Streit, der möglicherweise wie jener berühmte um die Henne und das Ei nie eindeutig enden wird, soll hier nicht Partei ergriffen werden. Wie es auch zu weit führen würde, die über zwei Jahrtausende alte Geschichte der Verfassungstheorien zu verfolgen und zu bewerten. Schließlich soll dieses Buch denjenigen als Einführung in das deutsche Grundgesetz dienen, die sich mit Verfassungen noch nicht so oft beschäftigt haben.

Ich erlaube mir deshalb Umwege nur dort, wo sie das Verständnis fördern, also das Ziel des Buches im Blick bleibt. Es darf auch nicht verschwiegen werden, dass Verfassungsbetrachtungen politische Wertentscheidungen und Vorlieben enthalten. Jede solche Betrachtung erfolgt von einem Standpunkt aus. Objektivität und Wahrheit sind Leitsterne, nach denen wir streben müssen, um nachvollziehbare und überzeugende Einsichten zu erlangen. Abwägende Argumentation ist das Instrument dieses Erkenntnisdrangs – was nicht zu verwechseln ist mit einer vermeintlichen absoluten Neutralität, die bei verfassungspolitischen Aussagen von der Sache her ausgeschlossen ist. Wir hörten bereits, dass man es auch bei Verfassungsdenkern immer mit einem bestimmten Bild von der Natur des Menschen zu tun hat, das an Wertvorstellungen gebunden ist. Auch das Grundgesetz ist, wie wir sehen werden, keineswegs wertneutral.

Wenn ich selbst einem skeptischen Menschen- und Gesellschaftsbild zuneige, das liberale, konservative und soziale Züge trägt, dann nicht aus Sympathie für eine politische Strömung, sondern weil mich die Geschichte Vorsicht gelehrt hat. Denn jenseits aller Debatten um die genetische und moralische Beschaffenheit des Homo sapiens, des vernunftbegabten Menschen, steht doch außer Frage, dass er von der Vernunft nur sehr begrenzt Gebrauch macht.

Kriege, ob zwischen Staaten oder verfeindeten Gruppen eines Territoriums wie im Bürgerkrieg, ziehen eine blutige Spur durch die Menschheitsgeschichte und beherrschen auch nach dem Ende der alten Weltordnung des Kalten Krieges im denkwürdigen Jahr 1989 die Schlagzeilen der Nachrichtensendungen. Zuletzt haben uns das der Überfall Russlands auf die Ukraine im Februar 2022 und der im Herbst 2023 erneut entbrannte Nahost-Konflikt brutal vor Augen geführt. Nun macht der Begriff »Zeitenwende« die Runde – nicht ganz zu Recht, denn, wie gesagt, Kriege sind im Rückblick auf die Geschichte eher die Regel, Friedensperioden wie in Europa nach 1945 eher die Ausnahme. Immer geht es in der Geschichte um Macht und Herrschaft, Freiheit und Sicherheit. Sie sind die bewegenden Kräfte in diesem Drama.

Der Mensch ist, wie uns die Wissenschaft von der sozialen Welt, die Soziologie lehrt, ein geselliges Wesen. Seine Geselligkeit ist jedoch nicht rein freiwilliger Natur, sondern sie entspringt einer Not. Allein auf sich gestellt könnte der Einzelne nämlich nicht lange überleben. Deshalb sucht er Anschluss und Schutz in Gruppen. Außerdem erreicht er erst im sprachlichen Austausch, in der intelligenten Kommunikation mit anderen seine Bestimmung.

Wie dankbar war der auf einer unbewohnten Insel gestrandete Robinson Crusoe, das berühmteste Beispiel eines vereinsamten Individuums, für seinen Gefährten Freitag! Aber das menschliche Zusammenleben ist nicht konfliktfrei. Gefahren, die von außen drohen, müssen zwar gemeinsam abgewehrt werden; zwischen den Gruppenmitgliedern entstehen aber auch Reibereien, weil alle ihre eigenen Interessen rücksichtslos verfolgen. Freiheitsdrang und Schutzbedürfnis liegen auf Kollisionskurs, dazwischen klafft ein gefährlicher Abgrund, in dem Mord und Totschlag lauern. Macht schließt diese Lücke, indem sie Herrschaft organisiert und Frieden erzwingt.

Dieser Friede kann, muss aber nicht mit Unterdrückung einhergehen. Macht, sei sie politisch oder wirtschaftlich begründet, ist die Voraussetzung, um Gutes *oder* Schlechtes zu tun. Und Macht wird immer über andere ausgeübt. Macht- und Freiheitsstreben sind aufeinander bezogen. Menschen rivalisieren um Machtpositionen, die Einflussnahme gewähren, und Menschen kämpfen für ihre Freiheit von Fremdbestimmung. Das Ziel ist das gleiche: nämlich möglichst große Unabhängigkeit zu erlangen.

Damit aus diesem Spiel kein zerstörerisches Chaos erwächst, braucht es Regeln, eine Ordnung, die Dauer und Wandel verbürgt und das eigene wie das Handeln der anderen berechenbar macht. Ohne diese äußere Sicherheit wäre der Mensch sich selbst schutzlos ausgeliefert. Denn gleichviel, ob man nun den Menschen von Natur aus für gut oder schlecht hält, eines ist er gewiss nicht: perfekt. Der englische Staatsdenker Thomas Hobbes (1588–1679) ging sogar noch einen Schritt weiter und prägte die Formulierung »Homo homini lupus« – »Der Mensch ist dem Menschen ein Wolf«.

Um zu überleben, so die Überlegung von Hobbes, haben die Menschen einen Vertrag geschlossen. Damit wird einer übergeordneten Macht, dem Herrscher, das Recht zur Gewalt übertragen. Im Gegenzug sorgt der Herrscher – notfalls mit Gewalt – für Ordnung. Er sichert auf diese Weise das Leben und die Freiheit des Einzelnen, sodass jeder in Ruhe seinen Geschäften nachgehen kann. Man spricht deshalb von einem Gesellschaftsvertrag. Ob es sich wirklich irgendwann so zugetragen hat oder Hobbes nur eine Annahme gemacht hat, um die Geburt des Staates in der Neuzeit zu erklären, spielt für das Ergebnis keine Rolle. Denn Tatsache ist ja, dass der Staat die beschriebene Aufgabe wahrnimmt.

Mag Hobbes' pessimistische Sicht auf die menschliche Natur auch ein wenig übertrieben erscheinen, so kann doch kaum bestritten werden, dass der Mensch ein verführbares Wesen mit vielen Schwächen ist. »Macht korrumpiert, absolute Macht korrumpiert absolut«, lautet ein geflügeltes Wort, das die Notwendigkeit umschreibt, Macht zu begrenzen und zu kontrollieren. Für den Weg zur modernen Demokratie sind deshalb zwei Errungenschaften von herausragender Bedeutung: Um Rechtsfrieden herzustellen, musste ein staatliches Gewaltmonopol durchgesetzt werden. Das heißt, nur der Staat ist befugt, durch Polizei und Militär körperliche Zwangsmittel einzusetzen. Zugleich war und ist immer wieder Vorsorge dafür zu treffen, dass diese Form von Herrschaft nicht in Tyrannei umschlägt. Als bestes Mittel hierfür hat sich die Gewaltenteilung erwiesen, also die Trennung von Legislative (Gesetzgeber, Parlament), Exekutive (Regierung) und Judikative (Rechtsprechung, Gerichte) mit fest umrissenen, voneinander unterschiedenen Aufgaben.

Macht, Staat sowie Herrschaftsgestaltung und -kontrolle sind die eine Seite; das Grundbedürfnis des Menschen, sein Leben in eigener Regie zu führen, sich frei zu entfalten, ist die andere. Deshalb haben sich über Jahrhunderte in Demokratien Menschenrechte einen festen Platz erobert. Gemeint sind damit die Rechte des Einzelnen, an denen nicht gerüttelt werden darf, die ihn schützen und ihm Handlungsfreiheit gewährleisten sollen. Handlungsfreiheit, die allerdings ihrerseits auch wieder nicht grenzenlos ist, sondern dort Beschränkungen unterworfen wird, wo sie die Freiheit anderer Individuen berührt.

Wie es um Freiheit und Macht bestellt ist – diesen beiden Magnetpolen der Geschichte –, darüber gibt die Verfassung eines Landes Auskunft. Sie ist das Dach, das Staat und Gesellschaft überwölbt und für Zusammenhalt sorgt. Und zwar mit Regeln und Normen, die für alle gelten. Es handelt sich – freilich nur in Demokratien – im Grunde um eine Selbstbindung des Volkes, das als Verfassungsgeber seine Souveränität beschneidet. Daran erinnert bereits die antike Überlieferung von Odysseus, dem sagenhaften Helden, der sich an den Mast seines Schiffes fesseln ließ, um den Verlockungen der Sirenengesänge zu widerstehen.

»Verfassungen sind Ketten«, brachte das der amerikanische Senator John Potter Stockton (1826–1900) einmal auf den Punkt, »mit denen sich die Menschen in ihren lichten Augenblicken binden, um in der Raserei nicht selbstmörderisch handeln zu können.« Der Wirtschaftswissenschaftler Friedrich August von Hayek (1899–1992) zog aus diesen Überlegungen einen treffenden Vergleich: In Verfassungen zeige sich, dass Peter, wenn er nüchtern sei, tätig werden könne, um Peter, wenn er betrunken sei, Beschränkungen aufzuerlegen. Anders formuliert: Die Früchte der Freiheit können alle nur dann genießen, wenn sie bereit sind, auch Grenzen zu akzeptieren. Damit es in diesem Sinn in einer Gesellschaft annähernd gerecht und fair zugeht, müssen demokratische Verfassungen ein Grundgerüst an Rechtssätzen enthalten, deren Gebrauch es ermöglicht, das Verhältnis von Freiheit und ihren Grenzen immer wieder neu auszubalancieren. Sonst versinkt die Freiheit in der Anarchie, im gesetzlosen Chaos oder wird – in der Despotie, der Willkürherrschaft – zum Vorrecht einiger weniger Nutznießer.

Ein Warnsignal, dass die erwähnten Verfassungsketten auch reißen können, erlebte die ganze Welt im Januar 2021, als ein vom abgewählten US-Präsidenten Donald Trump aufgepeitschter Mob das Kapitol in Washington stürmte, Sitz von Senat und Repräsentantenhaus, der amerikanischen Volksvertretung. Die Lehre daraus: Auch in einem Land, das die Demokratie mit erfunden hat, kann sie zu Fall gebracht werden, wenn die Menschen, für die sie da sein soll, sie nicht verteidigen und starke Institutionen – wie etwa unabhängige Gerichte – nicht ausreichend Schutz bieten.

VON DER ÜBERGANGSLÖSUNG ZUR VERFASSUNG

Dieser kurze Höhenflug ins Reich der Verfassungsphilosophie stimmt auf den Gegenstand des vorliegenden Buches ein, das deutsche Grundgesetz. Bei der weiteren Lektüre sollte man die dabei beobachteten Fixpunkte stets vor Augen haben, denn sie umschließen diese Verfassung wie eine geistige Hülle, unsichtbar und doch überall mit Händen zu greifen. Wir werden darauf bei den einzelnen Stationen unserer Grundgesetzerkundung noch genauer zu sprechen kommen.

Grundgesetz oder Verfassung, wie heißt es denn nun eigentlich richtig? Oder kann man auch beides sagen? Um es vorwegzunehmen: im Prinzip ja. Ein kleines »aber« als Einwand hängt mit den Ursprüngen dieses wichtigsten Dokuments für alle Deutschen zusammen. Zunächst sollte es eine Art Provisorium, eine Übergangslösung sein, eine Anleitung, damit sich die 1949 gegründete westliche Bundesrepublik selbst regieren konnte, ohne aber die Tür zur deutschen Einheit zuzuschlagen. Deshalb vor allem wählte man die auf Vorläufigkeit zielende Bezeichnung »Grundgesetz«.

Dessen Mütter und Väter konnten nicht voraussehen, dass sich ihr Kind mit den Jahren und Jahrzehnten zu einem erstaunlich reifen Erwachsenen entwickelte, der Stabilität und Wandlungsfähigkeit verband und in diesem Jahr 75. Geburtstag feiert. Aus dem Notbehelf wurde – eher wider Erwarten – ein solider Bau. Und so hat sich für den Jubilar Grundgesetz immer mehr der geläufigere Begriff Verfassung eingebürgert – erst recht von 1990 an, seitdem nach dem Untergang der DDR, dem Diktatur-Staat in Ostdeutschland, alle Deutschen in diesem Haus wohnen.

Dieses Buch zeichnet die Entstehungsgeschichte des Grundgesetzes nach. Dabei sind zum einen die besonderen historischen Zeitumstände nach dem Ende des Zweiten Weltkriegs 1945 zu berücksichtigen, einer Menschheitskatastrophe ohnegleichen, mit

Völkermord und organisierter Judenvernichtung, die das nationalsozialistische Deutschland unter Führung Adolf Hitlers über die Welt gebracht hatte. Das Grundgesetz ist aus dieser Sicht als Weg zu sehen, aus einem Trauma herauszufinden und Schutzwälle gegen die Wiederholung solchen Unheils zu errichten.

Das im Mai 1949 beschlossene und verkündete Grundgesetz war aber nicht ins Belieben der Deutschen gestellt. Es entstand unter den wachsamen Augen der demokratischen Siegermächte USA, Großbritannien und Frankreich und galt nur dort, wo sie das Sagen hatten – in den westlichen Besatzungszonen des besiegten Deutschen Reichs. Und es entstand gegen den Willen der Sowjetunion, die in der Ostzone zwischen Elbe und Oder mit Gewalt und Zwang einem kommunistischen Regime in den Sattel verhalf.

Die NS-Schreckensherrschaft zwischen 1933 und 1945 und die Frontlage des geteilten Deutschlands im heraufdämmernden Ost-West-Konflikt zwischen 1945 und 1949 sind elementare Erfahrungen gewesen, die im Hinterkopf haben muss, wer die Grundmelodie der deutschen Verfassung mit Hirn und Herz verstehen will. Darüber hinaus sind freilich noch andere Voraussetzungen einzubeziehen, Einflüsse, die weiter zurückreichen und sich dennoch im Grundgesetz niedergeschlagen haben. Dazu gehören die Weimarer Republik (1918–1933) und deren Verfassung, sodann die deutsche Reichsverfassung von 1871. Ferner der Nachhall der Revolution von 1848, als die Nationalversammlung in der Frankfurter Paulskirche zum ersten Mal eine freiheitliche Verfassung für ganz Deutschland entwarf. Freilich nur auf dem Papier, denn Wirklichkeit wurde sie nie. Gleichwohl blieb sie in der Überlieferung lebendig, ihr liberaler Geist schwebte über den Beratungen zum Grundgesetz.

In solchen Streifzügen, die in einer Einführung wie dieser natürlich immer nur Ausschnitte beleuchten können, wollen wir uns dem Grundgesetz historisch nähern. Die folgende Darstellung ist nicht für Fachleute geschrieben. Deshalb habe ich, um den Lesefluss zu erleichtern, auf weitschweifige Anmerkungen verzichtet. Dieses Buch ergreift Partei für das Grundgesetz – mit Sympathie und Kritik, das heißt »mit Leidenschaft und Augenmaß«, so der klassische Ausspruch Max Webers (1864–1920), eines Mitbegründers der modernen Sozialwissenschaften in Deutschland, über das Spannungsverhältnis von Überzeugung und Vernunft in der Politik. Es richtet sich an ein Publikum, junge wie auch durchaus ältere Leserinnen und Leser, die zwar wissen, dass es das Grundgesetz gibt, aber vielleicht nicht, warum und weshalb so und nicht anders. Und möglicherweise auch nicht, für wen es zuallererst da ist – für sie selbst nämlich, genauer: für sämtliche Bürgerinnen und Bürger dieses Staates, der Bundesrepublik Deutschland. Dass sie, also das deutsche Volk, die eigentliche Machtquelle der Verfassung sind, zeigt sich an der herausragenden Stellung der Grundrechtsartikel 1 bis 19. Sie sind sozusagen die Krone der Schöpfung Grundgesetz, der Anfang, mit dem das Werk beginnt.

Diese »Krone« werden wir Stück für Stück eingehend unter die Lupe nehmen, Wortlaut und Sinn der einzelnen Artikel ergründen und deren praktische Bedeutung erläutern. Eine detaillierte juristische Einführung kann diese Handreichung nicht ersetzen, dafür gibt es weiterführende Literatur. Wie die Verfassung selbst wollen wir ein wenig »über den Dingen schweben« und sie aus der Vogelschau in Augenschein nehmen. Das gilt ebenfalls für den anschließenden Abschnitt über den Staatsaufbau und die Staatsorgane im Miteinander und Gegeneinander der Gewaltenteilung. Auch hier kann die Darstellung über Grundzüge nicht hinausgehen.

Zuletzt soll in einem Ausblick die Gestaltungskraft des Grundgesetzes in der Welt von heute und morgen auf den Prüfstand. Ist es ausreichend gewappnet für die Erfordernisse und Gefahren der Gegenwart und Zukunft? Brauchen wir möglicherweise Verfassungsänderungen, etwa erweiterte politische Mitwirkungsmöglichkeiten für die Bevölkerung über Wahlen hinaus? Wie ist die Stellung des Grundgesetzes – auch im Zusammenspiel mit dem Bundesverfassungsgericht – mit Blick auf die europäische Integration zu bewerten? Und schließlich steht dringlicher denn je die Frage im Raum: Liefert das Grundgesetz ausreichende Antworten auf Bedrohungen, die an die Lebensgrundlagen des Planeten Erde rühren? Ist es im Angesicht des Klimawandels noch auf der Höhe der Zeit? Immerhin genießt das »Recht auf Leben« durch den Artikel 2 im Grundgesetz höchsten Verfassungsrang und ist der Staat mittlerweile laut Artikel 20a dazu verpflichtet, »in Verantwortung für die künftigen Generationen die natürlichen Lebensgrundlagen« zu schützen.

Wir werden das im Einzelnen erörtern, halten aber schon einmal fest: Das »Geburtstagskind« Grundgesetz, die freiheitlichste und zuverlässigste Verfassung, welcher sich die Deutschen je rühmen konnten, hat sich im Großen und Ganzen bewährt. Gerade einmal 75 Jahre alt geworden – jung also etwa im Vergleich zur nordamerikanischen mit über zweihundert Jahren Geschichte –, steht es in guter Verfassung da. Wie alles von Menschen Geschaffene hat es Schwächen. Welche, werden wir sehen.

Das Grundgesetz ist durch seine verbrieften und lebendigen Grundrechte für die Menschen und aufgrund seiner Leitlinien für die Machtverteilung und -kontrolle der Staatsgewalten zu einer demokratischen Bürgerverfassung geworden, mag die eine oder andere Änderung und Ergänzung auch Bedenken hervorgerufen haben. Dass es so gekommen ist, verdankt sich nicht nur dem Gesetzestext dieser Verfassung, sondern ebenso sehr den Maßstäbe setzenden Urteilen des Bundesverfassungsgerichts. Sie schützen und stärken die Rechte des Individuums und fahren den Regierenden immer wieder auch mit Paukenschlägen in die Parade. Wie etwa im November 2023, als die Karlsruher Richterinnen und Richter die Umschichtung von Milliarden an Finanzmitteln zur Bekämpfung der Corona-Krise aus dem Staatshaushalt in ein Hilfspaket für den Klimawandel und die Modernisierung der Wirtschaft wegen Verstoßes gegen die Schuldenbremse im Grundgesetz verworfen.

Das Grundgesetz hat politische Turbulenzen erlebt und überstanden. Man denke nur an das bewegte Jahrzehnt zwischen 1967 und 1977, als unter dem Eindruck der Studentenrebellion und des Terrors der »Rote Armee Fraktion« (RAF) manche Rechtskonservative Deutschland am Rand des Bürgerkriegs wähnten, während nicht wenige Linke die Republik in den Faschismus abgleiten sahen. Beide Befürchtungen erwiesen sich als haltlos. Seit der Jahrtausendwende tritt freilich immer stärker ins Bewusstsein, dass *Freiheit* und *Sicherheit*, auf denen Demokratien zugleich ruhen und beweglich bleiben, einer Revitalisierung bedürfen, um neuen Gefährdungen begegnen zu können.

Mit den Anschlägen vom 11. September 2001, die sich keineswegs nur gegen die Vereinigten Staaten richteten, sondern gegen den bei islamistischen Fanatikern verhassten westlichen Liberalismus insgesamt, stieg Sicherheit weltweit zum großen Sorgenthema auf. Dieser Befund erfuhr eine dramatische Zuspitzung durch den russischen Angriffskrieg gegen die Ukraine, der die nach dem Zusammenbruch des sowjetischen Imperiums neu geschaffene europäische Architektur ins Wanken gebracht hat. Und letztlich berührt auch der die Basis menschlichen und tierischen Lebens auf dem Planeten bedrohende Klimawandel Sicherheit wie Freiheit in einem ganz elementaren Sinn. Denn was sind sie noch wert, wenn die Luft zum Atmen fehlt?

Das heißt in der Schlussfolgerung: Sicherheit und Freiheit dürfen nicht gegeneinander ausgespielt werden, sondern müssen heute und künftig enger zusammengedacht, immer wieder neu verhandelt und ins Gleichgewicht gebracht werden. Sicherheit ohne Freiheit ist ein Leben im Kerker, und Freiheit muss umgekehrt gesichert werden. Für beides Sorge zu tragen, ist Aufgabe des Staates. Demokratie und Freiheit können nur in »offenen Gesellschaften« blühen, um einen Begriff des berühmten britischen Sozialphilosophen Karl Popper (1902–1994) in Erinnerung zu rufen. Absolute Sicherheit können solche Gesellschaften zwar nie garantieren, aber wenn sie nicht wehrhaft nach innen und außen sind, also ihre Feinde in Schach halten, können sie auch untergehen.

Dass Freiheit darüber hinaus immer in einem großen Zusammenhang mit Gerechtigkeit und Gleichheit steht, verdeutlicht der italienische Publizist Leo Valiani (1909–1999). Sein Urteil über das 20. Jahrhundert ist eine aktuelle Aufforderung zur politischen Teilnahme und Teilhabe: »Unser Jahrhundert demonstriert, dass der Sieg der Ideale von Gerechtigkeit und Gleichheit immer nur kurzlebig ist, aber auch, dass wir immer wieder von Neuem beginnen können, wenn es uns gelingt, die Freiheit zu erhalten.«

Politische Freiheit, und um die geht es hier in erster Linie, darf dabei nicht mit Ellenbogenfreiheit verwechselt werden. Sie fordert zur Teilnahme an den öffentlichen Angelegenheiten auf, die politische Teilnahme wiederum setzt ein hinreichendes Maß an materieller Teilhabe aller voraus. Die Politikwissenschaftlerin Hannah Arendt fand für diesen historischen Entwicklungszusammenhang die berühmt gewordene Formulierung, »dass die Freiheit, frei zu sein, zuallererst bedeutet, nicht nur von Furcht, sondern auch von Not frei zu sein«. Extreme Unterschiede bei der Verteilung von Reichtum erweisen sich auf Dauer als tödlich für die Herrschaft des Volkes und befördern die Extreme.

Freiheit, Gleichheit und Gerechtigkeit, aber eben auch Sicherheit sind in einer Demokratie weder identisch noch gegensätzlich, sondern wechselseitig aufeinander bezogen. Sie stehen als gleichrangige Werte und Ziele nebeneinander im Dialog, einem Prozess des Aushandelns friedlicher Konsenslösungen, um die vielfältigen und gegensätzlichen Interessen und Bedürfnisse von Millionen von Menschen auszugleichen. Das Grundgesetz ist zugleich Aufforderung und Angebot für Demokraten. An ihnen, den Bürgerinnen und Bürgern, liegt es, ob dieses Freiheitsmanifest mit Leben erfüllt wird. Verweigern sie sich, verkümmert die Verfassung mangels Zuwendung. Und wer mitmachen will, muss die Verfassung kennen.

Die außerordentliche Leistung der Mütter und Väter des Grundgesetzes, seine bis heute glanzvollen Errungenschaften sind nicht vom Himmel gefallen, sondern von Menschen gemacht und damit vergänglich. In ihrer heutigen Bedeutung verstehen kann unsere Verfassung also nur derjenige, der sie sich durch historische Erinnerung vergegenwärtigt – damit die Freiheit Zukunft hat. Das ist eine Botschaft dieses Buches.

STAAT UND RECHT – STAATSRECHT

Bevor wir nun dem Jubilar Grundgesetz die Ehre erweisen, noch einige Erläuterungen, die dem behandelten Stoff Halt verleihen. Von der Gewaltenteilung, einem Grundprinzip moderner demokratischer Verfassungen, war ja schon die Rede. Sie legt die Befugnisse der Organe staatlicher Herrschaft fest, schreibt also vor, was die Regierung, der Gesetzgeber und die Rechtsprechung dürfen und was nicht. Auf diese Weise soll der Allmacht des Staates, der über das Gewaltmonopol verfügt, ein Riegel vorgeschoben werden. Verfassungen sind so gesehen nichts anderes als Zwangsjacken, die den Staat zähmen sollen.

Aber was eigentlich macht einen Staat aus? Da wir uns dem Grundgesetz nicht nur historisch, sondern auch aus rechtlicher Sicht nähern wollen, sind wir an dieser Stelle auf die Hilfe der Juristen angewiesen. Wenn sich zwei von ihnen treffen, so die oft leidvolle Erfahrung, hat man es am Ende des Tages meist mit sechs Ansichten zu tun. Kein Grund zur Beunruhigung: Denn mit der Zeit schält sich eine herrschende Lehre heraus, die von der Mehrheit vertreten wird, weil sie die besten Begründungen und Argumente ins Feld führen kann. Für die Definition des Staates hat sich so die »Drei-Elemente-Lehre« durchgesetzt, die der Staatsrechtslehrer Georg Jellinek (1851–1911) zu Beginn des vorigen Jahrhunderts aufstellte. Danach kann man von einem Staat sprechen, wenn Staatsgewalt, Staatsgebiet und Staatsvolk zusammenkommen. Die Staatsgewalt enthält das Gewaltmonopol, sie muss organisiert und von Dauer sein; das Staatsgebiet umfasst das begrenzte Territorium eines Landes; das Staatsvolk entsteht durch dieselbe Staatsangehörigkeit der Bevölkerung eines betreffenden Staatsgebiets.

Staat und Recht sind die Säulen von Verfassungen. Dabei handelt es sich um in Gesetze gegossenes Recht. Ohne die Verankerung im Staat sind Verfassungen bodenlos, stehen also wie Absichtserklärungen nur auf dem Papier. Vom Staat gesetztes Recht, Staatsrecht, beschäftigt sich mit den Fragen der Verfassung. Es ist Teil des öffentlichen Rechts, im Unterschied zum bürgerlichen Recht (Zivilrecht) und zum Strafrecht. Zum öffentlichen Recht zählt zudem noch das Verwaltungsrecht, das hier außer Acht bleibt.

Zum Schluss noch ein Blick auf den Aufbau des Grundgesetzes. Es ist in elf Abschnitte gegliedert und enthält insgesamt 146 Artikel. Die einzelnen Kapitel befassen sich mit den Grundrechten, der Organisation des Staates, dem Bundestag und dem Bundesrat. Ferner behandeln sie die Aufgaben des Bundespräsidenten, der Bundesregierung und die Gesetzgebungsbefugnisse von Bund und Ländern. Und es geht um Fragen der Bundesverwaltung, die Ausführung von Bundesgesetzen, die Grundlagen der Rechtsprechung, das Finanzwesen und den Verteidigungsfall. Das ist noch nicht alles, aber diese grobe Übersicht dürfte für unsere Zwecke genügen. In jedem Fall lohnt es sich, beim Lesen dieses Buches das Grundgesetz neben sich zu haben, auch wenn die uns besonders interessierenden Artikel selbstverständlich vollständig wiedergegeben werden.

II. DAS GRUNDGESETZ –
TRÜMMER- UND TRAUMAKIND

IN DIE FREIHEIT GESCHUBST

Ob die Giraffe ihren langen Hals durch den Vorhang streckte und prüfend auf die Versammlung herabblickte, lässt sich nicht mehr ganz genau sagen. Die einen behaupten dies, die anderen das. Unstrittig ist jedoch, dass das übrige Getier im zoologischen »Museum Koenig« in Bonn – ausgestopfte Gorillas, Bären und Büffel – aus dem Lichthof entfernt oder mit Vorhängen und Tüchern verdeckt worden war. Schließlich sollte der Ort an diesem Tag, dem 1. September 1948, eine gewisse Würde ausstrahlen. Die Fahnen der westdeutschen Länder im Saal weckten Erinnerungen an einen kleinen Staatsakt – in nüchterner Umgebung und doch ein bisschen festlich.

Alles wirkte improvisiert, unter Zeitdruck schnell hingezaubert, ein passender Rahmen für den Anlass dieser Feierstunde: Auftakt zu den Beratungen über ein Provisorium, nichts Endgültiges, nur etwas Vorläufiges – ein Grundgesetz für eine Übergangszeit. Und dennoch spürten die Anwesenden, allen voran die Abgeordneten des Parlamentarischen Rats und die Ministerpräsidenten der Länder aus den drei westlichen Besatzungszonen, dass hier ein neues Kapitel deutscher Geschichte aufgeschlagen wurde. Und das nicht einmal dreieinhalb Jahre nach Ende des Zweiten Weltkriegs und dem Untergang der dafür verantwortlichen NS-Diktatur, die Deutschland in den Abgrund gerissen hatte.

Außer den 70 Mitgliedern des Parlamentarischen Rats, der an diesem Tag seine Arbeit zum Grundgesetz aufnehmen sollte, und den elf deutschen Regierungschefs der Westzonen-Länder waren erschienen: Vertreter der Militärregierungen Großbritanniens, Frankreichs und der USA, jener alliierten Siegerstaaten, die seit der bedingungslosen Kapitulation der deutschen Armee im Mai 1945 in ihren Besatzungszonen das Heft in der Hand hielten und alle Weichen stellten. Ferner hohe Verwaltungsfachleute, Repräsentanten aus Wirtschaft, Kultur und Kirchen sowie ein Tross von Journalisten.

Der Nordwestdeutsche Rundfunk strahlte die Veranstaltung live aus – mit Johann Sebastian Bachs Orchestersuite in D-Dur als Ouvertüre. Dann ergriff Karl Arnold (CDU), Ministerpräsident des gastgebenden Landes Nordrhein-Westfalen, das Wort:»Noch nie war der geistige Zusammenklang der Deutschen aus allen Schichten, Stämmen und Landschaften so tief und feierlich wie in dieser Stunde«, begrüßte er die Gäste. Vor den Abgeordneten des Parlamentarischen Rats liege eine Aufgabe, »deren Größe und Bedeutung nicht überschätzt werden« könne. Zwar solle keine »endgültige Verfassung für Gesamtdeutschland« geschaffen werden. Aber in der erwünschten Übergangslösung, einem Grundgesetz für das westliche Besatzungsgebiet, sah er schon so etwas wie »die ›Magna Charta‹ des deutschen öffentlichen Lebens«.

Anschließend unterstrich der hessische Regierungschef Christian Stock (SPD), zugleich Vorsitzender der Ministerpräsidentenkonferenz, dass der Parlamentarische Rat »im deutschen Auftrage« und aus freien Stücken tätig werde: »Wir handeln heute zum ersten Male in der neuen deutschen Geschichte seit der Kapitulation nicht nach einem Diktat, sondern nach Vereinbarungen, die zwischen den Herren Militärgouverneuren und den Ministerpräsidenten zustande gekommen sind.« Und dem »ganzen deutschen Volke« rief er zu: »Wir spalten nicht, wir führen zusammen und einigen.«

In Arnolds und Stocks Eröffnungsreden vermischten sich Wahrheit und Wunschdenken, Realitätssinn und Hoffnung. Der »geistige Zusammenklang der Deutschen« – das war, im Jahr 1948, ein schönes Bild, mehr nicht. Jedenfalls ließ das entstehende Grundgesetz die meisten Menschen damals ziemlich kalt. Im Westen, so ergaben Umfragen, war es zwei Fünfteln »gleichgültig«, und nur ein Drittel konnte damit überhaupt etwas anfangen. Und die Ostdeutschen waren ohnehin nur Zaungäste, denn sie unterstanden der sowjetischen Besatzungsmacht, die eigene Pläne hatte und gewiss nicht daran dachte, das künftige Grundgesetz in ihrem Gebiet zuzulassen.

Im Gegenteil: Als Antwort auf die Währungsreform in den Westzonen, die Einführung der D-Mark, mit der die Wirtschaft in Schwung gebracht werden sollte, hatte Moskau im Sommer 1948 die Verkehrsverbindungen nach West-Berlin gekappt (Berlin-Blockade) und so die Ostzone weiter abgeriegelt. Die Gräben in Deutschland vertieften sich, eine Spaltung in einen demokratisch-marktwirtschaftlichen Weststaat und eine kommunistisch gelenkte Herrschaftsordnung mit zentraler Kommandowirtschaft in Ostdeutschland rückte unaufhaltsam näher.

Der beginnende »Kalte Krieg« zwischen Ost und West, die machtpolitische Auseinandersetzung zwischen der sowjetischen Diktatur und der amerikanischen Demokratie ebnete den Weg zum Grundgesetz. Da mochten die Deutschen noch so sehr auf ihre Einheit pochen und ihre eigene Entschlusskraft beteuern: Im Herzen Europas, auf deutschem Boden, schürten wachsende internationale Spannungen einen neuen Weltkonflikt, der den Motor für eine westdeutsche Verfassung anwarf.

Dass die Eintracht der Weltkriegsgewinner – ein Zweckbündnis der USA, Großbritanniens, Frankreichs und der Sowjetunion zur Niederwerfung Hitler-Deutschlands – Risse aufwies, zeigte sich schon bald, nachdem das gemeinsame Ziel erreicht war. Am 5. Juni 1945 übernahmen die Alliierten zwar die »oberste Regierungsgewalt« in Deutschland mit der praktischen Folge, dass jeder Deutsche ihren Anweisungen Folge leisten musste. Auf mehreren Konferenzen hatte man überdies Zusammenarbeit gelobt, um das besiegte Deutschland gemeinsam zu regieren. Doch die Vorstellungen darüber, wie dies zu geschehen habe, wichen zu stark voneinander ab. Dahinter verbargen sich unüberbrückbare Interessengegensätze, unvereinbare politische Weltanschauungen und wachsendes Misstrauen.

Zwei Lager schälten sich heraus: auf der einen Seite der liberalen Werten verpflichtete Westen mit den Vereinigten Staaten als Vormacht, auf der anderen Seite der Osten unter Führung der vom Alleinherrscher Josef Stalin mit eiserner Faust regierten Sowjetunion. Beim Kampf gegen die deutschen Angreifer war die sowjetische Rote Armee im Zweiten Weltkrieg über ganz Osteuropa bis zur Elbe mitten in Deutschland vorgerückt. Stalin, ganz auf Absicherung neuer Eroberungen bedacht, verhalf überall, wo er konnte, kommunistisch kontrollierten Regierungen an die Macht. Kühl begründete der Kreml-Herrscher sein Vorgehen: »Wer immer ein Gebiet besetzt, erlegt ihm auch sein eigenes gesellschaftliches System auf.« Dieser Satz enthielt ein Körnchen Wahrheit, denn auch der Westen blieb ja nicht untätig und strebte nach Ausbreitung und Verankerung seiner Wertvorstellungen und Ideen – ein Modell, das eine kapitalistische Wirtschaftsordnung mit Demokratie und politischer Freiheit verband.

Genau darin lag aber auch der Unterschied: Während der östliche Weg in Einparteien-Diktaturen mündete, die sich ohne Gewalt, Zwang und Unterdrückung gar nicht hätten halten können, lockte der Westen, allen voran die USA, mit ökonomischer Wiederaufbauhilfe (Marshall-Plan), Wahlfreiheit im politischen und wirtschaftlichen Alltag und jedem zustehenden Menschenrechten. Darauf spielte der legendäre Ausspruch des britischen Premierministers Winston Churchill an, dem die Ereignisse in Osteuropa zusehends Sorge bereiteten: »Ein eiserner Vorhang ist (…) niedergegangen. Was dahinter vor sich geht, wissen wir nicht.«

Umso genauer verfolgte man die Entwicklung im Osten Deutschlands, in der Sowjetischen Besatzungszone (SBZ). Dort ließ sich studieren, wie die Unfreiheit Gestalt annahm, indem die sowjetischen Machthaber Schritt für Schritt ein Regime errichteten, das keinen Widerspruch duldete. Einzig die SED, die im April 1946 unter Druck von oben gegründete Sozialistische Einheitspartei Deutschlands, hatte das Sagen, und in ihr wiederum gaben nach kurzer Zeit nur noch die Kommunisten um Moskaus Vertrauensmann Walter Ulbricht den Ton an.

Weitsichtige Beobachter, wie etwa der zeitweilig einflussreiche amerikanische Diplomat George F. Kennan, hatten es schon früh geahnt. »Die Idee«, so Kennan im Sommer 1945, »Deutschland gemeinsam mit den Russen regieren zu wollen, ist ein Wahn. (…) Wir haben keine andere Wahl, als unseren Teil von Deutschland (…) zu einer Form von Unabhängigkeit zu führen, die eine befriedigende, eine gesicherte, eine überlegene ist, dass der Osten sie nicht gefährden kann.« Churchill zog daraus die Schlussfolgerung: »Wir werden nie in der Lage sein, Deutschland ohne die Deutschen zu regieren.«

Zunächst Anfang 1946 in der amerikanischen, etwas später dann auch in der englischen und französischen Besatzungszone durften die Deutschen ihre ersten demokratischen Gehversuche machen, weit über ein Jahrzehnt nach der Machtübernahme durch die Nationalsozialisten Adolf Hitlers und der Errichtung eines Regimes, das sich die Vernichtung von Demokratie und Freiheit auf die Fahnen geschrieben hatte. Durch Kommunalwahlen, also die Bestimmung von Bürgermeistern und Landräten, sollte die Demokratie von unten nach oben aufgebaut werden. Da war es nur folgerichtig, dass die West-Alliierten die Bildung neuer Länder in den Westzonen vorantrieben, die den weiteren Gang der Ereignisse stark beeinflussten.

Dem Übergewicht Preußens in der deutschen Geschichte und den verhängnisvollen Auswirkungen überzentralisierter Herrschaft in der NS-Diktatur wollten Deutschlands liberal-demokratische Vormundmächte, insbesondere die USA, ein für alle Mal ein Ende setzen. Deshalb verfügten sie die Auflösung Preußens (1947) und bestanden auf der Gründung unabhängiger Einzelstaaten, die so zugeschnitten sein sollten, dass sie sich untereinander in Schach halten und einer denkbaren späteren Dachgewalt die Stirn bieten konnten. Es entstanden zunächst die Länder Schleswig-Holstein, Niedersachsen, Nordrhein-Westfalen, Hessen, Rheinland-Pfalz und Bayern; ferner die Stadtstaaten Hamburg und Bremen. Baden, Württemberg-Baden und Württemberg-Hohenzollern schlossen sich nach einer Volksabstimmung 1952 zum Bundesland Baden-Württemberg zusammen. Das Saarland unterstand bis Ende 1956 Frankreich, und die ehemalige Reichshauptstadt Berlin hatte ebenfalls eine Sonderstellung, weil alle Besatzungsmächte dort vertreten waren.

Nach und nach erhielten die neuen deutschen Staatsgeburten vom Volk gewählte Länderparlamente (Landtage), und auch bei der Verabschiedung einzelner Landesverfassungen spielten Volksabstimmungen eine wichtige Rolle. Elf Landesregierungen mit jeweils einem Ministerpräsidenten an der Spitze traten hervor. Unverzichtbar für diese politische Wiederbelebung war die Zulassung demokratischer Parteien durch die Alliierten, die ja unter der NS-Herrschaft alle verboten worden waren. Nun gab es unter anderem wieder die Sozialdemokratische Partei Deutschlands (SPD) und die Kommunistische Partei Deutschlands (KPD). In der Christlich-Demokratischen Union Deutschlands (CDU) und ihrer bayerischen Schwesterorganisation CSU (Christlich-Soziale Union) sammelten sich mit der Zeit liberal-konservative Kräfte unter einem überkonfessionellen Dach, und die Nationalliberalen zog es zur Freien Demokratischen Partei (FDP).

Das letzte Wort in allen Fragen behielten zwar die drei Militärgouverneure der westlichen Siegermächte; aber sie wussten auch, dass sie das Nachkriegschaos in Deutschland, einer hungernden und frierenden Trümmergesellschaft, nur mithilfe der Besiegten in den Griff bekommen konnten. Die Alliierten, so der britische Politiker Ernest Bevin, hatten ja ursprünglich die oberste Gewalt »einschließlich aller Befugnisse der deutschen Regierung (...) der Regierungen, Verwaltungen oder Behörden der Länder, Städte und Gemeinden« übernommen. Und dies in einem Deutschland »ohne Gesetz, ohne Verfassung, ohne eine einzige Person, mit der wir verhandeln konnten«.

Aus der Verwaltung von Not und Elend musste aber mehr erwachsen, um der kommunistischen Herausforderung aus dem Osten zu begegnen. Ernest Bevin, mittlerweile Außenminister einer linken Labour-Regierung in London, beschwor die »russische Gefahr«. Sie sei »inzwischen mit Sicherheit genauso groß, möglicherweise aber noch größer als die Gefahr eines wiedererstarkten Deutschlands«. Auch in Washington begann sich der Wind zu drehen, bekamen die Verfechter eines Kurses Auftrieb, der Stalins Machthunger zügeln sollte. Was lag da näher, als in den Westzonen Deutschlands eine Art Bollwerk gegen den Kommunismus zu errichten – einen Kernstaat mit einer freiheitlichen Verfassung und eigener Regierung, der, so die Erwartung, seine Anziehungskraft auf die unterdrückte Ostzone nicht verfehlen würde.

Die erste Weichenstellung erfolgte am 6. September 1946 in Stuttgart, als der amerikanische Außenminister James F. Byrnes seine »Rede der Hoffnung« hielt. Er kündigte an: »Die Vereinigten Staaten treten für die baldige Bildung einer vorläufigen deutschen Regierung ein.« Dabei verlange man, »dass Deutschland die Grundsätze des Friedens (...) und der Menschlichkeit befolgt«, und wolle nicht, dass »es unter einer in- oder ausländischen Diktatur lebt«. Byrnes versprach: »Das amerikanische Volk will dem deutschen Volk helfen, seinen Weg zurückzufinden zu einem ehrenvollen Platz unter den freien und friedliebenden Nationen der Welt.«

Großbritanniens Außenminister Bevin sprang Byrnes zur Seite und entwarf schon einmal in großen Zügen eine Konstitution. Im Oktober 1946 führte er vor dem Unterhaus, dem englischen Parlament, aus: »Für die fernere Zukunft schwebt uns eine deutsche Verfassung vor, die die Extreme loser Konföderation autonomer Staaten (*Bund selbstständiger Staaten, Staatenbund, Anm. d. Verf.*) und den zentralisierten Einheitsstaat vermeidet. Gewisse Fragen werden ausschließlich der Zentralgewalt vorbehalten bleiben, und die Länder werden für die übrigen Fragen ausschließlich zuständig sein. (…) Die Zentralregierung könnte aus zwei Kammern bestehen, von denen eine vom Volke gewählt wird, die andere sich aus Vertretern der regionalen Einheiten zusammensetzt. Es sollte auch ein Oberster Gerichtshof ähnlich dem amerikanischen geschaffen werden.«

Anfang 1947 gingen die Amerikaner und Briten auch mit Taten in die Offensive. Sie schlossen ihre Besatzungsgebiete länderübergreifend zur »Bizone« zusammen, um einen einheitlichen Wirtschaftsraum vorzubereiten – mit dem einflussreichen Wirtschaftsrat, einem mit deutschen Abgeordneten besetzten parlamentarischen Organ in Frankfurt am Main. Andere übergeordnete Einrichtungen, die geschaffen wurden, wie etwa ein Ernährungsrat, ein Finanzrat, ein Verwaltungsrat und ein Länderrat für die Beauftragten der Länderregierungen, signalisierten unübersehbar, dass das neue »Vereinigte Wirtschaftsgebiet« die Keimzelle eines sich abzeichnenden westdeutschen Staates war. Immerhin umfasste die »Bizone«, in der fast 40 Millionen Menschen lebten, drei Fünftel des besetzten Deutschlands.

Auf einer gemeinsamen Konferenz im Juni 1947 in München wollten die Ministerpräsidenten der deutschen Länder Schritte einleiten, »um ein weiteres Abgleiten des deutschen Volkes in ein rettungsloses politisches und wirtschaftliches Chaos zu verhindern und den Weg für eine Zusammenarbeit aller Länder Deutschlands im Sinne der wirtschaftlichen Einheit und künftiger politischer Zusammenfassung zu ebnen«. Mit dabei waren auch die Regierungschefs aus der SBZ, die nach außen hin die Länder Sachsen, Sachsen-Anhalt, Thüringen, Brandenburg und Mecklenburg vertraten, tatsächlich aber nur der verlängerte Arm der sowjetischen Besatzungsmacht und ihrer deutschen SED-Statthalter waren – weisungsgebunden und ohne Entscheidungsbefugnis. Nicht zum ersten und nicht zum letzten Mal schlug ein Anlauf zu einer gesamtdeutschen Lösung fehl.

Die Gäste aus dem Osten setzten die übrigen Teilnehmer mit ihrer Forderung nach »Bildung einer deutschen Zentralverwaltung durch Verständigung der demokratischen deutschen Parteien und Gewerkschaften zur Schaffung eines deutschen Einheitsstaates« unter Druck. Das klang zwar so, als wären die tonangebenden kommunistischen Kräfte in der SBZ die Hüter von Freiheit und Einheit in Deutschland; tatsächlich handelte es sich jedoch um nichts weiter als eine Provokation, die ins Leere laufen musste. Denn alle Beteiligten wussten, was unter »Zentralverwaltung«, »Einheitsstaat« und »Verständigung der demokratischen deutschen Parteien und Gewerkschaften« zu verstehen war: die Art und Weise, wie in der SBZ regiert wurde – undemokratisch von oben nach unten, einzig und allein nach dem Willen Stalins und dessen Erfüllungsgehilfen in der SED, die Schritt für Schritt die ganze Macht an sich riss. Kein Wunder also, dass die westdeutschen Ministerpräsidenten das Ansinnen ihrer Ost-Kollegen prompt zurückwiesen, woraufhin diese die Konferenz verließen.

Nachdem auch sämtliche Deutschlandkonferenzen der West-Alliierten mit der Sowjetunion im Sande verlaufen waren, weil die politischen und wirtschaftlichen Vorstellungen der Beteiligten über die Zukunft Deutschlands Welten auseinanderlagen, schlüpften die USA und Großbritannien endgültig in die Rolle der Geburtshelfer für einen westdeutschen Staat. Was aber benötigte so ein Kunstgebilde, das nicht ohne Weiteres, sondern nur mit gehöriger Nachhilfe und gutem Zureden das Licht der Welt erblicken sollte, am dringlichsten, um überhaupt auf die Beine zu kommen: eine Verfassung.

Auf der Londoner Sechsmächtekonferenz (Teilnehmer: USA, Großbritannien, Frankreich, Belgien, Niederlande, Luxemburg) wurden ohne die Sowjetunion bis zum Frühsommer 1948 die entsprechenden Entschlüsse dazu gefasst. Das war gar nicht so einfach, denn nicht nur Stalins Diplomaten hatten in der Vergangenheit durch ihre Starrköpfigkeit genervt, auch Frankreich war ein schwieriger Partner. Nach drei Kriegen mit Deutschland (1870/71, 1914/1918, 1939/1945) unternahm die »Grande Nation« alles, um die Wiederauferstehung eines starken Nachbarn jenseits des Rheins zu verhindern.

Die angloamerikanische Seite bemühte sich darum, Frankreichs Befürchtungen zu zerstreuen und dessen Bedürfnis nach Sicherheit vor Deutschland Rechnung zu tragen – durch eine Mischung aus Zugeständnissen und wirtschaftlichem Druck. Die Vereinigten Staaten versprachen, ihre Besatzungstruppen länger auf deutschem Boden zu lassen als ursprünglich vorgesehen war. Auf europäischer Ebene sollten neue übernationale Einrichtungen dafür sorgen, die geballte Wirtschaftskraft etwa der Ruhrindustrie zu kontrollieren – ein Samen, der aufging und zum Zusammenwachsen Europas führte.

Da auch das durch den Zweiten Weltkrieg sehr geschwächte Frankreich auf amerikanische Wirtschaftshilfe angewiesen war, beschleunigten unmissverständliche Hinweise der Amerikaner auf diese Abhängigkeit das Umdenken in Paris. Den letzten Ausschlag für ein Einschwenken der Franzosen auf die angloamerikanische Linie in der Deutschlandpolitik gab der kalte Wind aus Osten. Im Februar 1948 schufen die Kommunisten in einem weiteren von der Roten Armee besetzten Land, der Tschechoslowakei, mit einem Staatsstreich vollendete Tatsachen. So unheimlich der großen Kulturnation westlich des Rheins der »Erbfeind« Deutschland auch war und noch eine Zeit lang blieb, weitaus bedrohlicher erschien jetzt die Gefahr des stalinistischen Sowjetkommunismus.

In einem Punkt freilich konnte Frankreich sich durchsetzen: Anders als Washington und London es sich gewünscht hätten, sollte nicht erst eine handlungsfähige westdeutsche Regierung ins Amt gehoben und danach eine Verfassung beschlossen werden, sondern umgekehrt: Erst sollte eine Verfassung ausgearbeitet und dann eine Regierung gebildet werden. Der Grund dafür lag auf der Hand: So konnte Paris, Seite an Seite mit Briten und Amerikanern, den weiteren Gang der Ereignisse besser beeinflussen.

Die »Londoner Empfehlungen«, das Schlussdokument der Sechser-Konferenz, gaben dann am 2. Juni 1948 grünes Licht für die Gründung eines westdeutschen Staates und die Ausarbeitung einer Verfassung. Die drei Militärgouverneure der amerikanischen, englischen und französischen Besatzungszone, die Generäle Lucius D. Clay, Brian Robertson und Pierre Koenig, sollten die Ministerpräsidenten der westdeutschen Länder beauftragen, eine verfassunggebende Versammlung einzuberufen. Die beteiligten Länder sollten über das Werk dieser Runde, die Verfassung, am Ende abstimmen. Sie, die Verfassung, sollte »nicht das zentralisierte Reich wiederherstellen«, sondern stattdessen »eine bundesstaatliche Regierungsform« ermöglichen, um »die Rechte der jeweiligen Staaten zu schützen, für eine angemessene Zentralgewalt zu sorgen und die Rechte und Freiheiten des Einzelnen zu garantieren«.

Zur Überraschung der West-Alliierten lösten ihre Beschlüsse bei deutschen Politikern blankes Entsetzen aus. Jetzt erst schien ihnen endgültig aufzugehen, dass die Westmächte offenbar entschlossen waren, für eine Staatsgründung auf ihrem Gebiet die Spaltung Deutschlands in Kauf zu nehmen. Etwas verwunderlich war das schon, denn diese Entwicklung hatte sich doch längst abgezeichnet. Aber durfte man die Freiheit aus den Händen der Sieger für nur einen Teil Deutschlands annehmen, wenn dadurch die Einheit der Nation zu Bruch ging? Und was war das überhaupt für eine Form von Freiheit, die da verheißen wurde?

Wir hörten bereits, dass die völlig unterschiedlichen gesellschaftspolitischen Vorstellungen der Vormundmächte USA und Sowjetunion West- und Ostdeutschland seit geraumer Zeit auseinanderdriften ließen. An eine gedeihliche gemeinsame Zukunft war also im Moment ohnehin nicht zu denken. Berlins Regierender Bürgermeister Ernst Reuter (SPD), der während der Blockade der Stadt durch die Sowjetunion den Widerstandsgeist der Einwohner wachhielt, erkannte das bald: »Die Spaltung Deutschlands wird nicht geschaffen, sie ist schon vorhanden.«

Konrad Adenauer (CDU), ein Jahr später erster Regierungschef der Bundesrepublik Deutschland, dürfte das ähnlich gesehen haben, denn er war ein nüchterner Realist. Trotzdem mäkelte er an den Vorgaben der »Londoner Empfehlungen« herum, weil sich die West-Verbündeten bei den anstehenden Verfassungserörterungen das letzte Wort vorbehielten. Was hatte der lebenskluge Politiker Adenauer drei Jahre nach dem Ende des vom NS-Unrechtsregime über die Welt gebrachten Krieges eigentlich anderes erwartet? Adenauer empörte sich: »Allmählich haben sich die Dinge so entwickelt, dass für alle Deutschen (...) die ernste Frage entsteht, ob sie es vor ihrem Gewissen und vor ihrem Volk verantworten können, weiter mitzuarbeiten an einer immer stärker sich auswirkenden dauernden Einengung der Freiheit.« Er sehe »den Zeitpunkt herankommen, an dem den Deutschen nichts anderes übrig bleibt, als durch Verweigerung der Mitarbeit wenigstens ihre Ehre vor der Nachwelt zu retten«.

»Wir Deutsche sind ja in einem schweren Konflikt«, fasste Reinhold Maier (FDP), Ministerpräsident von Württemberg-Baden, die Empfindungen seiner Kollegen zusammen. Als »Frankfurter Dokumente« nahmen die westdeutschen Länderchefs die

Londoner Beschlüsse am 1. Juli 1948 aus den Händen der Militär-gouverneure entgegen – in angespannter Atmosphäre. Die Minis-terpräsidenten wurden ermächtigt, »eine verfassunggebende Ver-sammlung« einzuberufen, um »eine demokratische Verfassung ausarbeiten« zu lassen. Sie sollte »eine Regierungsform des föde-ralistischen Typs«, also einen Bundesstaat mit eigenständigen Ein-zelstaaten, auf den Weg bringen, »die am besten geeignet ist, die gegenwärtige zerrissene deutsche Einheit schließlich wiederher-zustellen, und die Rechte der beteiligten Länder schützt, eine angemessene Zentralinstanz (...) schafft und die Garantien der individuellen Rechte und Freiheiten enthält«.

Diese Verfassung war von den Militärgouverneuren zu geneh-migen und durch eine Abstimmung in den Ländern in Kraft zu setzen. Thematisiert wurden in den »Frankfurter Dokumenten« außerdem noch Fragen einer möglichen Länderneugliederung und künftige Regelungen für die Rechte und Verantwortlichkeiten der West-Alliierten (Besatzungsstatut), die sich auf ein »Mindestmaß der notwendigen Kontrolle« über die Innen- und Außenpolitik des geplanten westdeutschen Staates erstreckten.

So ein vollständiger, mit gewissen Einschränkungen schon ziemlich souveräner »Weststaat« aber ging der deutschen Seite viel zu weit. Denn, so warnte Württemberg-Hohenzollerns Mi-nisterpräsident Lorenz Bock, darauf würden die Russen doch »sofort mit einem Oststaat antworten« – die Teilung Deutsch-lands wäre besiegelt. Deshalb suchte man nach Auswegen, um endgültige Festlegungen zu vermeiden. Verschwommen war von einem »Gebilde«, einem »Provisorium« die Rede, das lediglich eine »wirtschaftliche und verwaltungsmäßige Zusammenfassung der drei Zonen« ermöglichen sollte, wie es der rheinland-pfälzi-sche Regierungschef Peter Altmeier (CDU) ausdrückte.

Auch vor dem Wort Regierung scheuten die deutschen Poli-tiker zurück. Bayerns Ministerpräsident Hans Ehard (CSU) wünschte sich »so etwas Ähnliches wie eine Regierungsgewalt«, also »irgendeine Organisation, die über den Ländern steht«. Auf keinen Fall sollte die *Verfassung* diese Bezeichnung tragen und auch nicht von einer verfassunggebenden Versammlung entworfen werden, sondern von einem »Parlamentarischen Rat«. Und bitte keine Volksabstimmung über dieses Dokument, wie es die Amerikaner gern gesehen hätten. Die demokratisch gewählten Landtage sollten darüber befinden.

Diese Einwände erinnerten ein wenig an den alten Spruch: »Wasch mich, aber mach mich nicht nass« – so richtig Niedersachsens Regierungschef Hinrich Kopf (SPD) mit seiner Feststellung auch liegen mochte, dass das deutsche Volk zurzeit »nicht in der Verfassung« sei, »sich eine Verfassung zu geben«. Der Eiertanz der westdeutschen Politiker hatte indes – neben der Sorge um die Wahrung der nationalen Einheit – noch einen anderen Grund, der Staatsrechtlern und Historikern immer wieder mal Kopfzerbrechen bereitet, nämlich die Frage, ob mit der bedingungslosen Kapitulation der Wehrmacht im Mai 1945 Deutschland und der deutsche Staat untergegangen waren oder nicht. Auf welchem Boden standen die deutschen Vertreter also überhaupt, und in wessen Namen konnten sie sich legitimiert glauben zu sprechen und zu handeln?

Ohne Zweifel führte die NS-Gewaltpolitik das Deutsche Reich in einen totalen, vollständigen Zusammenbruch von Staat und Gesellschaft. Aber war der Untergang der Hitler-Diktatur gleichbedeutend mit der Auslöschung des deutschen Staates? Aus heutiger Sicht ist die Antwort darauf weitgehend unstrittig. Damals lagen die Dinge noch nicht ganz so klar, obwohl viele Anzeichen die Untergangsvermutung widerlegten. Wir wissen ja inzwischen, dass ein Staat aus dem Staatsgebiet, der Staatsgewalt und dem Staatsvolk besteht. Nach ihrem militärischen Sieg besetzten die Alliierten Deutschland zwar, nahmen es aber nicht in Besitz. Das deutsche Staatsgebiet existierte folglich weiter.

Die Alliierten übten die oberste Gewalt aus und hatten uneingeschränkt das Sagen. Aber in diesem umfassenden Sinne nur für eine Weile, denn schon bald beteiligten sie ja auf Gemeinde- und Länderebene Deutsche an der Verwaltung, übertrugen ihnen also Aufgaben, um den Wiederaufbau zu ermöglichen. Somit wurde die deutsche Staatsgewalt von den Besatzungsmächten treuhänderisch, das heißt stellvertretend in die Hand genommen und ruhte nur vorübergehend. Und das Staatsvolk, die Deutschen, blieb dasselbe. Aus alldem ist zu schließen, dass der deutsche Staat 1945 nicht untergegangen ist. Und am Fortbestand Deutschlands über das Umbruchjahr 1945 hinaus änderte sich auch nach der Gründung zweier neuer Staaten auf deutschem Boden im Herbst 1949 nichts, wie wir später noch sehen werden. Gegen die Untergangsthese sprach im Übrigen die Auflösung Preußens 1947 durch ein Gesetz der Alliierten. Dieser staats- und völkerrechtliche Akt konnte nur unter der Annahme erfolgen, dass Deutschland und seine Gliedstaaten 1945 eben nicht einfach von der Landkarte verschwunden waren.

Dennoch bewegten sich die deutschen Politiker auf einem schmalen Grat. Sie konnten und durften sich nicht mit den West-Alliierten überwerfen, wollten aber auch keine unwiderruflichen Tatsachen schaffen, sondern die deutsche Frage offenhalten. Eine Zwickmühle. Aber auch eine große Chance, ein Stück Handlungsfreiheit zumindest für einen Teil Deutschlands zurückzugewinnen. Mehrfach berieten die Ministerpräsidenten in vertraulichen Runden, unter anderem auch in Koblenz im Hotel Rittersturz am »Deutschen Eck«. In hitzigen Debatten wurde um Begriffe und Formulierungen gerungen. »Da kam irgendjemand mit dem Wort ›Grundgesetz‹ anstelle von Verfassung«, erinnerte sich Reinhold Maier später. »Wie vom Himmel gefallen stand das Wort vor uns und bemächtigte sich unserer Köpfe und Sinne, gewiss nicht der Herzen. (…) Das neue jungfräuliche Wort vermochte so schön trügerisch von der Realität jener Tage wegzuführen.« Den Vorschlag »Grundgesetz« hatte

Hamburgs Bürgermeister Max Brauer (SPD) in die Diskussion geworfen.

Die Ministerpräsidenten sandten ihre »Koblenzer Beschlüsse« an General Clay. Es handelte sich um Gegenvorschläge, die vor allem Deutschlands Einheit im Auge hatten. Württemberg-Hohenzollerns Justizminister Carlo Schmid (SPD), ein humanistisch gebildeter Politiker und Staatsrechtsprofessor, der schon bald großen Einfluss auf die Grundgesetz-Beratungen nahm, hatte klargestellt, dass es eine Verfassung erst geben könne, »wenn das gesamte deutsche Volk die Möglichkeit besitzt, sich in freier Selbstbestimmung zu konstituieren«, also praktisch in einer Nationalversammlung zusammenzutreten. Bis dahin »können nur vorläufige organisatorische Maßnahmen getroffen werden«.

Bei den Militärgouverneuren, allen voran General Clay, löste die deutsche Haltung Verärgerung aus. Sie gewannen den Eindruck, dass die Deutschen bei dem anstehenden demokratischen Experiment zwar mitspielen wollten, aber im Grunde nicht so richtig, sondern eher halbherzig. Clay zeigte sich »sehr enttäuscht« und wunderte sich darüber, »dass ich als Vertreter einer Siegermacht den Deutschen Vollmachten geben will und die Deutschen erklären, diese Vollmachten gar nicht in Anspruch nehmen zu wollen«.

Nun ging es hin und her; beide Seiten wussten, dass sie sich letztlich einigen mussten, denn ein Scheitern konnte man sich angesichts des frostigen internationalen Klimas nicht leisten. Und so schubsten die West-Alliierten – nicht so sehr die Franzosen, denen ein zersplitterter Rheinnachbar ohne Zentralgewalt durchaus gelegen kam, dafür aber umso mehr Amerikaner und Engländer – die Deutschen mit einigem Nachdruck in die Teil-Freiheit. Denn »sie waren die Stärkeren«, wie nicht nur Carlo Schmid bewusst war. Als Sieger und Besiegte am 26. Juli 1948 abschließend tagten, schlugen die Wogen noch einmal hoch. Immer wieder musste die Sitzung unterbrochen werden, weil sich die drei

Militärgouverneure Clay, Robertson und Koenig zu »Flüster-konferenzen« zurückzogen.

Dann der Durchbruch. Nachdem General Koenig den Namen für die deutsche Verfassung als zweitrangig bezeichnet hatte, er-klärte Bremens Bürgermeister Wilhelm Kaisen (SPD), die Deut-schen seien unabhängig von noch bestehenden Meinungsunter-schieden bereit, sofort mit der Verfassungsarbeit zu beginnen. Die Frage, wer über das Verfassungswerk zu guter Letzt befinden sollte (Ratifikation), die Landtage oder die Bevölkerung in einer direkten Abstimmung (Referendum), ließ man vorerst noch in der Schwebe. Vertagt wurde obendrein das Thema neuer Länder-grenzen. Die wochenlange Anspannung wich aus den Gesichtern der Teilnehmer. General Koenig gab den Startschuss. Den west-deutschen Regierungschefs rief er zu: »Wenn Sie akzeptieren, die volle Verantwortung zu übernehmen, können wir Ihnen sagen: En avant!«

VOM VOLLMOND ERHELLT – DER VERFASSUNGSAUSSCHUSS AUF HERRENCHIEMSEE

Einst hatte sich Bayerns barocker König Ludwig II. (1845–1886) auf diesem entrückten Flecken Erde romantischer Träumerei hin-gegeben und an seiner Märchenwelt gebaut. Von dort aus, der Her-reninsel im Chiemsee, kurz Herrenchiemsee, wollte der opern-verliebte Schwarmgeist sich und seine Untertanen einmal mehr durch Prunk und Glanz beglücken: mit einem neuen Schloss, Ludwigs »Versailles«, einem verkleinerten Abbild des prachtvol-len Königshofs bei Paris, dem Inbegriff absolutistischer Macht-entfaltung der französischen Monarchie.

Das lag ungefähr 70 Jahre zurück – eine Zeitspanne etwas un-ter dem Lebensalter des Grundgesetzes heute –, als sich Unerhör-tes auf Ludwigs verwunschenem Eiland begab: Demokraten setzten auf die Insel über und klopften an die Pforten des »Alten Schlosses Herrenwörth«, vormals ein Augustinerkloster, in dem Ludwig II. gelegentlich zu wohnen pflegte, um sein »Versailles« erblühen zu sehen. Nun begehrten dort, im August 1948, elf ehrwürdige Herren Einlass – mit kleinem Gefolge, zu denen auch einige Ehefrauen gehörten. Sie vertraten als Fachleute für Verfassungsfragen die westdeutschen Länder und sollten in der insularen Abgeschiedenheit einen Entwurf für das Grundgesetz vorbereiten. Viel Zeit hatte die Runde nicht, ganze 13 Tage; danach würden der Parlamentarische Rat einberufen und die dafür in den Landtagen gewählten Abgeordneten ihre Arbeit aufnehmen.

Der Verfassungskonvent von Herrenchiemsee – ursprünglich versammelten sich zu einem »Konvent« die stimmberechtigten Mitglieder eines Klosters – war auf Wunsch der Ministerpräsidenten zustande gekommen, die so dem künftigen Grundgesetz ihren Stempel aufdrücken wollten. Sie hatten erstklassige Experten ausgesucht, Politiker, Beamte, Professoren und ehemalige Diplomaten, die viel Kenntnis und Erfahrung mitbrachten. Darunter der schon erwähnte Carlo Schmid, ein sprachgewaltiger Kopf, Sohn einer französischen Aristokratin und eines schwäbischen Privatgelehrten. Ferner Anton Pfeiffer (CSU), einer der einflussreichsten bayerischen Politiker jener Tage, der den Konvent leitete. Und Hermann Louis Brill (SPD), als Widerstandskämpfer gegen Hitler zu zwölf Jahren Zuchthaus verurteilt, nach 1945 zunächst Regierungschef von Thüringen, dann Staatssekretär in Hessen. Adolf Süsterhenn (CDU), Justiz- und Kultusminister im neu gegründeten Land Rheinland-Pfalz, hatte dort die Landesverfassung mit ausgearbeitet und galt als enger Vertrauter Konrad Adenauers (CDU), der in den kommenden Monaten zur Schlüsselfigur der deutschen Politik aufsteigen sollte. Schließlich Otto Suhr (SPD), Gast aus Berlin mit nur beratender Stimme, weil die in vier Sektoren geteilte alte Reichshauptstadt in der Ostzone lag und kein vollberechtigtes westdeutsches Land war. Auch er ein verfolgter NS-Gegner, der sich aber ebenso entschieden der kommunistischen Einverleibung der Sozialdemokratie in der SBZ durch die SED widersetzt hatte.

Allen stand noch das Schicksal der Weimarer Verfassung, das Scheitern der ersten deutschen Republik und Demokratie vor Augen. Und alle hatten sehen können, wie in den zwölf Jahren des NS-Terrors das Recht außer Kraft gesetzt worden und der Einzelne schutzlos der Willkür der Machthaber ausgeliefert war. An diese Bürde erinnerte Anton Pfeiffer seine Kollegen, als er am 10. August 1948 die Beratungen des Verfassungsausschusses auf Herrenchiemsee eröffnete: »Auf Ihre Schultern ist vor der Geschichte des deutschen Volkes eine überwältigende Verantwortung gelegt.«

Nun war den Konventsteilnehmern bewusst, dass sie bei der ihnen gestellten Aufgabe nicht ganz freie Hand hatten. Zum Verfassungsauftrag der »Frankfurter Dokumente« gehörte nämlich auch ein von den West-Alliierten auszuarbeitendes Besatzungsstatut, also Grundsätze für das künftige Verhältnis zwischen diesen Siegermächten und einem neuen westdeutschen Staat. Für Amerikaner, Engländer und Franzosen eine Art Rückversicherung, falls die Deutschen abermals auf antidemokratische und außenpolitisch aggressive Abwege geraten sollten. Deshalb war zu jener Zeit nur an eine eingeschränkte Souveränität des geplanten Staatsgebildes zu denken, eine begrenzte Handlungsfreiheit.

Über dessen Außenpolitik etwa wollten die USA, Großbritannien und Frankreich gemeinsam wachen; ebenso behielten sie sich unter anderem die Kontrolle des Außenhandels, der Entmilitarisierung und der Reparationsleistungen vor, das heißt der deutschen Wiedergutmachungen für Kriegsschäden. Und wie ein Vormund seinem Mündel schärften die Siegermächte den westdeutschen Verantwortlichen auch noch einmal ganz deutlich ein, dass sie nicht zögern würden einzugreifen, wenn »ein Notstand die Sicherheit bedroht, und um nötigenfalls die Beachtung der Verfassungsbestimmungen oder des Besatzungsstatuts zu sichern«. Die Verfassungsschöpfer waren also gewarnt. Wahrscheinlich kamen ihnen die auferlegten Bedingungen sogar ganz gelegen, denn sie wollten ja ohnehin nichts für die Ewigkeit schaffen. Um eine Übergangslösung für einen Kernstaat sollte es doch gehen, attraktiv genug, um wie ein Magnet nach Osten zu strahlen, sodass über kurz oder lang die unter sowjetkommunistischer Bedrückung leidende Ostzone sich einer Sogwirkung nicht würde entziehen können. Genau mit diesem Argument hatte Berlins Oberbürgermeister Ernst Reuter die Ministerpräsidenten der westdeutschen Länder erfolgreich beschworen, auf die Linie der Alliierten zur Gründung eines Dach-Staates einzuschwenken.

Dass ein solches »staatsrechtliches Gerippe« (Pfeiffer) ein Wertefundament verlangte, das gerade eben nicht vorübergehender Natur sein durfte, damit das »Gerippe« nicht gleich wieder in sich zusammenfiel – diese Einsicht verband die Herren des Verfassungskonvents von Anbeginn, bei allen Auffassungsunterschieden sonst. Hier konnten sie im Bewusstsein ihrer Verantwortung unbeeinflusst Freiheit gestalten, sodass Bayerns Gesandter Anton Pfeiffer über den ersten Akt der Verfassungsgebung zu Recht urteilte: »Der Auftrag kam aus fremder Hand, die Erfüllung des Auftrags aber wird aus gemeinsamer deutscher Gesinnung erfolgen.«

In drei Ausschüssen machte man sich an die Arbeit. Nicht die Parteizugehörigkeit der Teilnehmer, sondern politisch-juristischer Sachverstand sollte den Verlauf und das Ergebnis der Verhandlungen prägen. In Wirklichkeit ist das natürlich nie ganz sauber zu trennen, denn bestimmte Überzeugungen, begründet und verschieden, sind es ja, die Menschen dazu veranlassen, sich in politischen Parteien zu engagieren. Anders ist Demokratie gar nicht vorstellbar. Getrübt werden solche erlesenen Runden sicherlich auch durch menschliche Schwächen. Eitelkeit, Hochmut und Geltungsdrang, Abneigung und Zuneigung spielen gerade in der Politik, die ein Streben nach Macht voraussetzt, eine nicht zu unterschätzende Rolle.

Gelegentlich nimmt das auch amüsante Züge an – so war es auch damals. Etwa als der Sozialdemokrat Hermann Louis Brill im Tagebuch seinen Parteifreund Carlo Schmid durch den Kakao zog, denn dessen mit geistreichem Witz gewürzter Scharfsinn konnte nicht zuletzt auch dank seiner gewaltigen Statur bisweilen in erdrückende Überlegenheit umschlagen. Brill beobachtete belustigt, wie Schmid während Pfeiffers Eröffnungsrede auf seinem Stuhl unruhig hin und her rutschte. Wie gern hätte er selbst sie gehalten! »Don Carlos bewegt sich dabei in seinen Massen wie Moby Dick, der gern Kapitän Ahab morden möchte«, hielt Brill für die Nachwelt fest.

Man tagte, es war Hochsommer, trotz lästiger Mückenschwärme gern auch im Freien. Durch nur zwei Telefone mit der Außenwelt verbunden, war die nötige Abschirmung gewährleistet, die freilich Horden von Journalisten immer wieder überwanden. Ums leibliche Wohl musste sich niemand sorgen, aber die Verpflegung erfolgte, streng kontrolliert, mit Essensbons. Alles andere bezahlten die Grundgesetz-Vordenker aus der eigenen Tasche. Immerhin erhielt jeder auf Wunsch täglich einen Liter Bier, eine halbe Flasche Wein und drei Zigarren oder zwölf Zigaretten. Das war in den kargen Nachkriegszeiten schon eine ganze Menge und dürfte die Herren beflügelt haben. Sie machten sich energisch an die Arbeit – doch an was konnten sie sich halten? Wo und wie sollten sie beginnen? In einem Punkt waren sich alle einig:

Ohne Zweifel hatten die Deutschen im Jahr 1945, als der vom NS-Regime angezettelte Zweite Weltkrieg mit über 60 Millionen Toten und rund 6 Millionen Holocaust-Opfern zu Ende ging, den tiefsten Einschnitt ihrer Geschichte erfahren. Dennoch kann man nicht von einer »Stunde null« sprechen, nach der alles gleichsam neu begann. Eher schon von fließenden Übergängen mit markan-

ten Bruchstellen, die sich wie Gesteinsschichten übereinander-
schoben. Verfassungsüberlegungen für ein neues Deutschland
hatte es in Widerstands- und Exilkreisen bereits während der
nationalsozialistischen Diktatur gegeben. Hier können nur einige
wenige Positionen dazu gestreift werden, um besser zu verstehen, welche Erkenntnisse aus historischer Erfahrung letztlich
ins Grundgesetz eingeflossen sind.

Den Verfassungsexperten auf Herrenchiemsee waren solche
Gedankenspiele mehr oder weniger bekannt, schließlich hatten
sie die dunklen Hitler-Jahre ja selbst miterlebt. Im Ergebnis sollte
sich erweisen, wie segensreich es für ihr Werk und das des Parlamentarischen Rats war, dass der Untergang des »Dritten Reichs«
mehr als drei Jahre zurücklag. Dieser Abstand schärfte den Blick
für die Ursachen der Katastrophe und die daraus zu ziehenden
Lehren. Zwar hallte auch den Vätern und Müttern des Grundgesetzes das Scheitern der Weimarer Republik in den Ohren nach
und stand ihnen deren Verfassung vor Augen. Noch mehr aber
traf dies auf diejenigen zu, die zwischen 1933 und 1945 über ein
Deutschland jenseits der braunen Gewaltherrschaft nachdachten.

Wir werden weiter unten – bei der genaueren Betrachtung des
Grundgesetzes – auf die Weimarer Verfassung als einen zentralen
Fixpunkt der Beratungen von Herrenchiemsee und im Parlamentarischen Rat noch im Einzelnen zu sprechen kommen. An dieser
Stelle seien nur ein paar charakteristische Staatsvorstellungen erwähnt, die Hitler-Gegner in einem Nachkriegsdeutschland ohne
Diktatur verwirklicht sehen wollten. Allen gemeinsam war das
Bemühen, den engen Nationalismus zugunsten einer mehr europäischen Perspektive, einer Einbettung Deutschlands ins europäische Staatengefüge hinter sich zu lassen. Nicht erst die Jahre
seit der NS-Machtergreifung, sondern auch schon der Erste Weltkrieg und dessen Vorgeschichte hatten gezeigt, wie verheerend
sich nationalistische Verblendung auswirkte.

Strittig war dagegen, ob ein Staat mit einer starken Zentralgewalt (Unitarismus) oder ein Modell, das die Macht zwischen einer gesamtstaatlichen Ebene und einzelnen eigenständigen Ländern verteilt (Föderalismus), eher geeignet sei, diktatorischen Versuchungen vorzubeugen. Einigkeit herrschte wiederum darüber, dass Freiheit und gemeindliche Selbstverwaltung untrennbar zusammengehörten. Der nachhaltige Schock, der vielen Menschen durch die menschenverachtende Anwendung brutaler physischer Gewalt seitens der nationalsozialistischen Machthaber tief in den Gliedern saß, führte zu einer Rückbesinnung auf die Wurzeln eines christlich-humanistischen Bildes vom Menschen. Ihm wurden von seinem göttlichen Schöpfer verliehene und in seiner Wesensnatur gründende, unantastbare natürliche Rechte zugesprochen.

Mit solchen Überlegungen befasste sich etwa der »Kreisauer Kreis«, eine Widerstandsgruppe um Helmuth James Graf Moltke und Peter Graf Yorck von Wartenburg. Dort hatte man 1943 in einem geheimen Papier die »Anerkennung der unverletzlichen Würde der menschlichen Person als Grundlage der zu erstrebenden Rechts- und Friedensordnung« gefordert. Auffällig war indes auch, dass viele zumal konservative NS-Oppositionelle ihr Misstrauen gegenüber der parlamentarischen Demokratie auch in der Diktatur nicht abgelegt hatten. Noch vor dem Nationalsozialismus war ihnen – wie auch den Schöpfern des Grundgesetzes – Weimar zum Trauma geworden.

Dabei kreideten sie das Versagen des demokratischen Kräftespiels nicht möglichen Verfassungsmängeln oder falschen Weichenstellungen an, sondern dieser Regierungsform selbst. Eine Fehleinschätzung. In der Denkschrift »Das Ziel« (1941) von Carl Goerdeler und Ludwig Beck, zwei einflussreichen Persönlichkeiten im deutschen Widerstand, las sich das so: »Der diktatorische und tyrannische Führerstaat ist ebenso unmöglich wie der entfesselte überdemokratische Parlamentarismus.«

Bei den Grundgesetz-Diskussionen auf der Herreninsel im

Chiemsee sieben Jahre später zeigte sich, dass Weimar nach wie vor der große Spiegel war, der alles zurückwarf; doch nun mischten sich auch andere, fast schon verschüttete Überlieferungen ins Bild, die auf die Revolution von 1848/49 verwiesen. Ein Thema aber beschäftigte die Länder-Gesandten mehr als jedes andere: Wie viel Föderalismus sollte das Grundgesetz der staatlichen Ordnung verschreiben, damit das Gemeinwesen demokratisch gedeihen würde? Alle Vertreter auf Herrenchiemsee waren mehr oder weniger Anhänger des föderativen Prinzips. Aber es gab Unterschiede, die, wenn man von der Insel hinüber zum Westzonen-Festland schaute, erheblich an Bedeutung gewannen.

Grob gesagt neigten der Norden Deutschlands und die SPD im Einvernehmen mit der britischen Besatzungsmacht eher zur Betonung einer stärkeren Zentralmacht, während in den südlichen Regionen die Unionsparteien CDU und CSU, unterstützt von Amerikanern und Franzosen, überwiegend föderative Lösungen bevorzugten. Vor allem Bayern, im Verfassungsausschuss repräsentiert durch Anton Pfeiffer, setzte sich ebenso eigensinnig wie beharrlich für eine kraftvolle Stellung der Länder ein. Dabei zeichnete sich ab, dass der Schlüssel zum Machtverhältnis zwischen den Ländern und einer Zentralgewalt in der Verteilung der Finanzhoheit liegen würde. Anders formuliert: Die Autorität, Steuern erheben zu können, sicherte Mitspracherechte und Gestaltungsmöglichkeiten.

Längst nicht in allem erzielte der Herrenchiemsee-Konvent Einigkeit. Das war bei der gestellten Aufgabe und den vielen Meinungen dazu ja auch gar nicht zu erwarten gewesen. Umso mehr beeindruckte das Ergebnis. Allem voran ein Katalog von Grundrechten, nicht unverbindliche Versprechen, sondern Garantien, auf die sich die Menschen mithilfe von Gerichten sollten berufen können und die zu achten und zu schützen Pflicht des Staates war.

Das hatte es so in deutschen Verfassungen noch nie gegeben, und damit zog man die Konsequenzen aus dem verbrecherischen

Missbrauch staatlicher Gewalt durch die Nationalsozialisten. Im Blick darauf traf die Verfassungsrunde eine Wertentscheidung. Auf Anregung von Carlo Schmid wurden in die Einleitung der Herrenchiemsee-Empfehlungen folgende Kernaussagen aufgenommen: »Der Staat ist um des Menschen willen da, nicht der Mensch um des Staates willen. Die Würde der menschlichen Persönlichkeit ist unantastbar.«

Ferner machte der Konvent eine Reihe von Vorschlägen für einen demokratischen Staatsaufbau mit einer »Bundesregierung« und zwei Kammern, einem »echten«, also vom Volk direkt gewählten Parlament, und einer Ländervertretung. Ob diese als »Bundesrat« aus Mitgliedern der Landesregierungen bestehen oder – in Anlehnung an das amerikanische Vorbild – als »Senat« mit gewählten Repräsentanten der Landtage organisiert sein sollte, blieb offen. Aber der föderale Gedanke war damit verankert. Sein Gewicht erhöhte sich noch dadurch, dass die Inselrunde das meiste die Länder selbst regeln lassen wollte. Das betraf die Gesetzgebung, die Verwaltung, die Justiz und umfasste auch die Finanzhoheit, aber auch Finanzierungspflichten.

Für die Machtbalance zwischen Bundesregierung und Parlament wurden bestimmte Vorkehrungen getroffen. Die Bundesregierung war vom Parlament abhängig, sofern dieses zur Regierungsbildung in der Lage war. Das setzte eine »arbeitsfähige« Mehrheit voraus, die gemeinsame politische Ziele verfolgte und sich auf einen Regierungschef verständigte. Keinesfalls sollte eine »arbeitsunfähige« Mehrheit der Abgeordneten eine Regierung stürzen oder ihr Zustandekommen verhindern können. Dahinter stand die Aufforderung, mit Macht verantwortungsvoll umzugehen und sie nicht zu verspielen wie in der Weimarer Republik. Die war auch deshalb zugrunde gegangen, weil solche Spielregeln fehlten und auf diese Weise der Reichspräsident zum mächtigsten Mann im Staat wurde. Dazu weiter unten mehr.

Doch vorab schon dies: Das Notverordnungsrecht, also die

Befugnis, in Ausnahmesituationen, etwa im Kriegsfall oder bei inneren Unruhen, Zwangsmaßnahmen zu erlassen, sollte anders als in Weimar nicht bei einem künftigen Staatsoberhaupt liegen, sondern bei der Bundesregierung und der Länderkammer – gewählten und kontrollierten Einrichtungen, die sich auch gegenseitig auf die Finger schauen konnten. Das war sehr umsichtig, denn mit außerordentlichen Vollmachten in der Hand hatte der letzte Reichspräsident der Weimarer Republik, Paul von Hindenburg, noch vor der Machtergreifung Adolf Hitlers eine Präsidialdiktatur errichtet.

Soviel Wert der Konvent darauf legte, Macht durch Verteilung und Beschränkung einzuhegen, so sehr wandte er sich freilich auch gegen zu viel Demokratie. Selbstverständlich sollte das künftige westdeutsche Parlament, der »Bundestag«, aus »allgemeiner, gleicher, unmittelbarer und geheimer« Wahl hervorgehen. Aber von einer weitergehenden direkten Beteiligung des Volkes an der Politik durch Abstimmungen über umstrittene Themen (Plebiszit) hielten die skeptischen Verfassungsexperten nichts. Ein »Volksbegehren«, sprich einen Vorstoß für einen »Volksentscheid«, schlossen sie aus. Und Letzteren sahen sie als Möglichkeit nur bei Verfassungsänderungen vor.

Führende Politiker aller Westzonen-Parteien versuchten, die Bedeutung der Empfehlungen von Herrenchiemsee herunterzuspielen. In ihren Augen trugen sie zu sehr die ausgeprägt föderative Handschrift der Auftraggeber des Konvents, nämlich der Ministerpräsidenten der Länder. Dennoch beeinflussten die Beschlüsse der Verfassungsexperten die anschließende Arbeit des Parlamentarischen Rats weitaus mehr als zunächst angenommen. Die tragenden Säulen des Grundgesetzes, die Grundrechte und die Prinzipien demokratischer Herrschaft auf der Basis verantwortungsvoller Machtverteilung, waren auf der beschaulichen, ehedem königlich-bayerischen Insel in nur 13 Tagen ausgearbeitet worden.

Und so legte sich ein »Schimmer von Romantik« (Anton Pfeiffer) über die Herrenrunde auf dem Chiemsee, als sie sich am späten Abend des 21. August 1948 noch einmal versammelte. Konferenzleiter Anton Pfeiffer führte zu Beginn wieder das Wort, und der belesene Carlo Schmid, wahrlich ein Freund schöner Worte, hätte es nicht stimmungsvoller ausdrücken können. »Vollmondschein liegt über dem Chiemsee«, so Pfeiffer, »und wir alle sind von innerer Freude erfüllt, dass nunmehr (…) unser Werk seiner Vollendung entgegenreift.«

Damit ihr Werk auch von Dauer sein würde, hatten sich die Verfassungsschöpfer etwas Besonderes einfallen lassen. Die Schlussempfehlung ihres »Vorberichts« für den Parlamentarischen Rat lautete: »Eine Änderung des Grundgesetzes, durch die die freiheitliche und demokratische Grundordnung beseitigt würde, ist unzulässig.« Noch bevor es das Licht der Welt erblickte, nahm das geplante Provisorium unter der Hand feste Gestalt an.

DER PARLAMENTARISCHE RAT – MÄNNER MACHEN GESCHICHTE, FRAUEN AUCH

Im Juni 1949, der erste Bundestagswahlkampf warf bereits seine Schatten voraus, schrieb der Reporter Erich Kuby in der *Süddeutschen Zeitung*: »Carlo Schmid ist groß genug, um die anderen für klein halten zu können, und rund genug, um über Dünne spotten zu dürfen. (…) Das Amt eines Kanzlers sollte ihm selbst dann zufallen, wenn die SPD nicht die absolute Mehrheit erreichte. Es sollte so sein, denn wir haben heute keinen besseren Mann für dieses Amt! Aber es wird nicht so sein.« Kuby sollte recht behalten. Im Monat zuvor hatte der Parlamentarische Rat sein Werk beendet, das Grundgesetz war verabschiedet. Eine Regieanweisung für Demokraten, die in vielem unverkennbar die Handschrift des gelehrten und beredsamen Staatsdenkers Carlo Schmid trug.

Doch die Schau stahl ihm ein anderer: Konrad Adenauer. Über ihn, den mittlerweile ersten Mann der Westzonen-CDU, urteilte der Journalist Walter Henkels, einer der besten politischen Beobachter jener Jahre: »Seine konservative Grundeinstellung nennen seine Gegner, deren er nicht wenige hat, Sturheit, die politischen Fäden, die er spinnt, Verschlagenheit, Undurchdringlichkeit. Es sind indessen nur wenige unter den lebenden deutschen Politikern, die an sein Format heranreichen.« Für Henkels wirkte der weltläufige Schöngeist Schmid wie das »frische Obst zur Konserve«, doch Adenauer, »unpathetisch, bieder und warm«, gelegentlich auch »sarkastisch, manchmal zynisch«, erschien ihm als der gewieftere Taktiker. Adenauer, dessen Gesichtszüge durch schwere Verletzungen seit einem Autounfall 1917 an eine Indianermaske erinnerten, hatte es verstanden, sich im Parlamentarischen Rat geschickt in Szene zu setzen. Seine herausragende Stellung in diesem westdeutschen Verfassungsgremium entwickelte sich zu einem Sprungbrett auf dem Weg zur Kanzlerschaft.

Das war vorauszusehen und auch wieder nicht. Noch am Tag der Eröffnungsfeierlichkeiten für den Parlamentarischen Rat – es war wie eingangs geschildert der 1. September 1948 – wählten dessen Mitglieder den 72-jährigen Konrad Adenauer zu ihrem Präsidenten. Eine folgenreiche Entscheidung. Denn so nahm der CDU-Politiker nicht nur über seine Partei Einfluss auf die Grundgesetz-Verhandlungen, sondern er stand als höchster Repräsentant obendrein auch in engstem Kontakt zu den Vertretern der West-Alliierten, die sich für die Verfassung ja das letzte Wort ausbedungen hatten. Ihnen gegenüber, aber auch in den Augen der Öffentlichkeit wuchs Adenauer auf diese Weise zur »vorläufig höchsten Staatspersönlichkeit über 47 Millionen Deutsche« heran, wie das frisch gegründete Nachrichtenmagazin DER SPIEGEL bemerkte.

In normalen Zeiten verlangt der Posten des Parlamentspräsidenten eher Zurückhaltung und die Fähigkeit zum Ausgleich über Parteigrenzen hinweg. Aber die Jahre zwischen 1945 und 1949, vom vollständigen Zusammenbruch einer Staatsordnung, die schon längst keine mehr war, bis zum staatlichen Neubeginn Westdeutschlands, waren alles andere als normal – Ausnahmezeit. Den Sozialdemokraten dämmerte das irgendwann auch, aber da war der Zug schon abgefahren, und der Lokführer stand im Führerhäuschen. »Den Adenauer haben wir zum Präsidenten gewählt«, frohlockte ein SPD-Mann zu früh, »um diesen unbequemen alten Nörgler auf einem Ehrenplatz kaltzustellen.«

Fälschlicherweise nahmen die Sozialdemokraten an, wenn ihr Paradepferd Carlo Schmid den Hauptausschuss im Parlamentarischen Rat leiten werde – was auch so kam –, dann hielte man alle Fäden in der Hand. Ein »schwerer Fehler der SPD«, wie Schmid erkennen musste. Im Hauptausschuss wurden alle inhaltlichen Fragen debattiert, dort ging es dank Schmid und vieler anderer kluger Köpfe staatsphilosophisch zu, und diese gedankliche Tiefe ist dem Grundgesetz auch gut bekommen. Doch die entscheidende Musik spielte anderenorts.

Die 65 stimmberechtigten Abgeordneten des Parlamentarischen Rats zogen am Nachmittag des 1. September 1948 in die Pädagogische Akademie der Rheinstadt Bonn ein, um mit ihrer Arbeit zu beginnen. In ihren Reihen waren überdies fünf Delegierte (Gesandte) aus Berlin, die freilich nur mitberaten durften, weil die alte Reichshauptstadt einer besonderen Vier-Mächte-Verwaltung seitens der USA, Großbritanniens, Frankreichs und der Sowjetunion unterstand. Die Unionsparteien CDU und CSU sowie die SPD waren jeweils mit 27 Abgeordneten vertreten. Die Liberalen (FDP) stellten fünf, die KPD, das (katholische) Zentrum und die in Norddeutschland beheimatete und CDU-nahe Deutsche Partei je zwei Mitglieder.

Alle waren von den elf westdeutschen Landesparlamenten gewählt worden. Die Sitzverteilung der Abgeordneten richtete sich nach der Stärke der jeweiligen Parteien seit den letzten Landtagswahlen und der Bevölkerungszahl in den einzelnen Ländern. Somit war der Parlamentarische Rat zwar keine von den Westdeutschen direkt gewählte verfassunggebende Versammlung, wie sie den West-Alliierten zunächst vorschwebte, sehr wohl jedoch ein demokratisch legitimiertes, berechtigtes Organ, das in Volkes Namen sprechen konnte. Denn konstituiert, ins Leben gerufen, hatten den Parlamentarischen Rat ja die Landtage, direkt vom Volk gewählte Repräsentanten also, Volksvertretungen.

Das Bonner Rumpfparlament war – wie schon die Chiemsee-Runde – eine nahezu geschlossene Herrenversammlung. Unter den Verfassungsabgeordneten gab es lediglich vier Frauen: Elisabeth Selbert (SPD), Friederike Nadig (SPD), Helene Weber (CDU) und Helene Wessel (Zentrum). Das mutete schon sehr seltsam an in einem vom Krieg zerstörten Land, das ganz maßgeblich von sogenannten Trümmerfrauen buchstäblich wieder aufgebaut werden musste, weil viele Männer entweder gefallen oder noch in Gefangenschaft waren. Allerdings werden wir noch sehen, dass diese vier energischen Damen bei der Schaffung des Grundgesetzes mehr durchsetzten, als einigen Herren der Schöpfung recht war.

Der westdeutsche Verfassungsrat war zwar kein Professoren-Parlament wie einst die Nationalversammlung der Frankfurter Paulskirche im Jahr 1848, die zum ersten Mal eine deutsche Konstitution mit Grundrechten für das Volk entwarf. Dennoch: Zwei Drittel waren Akademiker, die meisten Juristen, über die Hälfte trug einen Doktortitel. Selbstständige und Freiberufler, Unternehmer oder Landwirte bildeten große Ausnahmen, Arbeiter suchte man vergebens. Interessenvertreter etwa der Kirchen, Gewerkschaften und Berufsverbände, von Flüchtlingen und Vertriebenen fehlten ebenfalls. Dafür bestimmte der öffentliche Dienst das Bild. Gut 60 Prozent der Delegierten kamen daher.

Zwölf Abgeordnete waren zugleich Länderminister oder Staatssekretäre.

Das Durchschnittsalter lag bei rund 55 Jahren; elf Mitglieder hatten schon vor 1933 im Reichstag gesessen, dem Parlament der Weimarer Republik. Drei waren 1919 an der Ausarbeitung der damaligen Verfassung beteiligt gewesen. Fast alle Delegierten des Parlamentarischen Rats waren mit dem NS-Regime in Konflikt geraten, etliche hatten Verfolgung und Inhaftierung erlebt, andere hatten sich am Widerstand gegen die Diktatur beteiligt oder waren ins Ausland geflüchtet. Kaum einer hatte in den zwölf Jahren des »Dritten Reichs« seinen Berufs- und Lebensweg unbehelligt fortsetzen können.

Leiderfahrung und Überlebenswille waren das einigende Band dieser wenigen Frauen und vielen Männer, die sich nun im Parlamentarischen Rat nach Parteizugehörigkeit gruppierten (Fraktionen). Zu ihren Wortführern wählten sie starke Persönlichkeiten, deren Ausstrahlung das Grundgesetz prägen sollte: Carlo Schmid für die SPD, Anton Pfeiffer für die CDU/CSU und Theodor Heuss für die FDP. Heuss war ein schwäbischer Altliberaler mit lebendigen Verbindungen zu den Freiheitstraditionen des 19. Jahrhunderts, toleranter Bildungsbürger und später erster Bundespräsident. Im April 1933 hatte er allerdings – noch nicht ganz vergessen – Hitlers totalitärer Herrschaft mit den Weg geebnet, als er dem Ermächtigungsgesetz zustimmte.

1875 geboren, fiel dem Sozialdemokraten Adolph Schönfelder die Rolle des Alterspräsidenten im Parlamentarischen Rat zu. Nachdem sich alle Delegierten am 1. September 1948 zur ersten Zusammenkunft in der Pädagogischen Akademie eingefunden hatten, redete ihnen Schönfelder bei seiner einleitenden Rede ins Gewissen, dass sie »nicht als Vertreter der Länder und ihrer Interessen, sondern als Vertreter des ganzen deutschen Volkes« gewählt worden seien und in entsprechender Verantwortung zu handeln hätten. Das war ein Seitenhieb gegen die Ministerpräsidenten und ihren Machtanspruch, unterstrich obendrein aber noch einmal den Anspruch des Parlamentarischen Rats, legitime und demokratische Quelle einer gesamtstaatlichen Verfassung zu sein.

Anschließend machte Konrad Adenauer, gerade zum Ratspräsidenten gekürt, unmissverständlich klar, dass die Geburt des Grundgesetzes zwar auf einen »Akt der Militär-Gouverneure« zurückgehe, die Versammlung indes von nun an im Rahmen der ihr gestellten Aufgaben »völlig frei und völlig selbstständig« sei. Adenauers Hinweis beschrieb den Spagat, den die Deutschen vollbringen mussten: Unter den Augen der Sieger sollten sich die Besiegten aus eigenem Willen zur Freiheit erheben. Wenn das kein Kraftakt war!

NIE WIEDER WEIMAR: DIE KATASTROPHE IM RÜCKSPIEGEL

Und zu dieser Befreiungstat brachen die gewählten Volksvertreter des Parlamentarischen Rats mit schwerem Gepäck auf. »Wie die geisterhafte Erscheinung eines nach verfehltem Leben unglücklich Abgeschiedenen«, beschrieb der Staatsrechtler Werner Weber im Nachhinein die Atmosphäre in den Sitzungen der Grundgesetz-Schöpfer, »hat die Weimarer Verfassung die Bonner Beratungen erfüllt und bedrückt.« Diese Zwiespältigkeit – »erfüllt« und »bedrückt« – konnte nicht weiter verwundern. Denn die Weimarer Verfassung von 1919 war die Konstitution der ersten und bis dahin einzigen Demokratie in Deutschland gewesen, kein bloßer Entwurf, sondern eine historisch zum Leben erweckte Vorlage für den Aufbau einer freiheitlichen Republik. Daran ließ sich anknüpfen. Doch diese Verfassung hatte letztlich ihren Praxistest nicht bestanden. Nach nur etwas mehr als einem Jahrzehnt taumelte der Staat von Weimar dem Abgrund entgegen und versank schließlich – mit der schrittweisen Machtergreifung durch die

Nationalsozialisten seit Januar 1933 – in einer totalitären Diktatur, deren »Grundgesetze« Terror und Gewalt, Völkermord und Krieg waren.

Trug allein die Weimarer Verfassung Schuld daran, dass es dazu kam? Keinesfalls. Aber sie schleppte von Anbeginn eine Reihe schwerwiegender Mängel mit, die diese Entwicklung begünstigten. So hielt die Weimarer Verfassung für die Bonner Grundgesetz-Parlamentarier Anhaltspunkte zur Orientierung bereit, jedoch auch Abschreckendes. Ein bisschen glichen sie Autofahrern, die mit Blick nach vorn ein neues gemeinsames Ziel ansteuern und sich dabei trotzdem gezwungen sehen, immer wieder in den Rückspiegel zu schauen, um drohende Gefahren rechtzeitig zu erkennen.

Dabei musste man zwischen verschiedenen Gefahren unterscheiden. Keine demokratische, von Menschen erdachte Verfassung ist perfekt. Alle enthalten mehr oder weniger Unzulänglichkeiten und Lücken, die antidemokratischen Kräften unter Umständen Raum zur Entfaltung geben können. Insofern stellte die Weimarer Verfassung keine Ausnahme dar. Aber die Auflösung von Demokratie und Freiheit in Deutschland, der Umschlag in die NS-Diktatur vollzogen sich in einer Radikalität, die einen beispiellosen Zivilisationsbruch zur Folge hatte. Gipfelnd im millionenfachen Massenmord an den europäischen Juden, machten die Nazis dem im Laufe von vielen Jahrhunderten in Europa und Nordamerika gereiften und gesetzten Recht den Garaus. Einer Rechtsanschauung, gespeist aus jüdisch-christlichen und humanistischen Wurzeln, die den Menschen als einzigartiges und schützenswertes Individuum betrachtet.

Es waren also nicht allein die folgenreichen Baufehler einer Verfassung wie der von Weimar zu vermeiden. Sondern über dieser Aufgabe lag der Schatten einer zutiefst verstörenden Erfahrung: nämlich dass eine ja durchaus moderne Kulturnation wie Deutschland unter den Nazis in die Barbarei abgeglitten war.

Kaum mehr als drei Jahre waren seit dem NS-Schrecken und dem Ende des Zweiten Weltkriegs verstrichen, und nun sollten die Abgeordneten des Parlamentarischen Rats, noch ganz unter dem Eindruck dieser Ereignisse, etwas aus der Taufe heben, das es so in Deutschland noch nie gegeben hatte: gesicherte Freiheit. Was für eine Bürde!

Konrad Adenauer, ein praktisch denkender christlich-konservativer Politiker, der lieber nach vorn schaute und gern regieren wollte, nahm es etwas leichter. Immer wieder ermahnte er die Abgeordneten, dass sie nicht über die »Zehn Gebote« zu befinden hätten, sondern über ein Gesetz »für eine Übergangszeit«. Mehr noch als Deutschlands unheilvolle Vergangenheit bereitete Adenauer die Ausbreitung des Sowjetkommunismus wachsende Sorge. Verständlicherweise, denn immerhin standen Stalins Panzer und Soldaten im Osten Deutschlands, und nach allem, was sich in der SBZ abspielte, war es dort um Demokratie und Freiheit schlecht bestellt. Eile tat also not, um der Wiederkehr einer Zwangs- und Gewaltherrschaft in anderem Gewand – rot statt braun – die Stirn bieten zu können.

Auch Carlo Schmid, Adenauers sozialdemokratischer Gegenspieler, spürte diesen Druck. Er ließ sich freilich nicht davon beirren – was vielleicht daran lag, dass beide Männer starke, aber sehr wesensverschiedene Persönlichkeiten waren. Als sich zum Auftakt der Verhandlungen im Parlamentarischen Rat ihre Wege kreuzten, sprach der 20 Jahre jüngere Schmid Adenauer an: »Man hat mich vor Ihnen gewarnt. Sie kennen Ihren Ruf; vielleicht denken Sie, dass ich Ihnen diesem Ruf entsprechend begegnen werde. Sie irren sich; ich werde Ihnen jedes Wort glauben, das Sie mir sagen. Sie werden sich von mir gefallen lassen müssen, dass ich Sie immer wieder bei Ihrem Wort nehmen werde.« Adenauer entgegnete: »Was uns beide unterscheidet, ist nicht nur das Alter, es ist noch etwas anderes: Sie glauben an den Menschen, ich glaube nicht an den Menschen und habe nie an den Menschen geglaubt.«

Auf der einen Seite der nüchterne Machtmensch Adenauer, auf der anderen Seite der französisch geprägte, von den revolutionär erkämpften Freiheits- und Gleichheitsidealen durchdrungene Carlo Schmid – das versprach spannend zu werden. Noch heute beeindruckt, mit was für einer souveränen Eleganz und von welcher verfassungspolitischen Höhe aus der Rechtsgelehrte Carlo Schmid am 8. September 1948 die eigentliche Arbeit des Parlamentarischen Rats mit einem »Bericht« zu den anstehenden Fragen einleitete. Wir müssen uns hier auf die wesentlichen Gesichtspunkte dieses äußerst anregenden Ausflugs in die Welt des Staatsdenkens beschränken.

Zu berücksichtigen ist außerdem, dass Schmids Ausführungen zeitgebunden waren und er im Laufe der monatelangen Verhandlungen seine Überlegungen neuen Gegebenheiten anpassen musste. Dabei fällt auf, dass das Grundgesetz bereits während seiner Entstehung – und erst recht danach – seinen provisorischen Charakter mehr und mehr abstreifte. Unter der Hand wuchs die Not- und Übergangslösung so zur festen Verfassung auf Dauer heran. Und aus dem »Staatsfragment«, wie Carlo Schmid den westdeutschen Teilstaat zunächst nannte, wurde die Bundesrepublik Deutschland.

Das erinnert ein wenig an den Weg zur deutschen Einheit 1989/90. Als die »Deutschland-einig-Vaterland«-Rufe ostdeutscher Demonstranten Forderungen von DDR-Bürgerrechtsgruppen nach Freiheit und Demokratie *in* der SED-Diktatur zu übertönen begannen, setzte sich ein Zug in Bewegung, der kaum mehr aufzuhalten war. Eine ähnliche Eigendynamik kennzeichnete auch die Entwicklung des Grundgesetzes. Und wer hätte für solche Veränderungen aufgeschlossener sein können als der mit geschichtlicher Beschleunigung in Zeiten von Erneuerung und Revolution so vertraute Carlo Schmid.

»Eine Verfassung«, hob er an, »ist nichts anderes als die in Rechtsform gebrachte Selbstverwirklichung der Freiheit eines Volkes. Darin liegt ihr Pathos (*Erhabenheit, Feierlichkeit, Anm. d. Verf.*), und dafür sind die Völker auf die Barrikaden gegangen.« Nun waren die Deutschen zwar in der Revolution von 1848 – erfolglos – und in der Novemberrevolution 1918 – etwas erfolgreicher – gegen Unterdrückung und für Freiheit auf die Barrikaden gegangen, nicht jedoch 1945, als die Siegermächte die Besiegten vom Nazi-Regime befreien mussten. Von den westlichen Besatzerregierungen mit der Ausarbeitung einer Konstitution beauftragt, könnten sich die Deutschen, so Schmid, allenfalls eine »Organisationsform« für ein »Staatsfragment«, ein »staatsähnliches Wesen« geben. Denn: »Nur wo der Wille des Volkes aus sich selber fließt, nur wo dieser Wille nicht durch Auflagen eingeengt ist, durch einen fremden Willen, der Gehorsam fordert und dem Gehorsam geleistet wird, wird Staat im echten demokratischen Sinne des Wortes geboren.«

Das war sozusagen die reine Lehre. Wie eben schon angedeutet, nahmen die Dinge ja insofern einen etwas anderen Lauf, als Zweifel an der Legitimität des Grundgesetzes und der Bundesrepublik Deutschland, an der »Selbstverwirklichung der Freiheit« rasch zerstoben. Dafür sprach schon das demokratische Verfahren: die sorgfältig geführten Debatten im Parlamentarischen Rat und die Schlüsselstellung der vom Volk gewählten Landtage, die letztlich über Annahme oder Ablehnung des Grundgesetzes zu beschließen hatten. Normal und selbstverständlich wirkte das alles freilich erst geraume Zeit später, als man sich an Wahlen und Regierungen in Westdeutschland gewöhnt hatte, und in der Erinnerung verblasste, dass dieser demokratische Alltag einer Verfassung entsprang, die – in außerordentlichen Zeiten entstanden – außergewöhnliche Taufpaten hatte: die West-Alliierten.

Insofern schärften Schmids Erwägungen den Sinn für den besonderen historischen Moment, als das Grundgesetz geboren wurde: »Wir haben unter Bestätigung der alliierten Vorbehalte das Grundgesetz zur Organisation der heute freigegebenen Hoheitsbefugnisse des deutschen Volkes in einem Teile Deutschlands zu beraten und zu beschließen.« Erneut betonte Schmid, dass es nicht um die Schaffung einer Verfassung und eines Staates gehe. Noch wollte er das Kind nicht beim Namen nennen, weil ihm die lupenreine Souveränität des deutschen Volkes fehlte. Aber bald schon trug ihn der Schwung des geschichtlichen Augenblicks weiter bis an die Spitze derer, die für ein zukunftsfestes Staatsfundament kämpften. So ergeht es denjenigen oft, die in Phasen des Umbruchs – und nur dann ist so etwas überhaupt möglich – Verfassungen schreiben und somit Geschichte machen. Freilich, am 8. September 1948, zur Einstimmung der Abgeordneten des Parlamentarischen Rats, opferte Carlo Schmid noch nichts von seinem stimmigen Gedankengebäude. Und es hörte sich ja auch gut an.

»Wir haben etwas zu schaffen, das uns die Möglichkeit gibt, gewisser Verhältnisse Herr zu werden, besser Herr zu werden, als wir das bisher konnten. Auch ein Staatsfragment muss eine Organisation haben, die geeignet ist, den praktischen Bedürfnissen der inneren Ordnung eines Gebietes gerecht zu werden. Auch ein Staatsfragment braucht eine Legislative, braucht eine Exekutive und braucht eine Gerichtsbarkeit.« Diese »Organisation«, fuhr Schmid fort, sei eine Lösung auf Zeit. Und ganz wichtig: »Die künftige Vollverfassung Deutschlands darf nicht durch Abänderung des Grundgesetzes dieses Staatsfragments entstehen müssen, sondern muss originär entstehen können.«

Was meinte Schmid damit? Nun, das Grundgesetz sollte dem Souverän, dem Volk, untertan gemacht werden. Und zwar durch eine Bestimmung, wonach diese »Organisationsform« »an dem Tage« ihre Geltung verlieren würde, »an dem eine vom deutschen Volke in freier Selbstbestimmung beschlossene Verfassung in Kraft tritt«. So stand es denn auch sinngemäß und fast wörtlich bis zur deutschen Einheit in Art. 146 des Grundgesetzes.

Zunächst hatte dieser Satz keine große Bedeutung, denn zum

damaligen Zeitpunkt gab es ja noch nicht einmal einen, geschweige denn zwei deutsche Staaten. Rund 40 Jahre später indes stellte sich die Lage ganz anders dar. Wir werden weiter unten sehen, dass die Frage, ob der Zusammenschluss von Deutschland Ost und Deutschland West durch Beitritt der Deutschen Demokratischen Republik (DDR) zur Bundesrepublik Deutschland (BRD) nach Art. 23 GG oder über Art. 146 GG erfolgen sollte, die Gemüter erhitzte.

Nach seinen verfassungstheoretischen Ausführungen wandte sich Carlo Schmid den tragenden Rechtsprinzipien des Grundgesetzes zu. Auch in diesem Zusammenhang sticht wieder die Klarheit und Logik hervor, die Verbindung aus verpflichtenden Werten und gesundem Menschenverstand – *common sense*, die vor allem im angelsächsischen Raum beheimatete Haltung, Rechts- und Verfassungsfragen mit viel Erfahrung praktisch und lebensnah zu beantworten. Schmid:

»Das Erste ist, dass das Gemeinwesen auf die allgemeine Gleichheit und Freiheit der Bürger gestellt und gegründet sein muss, was in zwei Dingen zum Ausdruck kommt. Einmal im rechtsstaatlichen Postulat (*Forderung, Bedingung, Anm. d. Verf.*), dass jedes Gebot und jedes Verbot eines Gesetzes bedarf und dass dieses Gesetz für alle gleich sein muss; und zweitens durch das volksstaatliche Postulat, das verlangt, dass jeder Bürger in gleicher Weise an dem Zustandekommen des Gesetzes teilhaben muss. (…) Das Entscheidende ist, dass jeder Hoheitsträger mittelbar oder unmittelbar auf einen Wahlakt muss zurückgeführt werden können. Der Beamte zum Beispiel muss durch einen Minister ernannt sein, der selber durch ein allgemein gewähltes Parlament bestätigt und eingesetzt worden ist.«

Anschließend behandelte Schmid die Frage nach den Grenzen von Gleichheit und Freiheit. Dabei spielte er auf die Weimarer Republik an, die ihren politischen Todfeinden, insbesondere den Nationalsozialisten, nicht nur nicht entschlossen genug entgegengetreten war, sondern ihnen eher im Gegenteil viel zu viel Betätigungsfreiheit gewährt hatte. »Ich für meinen Teil bin der Meinung«, stellte Schmid unmissverständlich klar, »dass es nicht zum Begriff der Demokratie gehört, dass sie selber die Voraussetzungen für ihre Beseitigung schafft.« Und dann folgte ein politisches Bekenntnis: »Demokratie ist nur dort mehr als ein Produkt einer bloßen Zweckmäßigkeitsentscheidung, wo man den Mut hat, an sie als etwas für die Würde des Menschen Notwendiges zu glauben. Wenn man aber diesen Mut hat, dann muss man auch den Mut zur Intoleranz denen gegenüber aufbringen, die die Demokratie gebrauchen wollen, um sie umzubringen.«

Keine Laxheit gegenüber den Feinden der Freiheit – genau diese Einstellung hatten viele Vertreter und Freunde der Weimarer Republik vermissen lassen. Auch deshalb war sie eine Demokratie mit zu wenig Demokraten geblieben. Das sollte sich nicht wiederholen, deshalb wollte man eine »wehrhafte Demokratie« ins Leben rufen. Da Macht verführerische Kräfte besitzt, gehörte die Gewaltenteilung zu einem demokratischen Staatsaufbau. Schmid: »Was bedeutet dieses Prinzip? Es bedeutet, dass die drei Staatsfunktionen, Gesetzgebung, ausführende Gewalt und Rechtsprechung, in den Händen gleichgeordneter, in sich verschiedener Organe liegen, und zwar deswegen in den Händen verschiedener Organe liegen müssten, damit sie sich gegenseitig kontrollieren und die Waage halten können. Diese Lehre hat ihren Ursprung in der Erfahrung, dass, wo auch immer die gesamte Staatsgewalt sich in den Händen eines Organes nur vereinigt, dieses Organ die Macht missbrauchen wird.«

Das war natürlich als Hinweis auf das nationalsozialistische Unrechtsregime zu verstehen, in dem der Diktator Adolf Hitler durch Ausschaltung sämtlicher oppositioneller Kräfte und durch die Gleichschaltung des gesamten politischen Lebens alle Macht an sich gezogen hatte. Und darauf bezog sich auch Schmids Forderung nach einer »Garantie der Grundrechte« für jede einzelne

Person. Die Nazis hatten die auch in der Weimarer Verfassung aufgeführten Grundrechte deswegen ohne Weiteres beiseiteräumen können, weil sie eben nicht ausreichend verbürgt und verankert gewesen waren. Im Nu sahen sich die Menschen hilflos Willkür, Terror und Gewalt der Machtmaschine ausgeliefert. Dazu musste der NS-Apparat die Weimarer Verfassung nicht einmal abschaffen. Es genügten zwei Regierungsverordnungen im Februar 1933 (ohne parlamentarischen Beschluss) und das Ermächtigungsgesetz einen Monat später, für das die Nationalsozialisten den Reichstag, das Weimarer Parlament, massiv unter Druck setzten.

Deshalb legte Carlo Schmid so viel Wert auf die Feststellung, dass Grundrechte solche seien, die der Staat nicht nach Belieben vergeben und entziehen könne, sondern die er »schon antrifft, wenn er entsteht«. Es handelt sich also um vorstaatliche Rechte, die dem Menschen – je nach Anschauung – von Natur aus zustehen oder ihm von Gott verliehen sind, eben weil er ein Mensch ist. Aufgabe des Staates sei es, diese Grundrechte »zu gewährleisten und zu beachten«. Daraus leite sich die zentrale Stellung der Grundrechte im künftigen Grundgesetz ab. Schmid:

»Die Grundrechte müssen das Grundgesetz regieren; sie dürfen nicht nur ein Anhängsel des Grundgesetzes sein, wie der Grundrechtskatalog von Weimar ein Anhängsel der Verfassung gewesen ist. Diese Grundrechte sollen nicht bloße Deklamationen (*schön klingende Worte, Anm. d. Verf.*), Deklarationen (*Absichtserklärungen, Anm. d. Verf.*) oder Direktiven (*Verhaltensregeln, Anm. d. Verf.*) sein (…), sondern unmittelbar geltendes Bundesrecht, auf Grund dessen jeder einzelne Deutsche, jeder einzelne Bewohner unseres Landes vor den Gerichten soll Klage erheben können.«

Wegen dieser überragenden Bedeutung der Grundrechte im Staatsgefüge müssten aber besondere Schutzvorkehrungen getroffen werden, denn »es soll sich jener nicht auf die Grundrechte berufen dürfen, der von ihnen Gebrauch machen will zum Kampf gegen die Demokratie und die freiheitliche Grundordnung«. Und damit die Grundrechte auch wirklich ihre volle Wirkung entfalten könnten, dürften sie nur in begründeten Ausnahmefällen durch einen Gesetzesvorbehalt eingeschränkt werden. Stets sei dabei darauf zu achten, dass der Kern des Grundrechts unberührt bleibe.

An dieser doppelten Einbettung der Grundrechte ist abzulesen, was für einen weitreichenden Schirm das künftige Grundgesetz aufzuspannen im Begriff war. Eine »wehrhafte Demokratie« sollte verhindern, dass die Feinde der Freiheit diese abermals zu Fall brachten. Bonn, Tagungsort des Parlamentarischen Rats und bald schon Regierungssitz des westdeutschen Teilstaats, sollte nicht das Schicksal Weimars erleiden – jener ehrwürdigen Kulturstadt, in der die Verfassung der ersten deutschen Republik 1919 mit großen Erwartungen das Licht der Welt erblickte, um noch nicht einmal anderthalb Jahrzehnte später zu Grabe getragen zu werden. Und die herausgehobene Stellung der Grundrechte im Grundgesetz verwies den Staat auf dessen dienende Rolle. In Anlehnung an Carlo Schmid bekräftigte Adolf Süsterhenn, Herrenchiemsee-Teilnehmer und stellvertretender CDU/CSU-Fraktionsvorsitzender im Parlamentarischen Rat: »Wir müssen wieder zurück zu der Erkenntnis, dass der Mensch nicht für den Staat, sondern der Staat für den Menschen da ist.«

Weil nach den in Hitler-Deutschland leidvoll erlebten Jahren einer Rechtlosigkeit von Staats wegen fast alle Abgeordneten diese Schlussfolgerungen teilten, hielt sich der Streit in den Beratungen über das Grundgesetz in Grenzen. Lediglich die sehr auf die Eigenständigkeit ihres Landes pochenden Vertreter Bayerns scherten immer wieder gern aus, wenn es um die Festschreibung einzelstaatlicher und kirchlicher Rechte ging. In anderen zentralen Fragen jedoch zogen auch sie an einem gemeinsamen Strang.

Was war denn aber nun aus Verfassungssicht der entscheidende Schwachpunkt im Staatsaufbau von Weimar? Oder anders gefragt: Wie musste das neue Grundgesetz beschaffen sein, um nicht Gefahr zu laufen, von oben her in antidemokratischer und autoritärer Absicht ausgehöhlt zu werden? Denn genau das war ja der Weimarer Verfassung von 1930 an widerfahren, seitdem Deutschland statt durch vom Reichstag, der deutschen Volksvertretung, beschlossene Gesetze mit Notverordnungen regiert wurde. Die Suche nach einer Antwort darauf lenkt den Blick auf die Position und Machtfülle des Reichspräsidenten.

Dieser hatte – und das war von der Weimarer Verfassung auch so vorgesehen – wie ein »Ersatzkaiser« über Volk und Parteien gethront. Deutschlands Niederlage im Ersten Weltkrieg 1918 hatte zwar auch das Ende der Monarchie besiegelt. Doch die Sehnsucht vieler nach einer starken Führergestalt, nach politischer Harmonie statt parlamentarischem Parteienstreit verschaffte laut Verfassung dem Reichspräsidenten, dem Staatsoberhaupt der Weimarer Republik, eine Schlüsselstellung. Er verfügte über so viele Vollmachten, dass er praktisch an der Regierung und am Parlament vorbei regieren konnte. Vorgesehen war das ursprünglich nur für Notfälle, doch auch schon in normalen Zeiten verschoben seine Eingriffsrechte die Gewaltenteilung zu Lasten des parlamentarischen Systems.

So ernannte in der Weimarer Republik der Reichspräsident den Reichskanzler, der mithin letztlich stärker auf dessen Vertrauen als auf die Zustimmung des gewählten Reichstags angewiesen war. Ferner konnte das Staatsoberhaupt jederzeit den Reichstag auflösen, er wuchs auf diese Weise zum parlamentarischen Gegengewicht heran, noch unterstützt dadurch, dass er oberster militärischer Befehlshaber war. Ausschlaggebend aber waren seine Befugnisse, die ihm aus Art. 48 der Weimarer Verfassung zuflossen. In diesem Zusammenhang spricht man bis heute von »Diktaturgewalt«, so Otto Kimminich, einer der großen deutschen Verfassungshistoriker, schon vor fast 40 Jahren. Gedacht war der Art. 48 an sich für den Fall einer Störung der öffentlichen Sicherheit und Ordnung oder mehr noch als Notbehelf im Ausnahme- oder Belagerungszustand. Dann konnte der Reichspräsident am Parlament vorbei »mit Hilfe der bewaffneten Macht« Maßnahmen ergreifen, die er für erforderlich hielt. Das schloss auch die Aufhebung oder Einschränkung wesentlicher Grundrechte ein – wie die Freiheit der Person, die Unverletzlichkeit der Wohnung oder die Presse-, Meinungs- und Versammlungsfreiheit.

Verhängnisvoll hatte sich für die Weimarer Demokratie ausgewirkt, dass der Reichspräsident zwischen 1930 und Anfang 1933 nach und nach fast vollständig an die Stelle des eigentlichen Gesetzgebers rückte. Einflussreiche Wirtschaftskreise waren des Parlamentarismus überdrüssig geworden, und radikale Kräfte im Reichstag lähmten dessen Arbeit zunehmend. Regiert wurde in der Endphase der Weimarer Republik statt durch parlamentarisch beschlossene Gesetze mit Notverordnungen, die der Reichspräsident, gestützt auf Art. 48, erließ. Die Ausnahme wurde zur Regel, weil der Art. 48 dem Reichspräsidenten etwa auch freie Hand »zur Sicherung der Wirtschaft und Finanzen« gab. Streng genommen hätte es dafür zwar eines zusätzlichen Gesetzes bedurft. Doch im Sturm der Weltwirtschaftskrise, die Deutschland seit 1929 besonders heftig heimsuchte, nahm es kaum noch jemand mit der Legalität, also mit Recht und Gesetz, so ganz genau. Diese Entwicklung hin zur Präsidialdiktatur erwies sich deshalb als besonders gefährlich, weil sie eine demokratische Fassade hatte. Denn der Reichspräsident wurde direkt vom Volk gewählt. Dieser Umstand wertete sein Amt enorm auf und machte ihn – in Verbindung mit seinen umfangreichen Befugnissen – zu einer überaus einflussreichen Figur auf der politischen Bühne.

Das Ende ist bekannt: Am 30. Januar 1933 ernannte der greise und urteilsgeschwächte Reichspräsident Paul von Hindenburg, wahrlich kein Freund der parlamentarischen Demokratie, son-

dern Monarchist reinsten Wassers, den NSDAP-Führer Adolf
Hitler zum deutschen Reichskanzler. Binnen weniger Monate emp-
fingen die wenigen verbliebenen demokratisch-republikanischen
Gegenkräfte ihren Todesstoß oder dankten unter dem wachsenden Druck des NS-Terrors ab. Hinter der Präsidialdiktatur zeichneten sich die Umrisse einer neuen totalitären Herrschaftsform
ab, die unkontrolliert danach trachtete, alles und jeden zu unterwerfen.

Welche Konsequenzen zogen die Mitglieder des Parlamentarischen Rats aus diesem Rückblick? »Eine Demokratie, die die
Tyrannis so widerstandslos aus sich heraus entlässt«, urteilte der
CSU-Abgeordnete Gerhard Kroll, »ist nicht wert, noch einmal
geschaffen zu werden.« Aber ging es denn anders und, wenn ja,
wie? Nach Ansicht des Staats- und Verfassungsrechtlers Karl
Loewenstein war eine »magische Formel« gefragt, damit »Autorität und Freiheit sich verbinden könnten, ohne dass sie sich gegenseitig vernichten«. Die Lösung für das Grundgesetz lag in einer
neuen Machtgewichtung und Machtverteilung.

An die Stelle des viel zu starken Reichspräsidenten trat als Staatsoberhaupt ein politisch bewusst geschwächter Bundespräsident,
der vornehmlich repräsentative Aufgaben erfüllt. Ihn wählt nicht
das Volk direkt, sondern eine »Bundesversammlung« aus Abgeordneten des Bundestags, dem parlamentarischen Nachfolger des
Reichstags, und der Landtage (Art. 54 GG). Im Unterschied zum
Reichspräsidenten, der theoretisch beliebig oft antreten konnte,
darf der Bundespräsident höchstens zweimal kandidieren. Und das
Parlament kann er nur auflösen, falls die Bundesregierung dort
keine Mehrheit findet, als Minderheitsregierung folglich nicht
mehr handlungsfähig ist.

Die tatsächliche Regierungsautorität aber steht laut Grundgesetz dem Regierungschef zu, dem Bundeskanzler. Er »bestimmt
die Richtlinien der Politik und trägt dafür die Verantwortung«
(Art. 65 Satz 1 GG). Außerdem kommt ihm das Recht zur Kabi-

nettsbildung zu, das heißt, er hat das entscheidende Wort bei der Berufung der Minister für seine Regierungsmannschaft. Man spricht deshalb auch von einer »Kanzlerdemokratie«. Der Bundespräsident schlägt zwar dem Bundestag den Kanzler vor. Das hat aber nicht viel zu sagen, denn gewählt werden muss der Regierungschef von der Parlamentsmehrheit. Und der Bundespräsident kann den Kanzler auch nicht entlassen – anders als der Reichspräsident in Weimar.

Der Bundeskanzler hängt vom Vertrauen des Bundestags ab. Diese Stärkung des Parlaments geht allerdings auch mit mehr Verantwortung für die Volksvertreter einher. Die Kontrolleure der Macht werden in die Pflicht genommen, zu gestalten und nicht zu verhindern. Sie können die Regierung und den Kanzler stürzen – nicht einzelne Minister –, aber nur, indem sich eine neue Mehrheit für einen anderen Kanzler findet. Dieses Verfahren – das »konstruktive Misstrauensvotum« (Art. 67 GG) – entwickelte sich zum »Kern des neuen Regierungssystems«, so der Sozialdemokrat Rudolf Katz, einer der Bonner Verfassungsväter. Der eingebaute Zwang zur Alternative bei einem Machtwechsel sollte unterbinden, was in der Weimarer Republik an der Tagesordnung gewesen war: dass wechselnde Mehrheiten im Oppositionslager, dessen Vertreter sich untereinander eigentlich spinnefeind gegenüberstanden, nach Lust und Laune Regierungen zu Fall brachten. Ohne Stabilität kann keine Demokratie überleben. Das war *eine* Lehre aus Weimar.

Damals hatte sich das Parlament, der Reichstag, durch die antidemokratische Opposition radikaler Parteien oft selbst lahmgelegt und so dem Reichspräsidenten und seinem autoritären Notverordnungsregime in die Hände gespielt. Aus diesen Erfahrungen zogen die Mütter und Väter des Grundgesetzes Konsequenzen. Sie schlossen eine präsidiale Diktatur auch im Notstandsfall aus. Ist der Bundestag arbeitsunfähig, tritt ein zeitlich befristeter »Gesetzgebungsnotstand« ein (Art. 81 GG). Dann wirken Bundesregierung und Bundesrat (Ländervertretung) sechs Monate lang zusammen.

Eingriffe in die Verfassung sind in dieser Zeit, anders als in Weimar, verboten, und jeder Kanzler darf diesen »Gesetzgebungsnotstand« nur einmal ausrufen. Damit bezweckte der Parlamentarische Rat einen »Zwang zur Demokratie«. Die Parteien sollten immer aufgefordert sein, »konstruktive Opposition zu machen«. Auf die zwei Jahrzehnte später verabschiedeten und leidenschaftlich umkämpften Notstandsgesetze, die dafür gedacht waren, einen »technischen Notstand« oder eine bürgerkriegsähnliche »Störung der öffentlichen Ordnung« zu beheben, werden wir weiter unten noch zurückkommen.

Eine andere Lehre aus Weimar betraf die Stellung der Parteien und die Zersplitterung der politischen Landschaft in den Zwanzigerjahren. Was heute je nachdem als Politik-, Staats- oder Parteienverdrossenheit bezeichnet wird, hat in Deutschland eine lange und unheilvolle Tradition. In der Weimarer Republik war es in vielen Gesellschaftskreisen regelrecht Mode, dem Parlamentarismus und den Parteien mit Verachtung zu begegnen. Politik, also das Aushandeln von Kompromissen zwischen unterschiedlichen Strömungen und Interessen, galt als schmutziges Geschäft. Und diese Ansicht ist ja auch gegenwärtig noch oder wieder weitverbreitet. Hinzu kam damals die Unfähigkeit der meisten Parteien, sich im Sinne praktischer Lösungen zu größeren Willensgemeinschaften mit gemeinsamen Zielen zusammenzuschließen. Stattdessen zerbröselte das Parteiensystem zu Interessengruppen und -grüppchen, die nur noch das jeweils eigene Wohl im Auge hatten.

Dem wollten die Grundgesetz-Schöpfer im Parlamentarischen Rat ausdrücklich entgegenwirken. Deshalb verankerten sie die Parteien in der Verfassung (Art. 21 GG), und später sorgte eine Fünf-Prozent-Sperrklausel als einfaches Gesetz dafür, dass Parteien eine nennenswerte Zahl von Wählern hinter sich versammeln müssen, um überhaupt in den Bundestag einziehen zu können.

Während diese Neubestimmung politischer Macht- und Verantwortungsteilung innerhalb der Exekutive und zwischen Regierung und Legislative weitgehend einvernehmlich verhandelt wurde, gerieten sich die Bonner Delegierten bei einem anderen wichtigen Thema schon mehr in die Haare. Die Gretchenfrage, wie man es denn mit dem Verhältnis zwischen den schon bestehenden Ländern und künftigen Bundesorganen halten würde, sorgte für erheblichen Zündstoff.

Den amtierenden Ministerpräsidenten der Zonenländer konnte naturgemäß nicht viel daran liegen, die Zentralgewalt zu mächtig werden zu lassen. Das hätte ihren bislang beachtlichen Einfluss auf Dauer schmälern müssen. Umgekehrt sollte ja kein loser Staatenbund geknüpft, sondern ein – provisorisch hin, provisorisch her – Bundesstaat geschmiedet werden. Ohne ausreichende Zuständigkeiten, Kompetenzen, ging das nicht. Und selbstverständlich stand dabei Geld auf dem Spiel, denn letztlich drehte sich alles darum, in welchem Umfang Bund und Länder je für sich Steuern erheben und in Eigenverantwortung verwenden durften.

Historisch ließen sich für beide Positionen – Ausbau der Eigenständigkeit der Länder oder Stärkung des Zentralstaats – gute Gründe nennen. Das führte bis ins 19. Jahrhundert zurück. Im Deutschen Kaiserreich von 1870/71 hatte Otto von Bismarck, der Gründer des ersten deutschen Nationalstaats, den Ländern, allen voran dem konservativen Preußen, im Bundesrat viel Macht eingeräumt. Bei Lichte gesehen war dieses Staatsgebilde letztlich nicht mehr als ein jederzeit aufkündbarer Fürstenbund. Durch den Bundesrat, die Ländervertretung, wollte der monarchisch gesinnte Reichskanzler Bismarck die demokratischen Kräfte im gesamtdeutschen Parlament, dem Reichstag, in Schach halten.

In der Weimarer Republik blieb die Reform der Bund-Länder-Beziehungen auf halber Strecke stecken. Es entstand ein Spannungsverhältnis zwischen den Bestrebungen hin zu einem zentralistischen Einheitsstaat (Unitarismus) und extrem föderalistischen Kräften in einzelnen Ländern, die auf Abspaltung vom Reich aus waren (Partikularismus). Man hielt am Bundesrat, der fortan Reichsrat hieß, fest, demokratisierte ihn aber, weil nun, anders als zuvor, Minister parlamentarisch gewählter Länderregierungen in ihm saßen. Außerdem erhielt der Reichstag das ausschlaggebende Gewicht bei der Gesetzgebung. Das änderte aber nichts daran, dass es immer wieder zu schweren Konflikten zwischen einzelnen Staaten und der Reichsregierung kam. Die Machteroberung der Nationalsozialisten schließlich, die von oben durch Gleichschaltung sämtliche Länder ihrer Eigenständigkeit beraubten und ihre Einparteien-Herrschaft in ganz Deutschland ausbauten, war ein abschreckendes Beispiel dafür, wohin ein überzentralisierter Einheitsstaat führen konnte.

An der Notwendigkeit eines föderativen Gegengewichts in Gestalt einer Länderkammer konnte also kein Zweifel bestehen. Diese geschichtliche Einsicht teilten die Abgeordneten des Parlamentarischen Rats, unabhängig davon, dass die Alliierten ohnehin darauf bestanden. Strittig war nur, wie sie aussehen und welche Befugnisse diese Ländervertretung haben sollte. Zwei Modelle standen zur Diskussion: entweder ein Senat nach dem Vorbild der USA und der Schweiz, dessen Mitglieder gewählte unabhängige Repräsentanten aus den Ländern sein sollten; oder ein Bundesrat mit von den Landesregierungen beauftragten und weisungsgebundenen Gesandten. Unter dem Gesichtspunkt der Gewaltenverteilung stärkte ein so gebildeter Senat die Legislative, ein Bundesrat die Exekutive.

Befürworter der einen wie der anderen Lösung fanden sich in allen Fraktionen. Die SPD und große Teile der von Adenauer beeinflussten CDU Norddeutschlands liebäugelten mit einem

Senat, während CDU und CSU in Süddeutschland, unterstützt vom katholischen Zentrum und der Deutschen Partei, den Bundesrat bevorzugten. Die FDP wollte beide Vorstellungen, Senat und Bundesrat, unter einen Hut bringen. Bei den süddeutschen Ländern spielte sicherlich die lange föderale Tradition eine Rolle. Sie versprachen sich von einem Bundesrat mehr Selbstständigkeit und Einwirkungsmöglichkeiten. Insbesondere die Bayern setzten darauf, dass die zweite Kammer rechtlich ebenbürtig sein, also genauso viel zu sagen haben würde wie die Bundesregierung und das nationale Parlament.

Nach einigem Tauziehen kam die Einigung schneller als erwartet. Nicht die Leitwölfe Carlo Schmid und Konrad Adenauer brachten den Kompromiss zustande, sondern der bayerische Ministerpräsident Hans Ehard und der stellvertretende SPD-Fraktionschef Walter Menzel. Beide trafen sich am Abend des 26. Oktober 1948 im Bonner Hotel Königshof. Nach zwei Stunden war der Durchbruch da. Menzel stimmte der Bundesratslösung zu, allerdings nur unter der Voraussetzung, dass bei Gesetzen, die zwischen der Ländervertretung und der nationalen Volksvertretung, dem Bundestag, umstritten seien, dieser das letzte Wort haben müsse.

Den eigensinnigen Bayern, die gerne einen gegenüber dem Bundestag voll ebenbürtigen Bundesrat gehabt hätten, machte Menzel sein Angebot durch ein Zugeständnis besonderer Art schmackhaft. Er glaube, vertraute er Parteifreunden in den kritischen Tagen an, »dass die Bayern eher bereit sind, auf eine gleichberechtigte zweite Länderkammer zu verzichten, und sich mit einem Vetorecht *(Einspruchsrecht, Anm. d. Verf.)* einverstanden erklären würden, wenn sie die Biersteuer bekommen«. Die Steuer auf den in Bayern so beliebten Gerstensaft war schon immer ein Zankapfel zwischen München und dem Reich gewesen. Trotz dieses Lockangebots verstummte die Diskussion über die Machtbefugnisse des Bundesrats jedoch keineswegs, sondern flammte jetzt erst recht auf. Am Ende fand man einen Weg, der das Verfahren für Bundestagsgesetze nicht gerade einfach machte: Grundsätzlich sollten Gesetze durch beide Kammern laufen. Allerdings: Nur bei Gesetzen, die ohne grünes Licht des Bundesrats nicht in Kraft treten durften, hatte danach die Ländervertretung ein wirkliches Verhinderungsrecht. Bei allen anderen Gesetzen, die dem Bundesrat vorgelegt wurden, jedoch nicht zustimmungspflichtig waren, konnte das Einspruchsrecht der zweiten Kammer letztlich vom Bundestag überstimmt werden. Mag das alles auch ziemlich theoretisch klingen, die Auswirkungen waren und sind sehr praktischer Natur. Denn hinter dem Gerangel um politische Zuständigkeiten verbarg sich letztlich die alles entscheidende Frage nach der Finanzhoheit, die zwischen Bund und Ländern aufgeteilt werden musste. Wer Steuern erheben, über ihre Verwendung entscheiden und diese Mittel verwalten darf – nur derjenige kann auch Politik gestalten. Die Macht, alle Bürgerinnen und Bürger zur Kasse zu bitten, hat ausschließlich der Staat. Als es ums liebe Geld ging, genauer darum, wer es eintreiben und wem es zustehen sollte, prallten die politischen Gegensätze im Bonner Verfassungsgremium heftig aufeinander.

Das starke föderalistische Lager in den Unionsparteien trat für eine ausgeprägte Finanzhoheit der Länder ein. Dagegen strebten SPD und FDP einen finanziell gut ausgestatteten Zentralstaat an mit einer einheitlichen Finanzverwaltung. Die West-Alliierten drängten auf die Gewichtsverlagerung zugunsten der Länder, denn sie wollten ja einen eher schwachen Bundesstaat. Dieser Konflikt brachte die Beratungen über das Grundgesetz an den Rand des Scheiterns. Wiederholt griffen die Westmächte in die Verhandlungen ein und verlangten mehr Mitbestimmungsmöglichkeiten und finanzielle Rechte für die Länder. Im Ergebnis wäre dies auf eine Gleichstellung zwischen Bund und Ländern hinausgelaufen und hätte praktisches Regieren in der Zukunft zumindest schwierig gemacht.

Dem hartnäckigen Widerstand der SPD war es zu verdanken, dass es nicht dazu kam. Unter Führung ihres Vorsitzenden Kurt Schumacher blieben die Sozialdemokraten bei ihren steuerpolitischen Forderungen. Zwar berücksichtigten diese Pläne durchaus auch eine Beteiligung der Länder in Steuerangelegenheiten; der Vorrang aber sollte dem Bund gebühren. Andernfalls, so die SPD im April 1949, werde man dem Grundgesetz nicht zustimmen. Mit folgender Begründung: »Wir wollen unter keinen Umständen (…) einen Bund deutscher Länder. Wir wollen immer nur einen Bundesstaat.« Den Sozialdemokraten gelang es, die CDU mit ins Boot zu ziehen, die Liberalen waren ja ohnehin schon an Bord. Vereint setzten sie sich schließlich gegen die Alliierten durch, die das Grundgesetz und den westdeutschen Staat nicht in letzter Minute vereiteln wollten.

Bei den Grundrechten, die wir im zweiten Teil dieses Buches eingehender betrachten werden, konnten die Bonner Parlamentarier an die Weimarer Verfassung anknüpfen, aber auch an den Katalog der »Grundrechte des deutschen Volkes«, den die erste deutsche Nationalversammlung in der Frankfurter Paulskirche 1848 für ihren Verfassungsentwurf verabschiedet hatte. Damals drangen – endlich – klassische bürgerliche Freiheitsrechte ins Bewusstsein einer spät erwachten deutschen Öffentlichkeit. In Frankreich, England und Nordamerika hatten sie da schon länger Fuß gefasst. So etwa die Freiheit und Unverletzlichkeit der Person, die Meinungsfreiheit, die Glaubens- und Gewissensfreiheit, die Vereins- und Versammlungsfreiheit, der Schutz des Eigentums und die Gleichheit aller vor dem Gesetz.

100 Jahre später ging es nun darum, diese grundlegenden Menschenrechte nicht nur in einer Verfassung zu verankern, sondern sie wirklich mit Leben zu erfüllen. Die Revolutionäre von 1848/49 hatten viel gewollt und nichts erreicht. Ihr von großem Idealismus gespeister Aufbruch zu Freiheit und Einheit in Deutschland schlug fehl. In Bismarcks Reichsverfassung von 1871 tauchten

Grundrechte überhaupt nicht auf, und in der Weimarer Verfassung standen zwar »Grundrechte und Grundpflichten« der Deutschen, aber es handelte sich um eine Ansammlung von unverbindlichen Sätzen. Anders formuliert: Jeder konnte sich auf sie berufen, aber niemand vor Gericht einklagen.

Dem Parlamentarischen Rat kam es also darauf an, die Grundrechte im Alltag erfahrbar zu machen und sie vor dem Zugriff des Staates zu schützen. Dies ist in bemerkenswerter Weise gelungen. Art. 1 GG, das krönende Dach der insgesamt 19 Grundrechtsartikel, stellt »die Würde des Menschen« ganz obenan. Sie ist »unantastbar«. Im dritten Absatz dieses Artikels heißt es unmissverständlich: »Die nachfolgenden Grundrechte binden Gesetzgebung, vollziehende Gewalt und Rechtsprechung als unmittelbar geltendes Recht.«

Die Grundsätze des Art. 1 GG sind unverbrüchlich, das heißt, sie können weder geändert noch aufgehoben werden. Das bezieht sich auch auf die Einklagbarkeit der Grundrechte. So verlangt es der Art. 79 Abs. 3 GG, dessen sogenannte Ewigkeitsklausel sich auch auf den Art. 20 GG erstreckt. Dort sind, wie wir später noch genauer sehen werden, die Gewaltenteilung und der Staatsgrundsatz festgelegt, dass die Bundesrepublik Deutschland ein »demokratischer und sozialer Bundesstaat« ist. Art. 79 Abs. 3 GG untersagt darüber hinaus eine Änderung des Grundgesetzes, »durch welche die Gliederung des Bundes in Länder« und »die grundsätzliche Mitwirkung der Länder bei der Gesetzgebung (…) berührt werden«.

Der Art. 79 GG regelt auch die Voraussetzungen für verfassungsändernde Gesetze und schreibt dafür eine Zweidrittelmehrheit in Bundestag und Bundesrat vor. Insgesamt wirkt er wie ein Sicherungsriegel, der die »freiheitlich-demokratische Grundordnung« garantiert. Deshalb ist auch Art. 79 Abs. 3 GG selbst unabänderlich. Umstritten ist allenfalls, ob durch eine neue Verfassung nach Art. 146 GG der Art. 79 Abs. 3 GG aufgehoben werden könnte. Dabei sind sich die meisten Experten einig, dass dies nur im Sinne einer Aufnahme und Weitergeltung dieses Artikels in einer neuen Verfassung möglich wäre.

Weder aus den Grundrechten noch aus anderen Abschnitten des Grundgesetzes lässt sich eine entschiedene Festlegung auf eine bestimmte Wirtschaftsordnung ableiten. Der Parlamentarische Rat neigte in dieser Frage zu einer gewissen Offenheit. Dass sich in den kommenden Jahren die soziale Marktwirtschaft, ein durch einen staatlichen Ordnungsrahmen gezügelter Kapitalismus, erfolgreich durchsetzen sollte, war 1948/49 noch nicht abzusehen. Allerdings waren mit dem Marshall-Plan, einem umfangreichen amerikanischen Programm zum wirtschaftlichen Wiederaufbau Westeuropas, und der Währungsreform in den westdeutschen Besatzungszonen entscheidende Weichen schon gestellt.

Klar ist auch, dass Grundrechte wie etwa das auf Eigentum (Art. 14 GG) und die Berufsfreiheit (Art. 12 GG) eine kommunistische Plan- und Befehlswirtschaft ausschließen. Ebenso verwirft das Grundgesetz aber einen ungebändigten Kapitalismus im Stil des frühen 19. Jahrhunderts, indem es daran erinnert, dass »Eigentum verpflichtet« und zugleich dem »Wohle der Allgemeinheit dienen« soll (Art. 14 Abs. 2 GG). Dass die Bundesrepublik Deutschland als »sozialer Bundesstaat« bezeichnet wird (Art. 20 Abs. 1 GG), bekräftigt die Absage an einen »Nachtwächterstaat«, der Wirtschaft und Gesellschaft vollkommen dem freien Spiel der Marktkräfte überlässt und sich nur um die innere und äußere Sicherheit kümmert.

Zurückhaltung bestand im Parlamentarischen Rat hinsichtlich sozialer Grundrechte, die über Art. 9 GG hinausreichten. Darin verankerte man das Recht von Arbeitnehmern und Arbeitgebern zur Bildung von Vereinigungen »zur Wahrung und Förderung der Arbeits- und Wirtschaftsbedingungen« (Art. 9 Abs. 3 Satz 1 GG). Diese sogenannte Koalitionsfreiheit schließt faktisch auch Arbeitskämpfe ein, beinhaltet also das Streikrecht der Gewerkschaften, aber ebenso das Recht der Unternehmer zur Aussperrung. Die Gewerkschaften hätten gern mehr im Grundgesetz gesehen, beispielsweise zwingende Vorschriften zur Vergesellschaftung von Schlüsselindustrien oder betriebliche und überbetriebliche Mitbestimmungsrechte. Weil dafür im Parlamentarischen Rat die Mehrheiten fehlten, hofften die den Gewerkschaften verbundenen Sozialdemokraten darauf, solche Forderungen später auf gesetzlichem Wege im Bund durchsetzen zu können. Immerhin konnten die Gewerkschaften für sich verbuchen, dass die Verfassungsgeber ihrer Forderung nach der Errichtung eigenständiger Arbeits- und Sozialgerichte Rechnung trugen (Art. 95 Abs. 1 GG).

Als gesellschaftliche Größe und Interessengruppe, die das entstehende Grundgesetz in ihrem Sinne beeinflussen wollte, waren die christlichen Kirchen im Vergleich zu den Gewerkschaften erfolgreicher – wenngleich auch bei ihnen der Eindruck überwog, dass ihre Vorstellungen nicht ausreichend berücksichtigt wurden. Wie das wohl oft der Fall ist, wenn besondere Anliegen als Gemeinwohl ausgegeben werden. Jedenfalls kam es nicht zu einer so strengen Trennung zwischen Kirche und Staat wie etwa in Frankreich, was sich schon daran zeigt, dass die Kirchen bestimmte Vorrechte konservieren konnten. So dürfen sie Steuern erheben, die jedoch der Staat einzieht.

Die Grundrechte, wie sie die Abgeordneten des Bonner Grundgesetzes verstanden, waren nach den Erfahrungen mit diktatorischer Gewalt im Nationalsozialismus zunächst vor allem klassische Abwehrrechte des Einzelnen gegen staatliche Übergriffe. Im Art. 3 GG, der die Gleichheit vor dem Gesetz regelt, legten die vier wenigen Verfassungsmütter freilich den Grundstein für eine soziale Umwälzung: die Emanzipation der Frau. Angeführt von der sozialdemokratischen Rechtsanwältin Elisabeth Selbert, machte das Damenquartett mit seiner Forderung »Männer und

Frauen sind gleichberechtigt« (Art. 3 Abs. 2 Satz 1 GG) den Herren Dampf. Die waren nämlich zunächst ziemlich entsetzt über diesen Vorstoß, der den liberalen Abgeordneten Thomas Dehler zu der Bemerkung veranlasste: »Dann ist das bürgerliche Gesetzbuch verfassungswidrig.« Das stammte in der Tat noch aus dem Jahr 1900.

Und in einem Lehrbuch zum Familienrecht aus dem Jahr 1948 war der Mann noch immer das Maß aller Dinge. Die Frau habe seinen Entscheidungen zu folgen, er bestimme »Art und Umfang des Lebensaufwandes, den Ablauf des häuslichen Lebens, die Erziehung der Kinder, Wohnort und Wohnung«. Der Mann habe die »Herrschaftsbefugnis über das Frauenvermögen« und könne den Arbeitsplatz der Frau kündigen, »sofern die ehelichen Interessen beeinträchtigt sind«.

Damit sollte nach dem Willen von Elisabeth Selbert (SPD), Friederike Nadig (SPD), Helene Wessel (Zentrum) und Helene Weber (CDU) nun Schluss sein. Und sie obsiegten. Zunächst einmal entsprach dieser Art. 3 Abs. 2 Satz 1 GG (»Männer und Frauen sind gleichberechtigt«) natürlich nicht der Realität. Aber er verkörperte ein Grundrecht, also die unabweisbare Aufforderung an den künftigen Gesetzgeber, dafür zu sorgen, dass die Gleichberechtigung kein leeres Versprechen blieb. Was dann ja, wiewohl schleppend, mit den Jahren auch so kam.

Man darf bei alldem nicht vergessen, dass die Mitglieder des Parlamentarischen Rats, wie alle Deutschen, nach den Wirren von Weimar, nach Weltwirtschaftskrise, NS-Diktatur und den Schrecken des Zweiten Weltkriegs vorsichtig geworden waren und von großen politischen Verheißungen nichts mehr hielten. Sie seien, drückte der Liberale Theodor Heuss das vorherrschende Gefühl aus, »illusionslos geworden, wir alle, diese Generationen, sind durch die Schule der Skepsis hindurchgegangen«. Aus diesem Grund lehnten die Volksvertreter auch Formen direkter Demokratie mit Volksbegehren und Volksentscheid (Plebiszit) ab und bevorzugten eine »repräsentative« Demokratie, eine Herrschaft des Volkes durch gewählte Abgeordnete.

Dabei weckten die wenigen Erfahrungen in der Weimarer Republik – damals hatte es in rund 14 Jahren gerade mal zwei Volksentscheide gegeben, die beide scheiterten – gewiss übertriebene Befürchtungen. Doch auch aus heutiger Sicht kann bezweifelt werden, ob sich die großen und immer schwieriger gewordenen politischen Themen einer Nation, die viel Sachverstand erfordern, für einfache Volksabstimmungen eignen. Darauf werden wir weiter unten noch einmal zurückkommen. Generell ausgeschlossen sind Plebiszite laut Grundgesetz allerdings nicht. Denn in Art. 20 Abs. 2 Satz 2 GG heißt es ausdrücklich, dass das Volk die Staatsgewalt »in Wahlen *und Abstimmungen*« (*Hervorhebung d. Verf.*) ausübt.

Wachsamkeit gegenüber den Gefahren für Demokratie und Freiheit, Gewährleistung der Grundrechte für den Einzelnen und Riegel gegen einen Rückfall von Staat und Gesellschaft in die Unmenschlichkeit – an diesen Zielen orientierte sich das Verfassungswerk des Parlamentarischen Rats. Deshalb wurde die Todesstrafe abgeschafft (Art. 102 GG), und aus diesem Grund hoben die Abgeordneten ein oberstes Gericht als »Hüter der Verfassung« in den Sattel, das Bundesverfassungsgericht mit Sitz in Karlsruhe. Es ist gewissermaßen noch über den drei Gewalten Legislative, Exekutive und Judikative angesiedelt und soll nicht nur die Regierung, den Gesetzgeber und die Rechtsprechung kontrollieren, sondern diese höchste Instanz kann auch vom einzelnen Staatsbürger angerufen werden, wenn der sich in seinen Grundrechten verletzt sieht.

Am 8. Mai 1949, auf den Tag genau vier Jahre nach der deutschen Kapitulation, war es so weit. Der Parlamentarische Rat nahm das Grundgesetz mit 53 zu 12 Stimmen an. Sechs Abgeordnete der CSU und die Delegierten der KPD, des Zentrums und der Deutschen Partei lehnten die Vorlage ab. »Für uns Deutsche«, kommentierte Ratspräsident Adenauer die historische Entscheidung, »der erste frohe Tag seit dem Jahre 1933.« Theodor Heuss, schon kurz darauf erster Bundespräsident, erinnerte an die Zwiespältigkeit des 8. Mai 1945, ohne den das Grundgesetz wohl so nicht auf den Weg gebracht worden wäre: »Weil wir erlöst und vernichtet in einem gewesen sind.«

Nachdem die West-Alliierten vier Tage später ihren Segen gegeben hatten, befanden die Landtage zwischen dem 18. und dem 21. Mai 1949 über das Grundgesetz. Mit Ausnahme Bayerns, das seine Wünsche nach mehr Eigenstaatlichkeit und einer »christlichen Staatsauffassung« nicht ausreichend erfüllt sah, nahmen alle Länderparlamente das Grundgesetz an. Da es sich dem »neuen Staat und Gesamtdeutschland« aber »aus tiefstem Empfinden verpflichtet« fühlte, übernahm auch Bayern das Grundgesetz und wurde ein Bundesland im neuen westdeutschen Teilstaat.

In einer feierlichen Schlusssitzung im Turnsaal der Pädagogischen Akademie zu Bonn verkündete der Parlamentarische Rat am 23. Mai das Grundgesetz. Konrad Adenauer sprach von einem neuen »Abschnitt in der wechselvollen Geschichte unseres Volkes«. Die Abgeordneten erhoben sich von ihren Stühlen und sangen: »Ich hab' mich ergeben, mit Herz und mit Hand, du Land voll Lieb' und Leben, mein deutsches Vaterland.« Improvisiert wurde auch jetzt noch. Carlo Schmid verhinderte Joseph Haydns »Kaiserquartett«, das unselige Erinnerungen an die Strophe »Deutschland, Deutschland über alles!« weckte, und ließ den Organisten beflügelnde Händel-Musik spielen.

In der Einleitung des Grundgesetzes (Präambel) war der Souverän, das »Deutsche Volk« (in den Ländern der Westzonen), »kraft seiner verfassunggebenden Gewalt« zum eigentlichen Schöpfer des Grundgesetzes erklärt worden. Dieses diene dazu, »dem staatlichen Leben für eine Übergangszeit eine neue Ordnung zu geben«. Das »Deutsche Volk« sei, im »Bewusstsein seiner Verantwortung vor Gott und den Menschen, von dem Willen beseelt, seine nationale und staatliche Einheit zu wahren«. Für die unterdrückten Deutschen in der sowjetischen Ostzone habe man gewissermaßen stellvertretend mithandeln müssen. Deshalb gelte: »Das gesamte Deutsche Volk bleibt aufgefordert, in freier Selbstbestimmung die Einheit und Freiheit Deutschlands zu vollenden.« 41 Jahre sollten vergehen, bis es so weit war.

III. DIE GRUNDRECHTE

Die Grundrechte, niedergelegt in den Artikeln 1 bis 19 GG, sind das Herz und die Krone der Verfassung. Krone, weil sie über allem anderen und deshalb am Anfang des Grundgesetzes stehen, Herz, weil sie der innere Motor dieser Spielanleitung für das politische und soziale Zusammenleben der Deutschen sind. Wer diese Grundrechte kennt und verstanden hat, weiß schon eine Menge über die Verfassung. Wir werden sie uns gleich näher anschauen. Neben diesen klassischen Menschen- und Bürgerrechten der Artikel 1 bis 19 enthält das Grundgesetz aber noch eine Reihe anderer Bestimmungen, nämlich »grundrechtsgleiche Rechte«, die für den Einzelnen nicht minder bedeutsam sind, hier aber nur kurz gestreift werden können.

So etwa das Widerstandsrecht des Art. 20 Abs. 4 GG. Es ist ausschließlich für den Grenzfall gedacht, dass die freiheitliche demokratische Grundordnung der Verfassung durch einen Gewaltakt, also etwa durch einen Staatsstreich von oben oder eine Revolution von unten, ihre Geltungskraft praktisch schon verloren hätte. Dann, aber auch nur dann könnten sich die Deutschen auf dieses grundrechtsgleiche Recht berufen: »Gegen jeden, der es unternimmt, diese Ordnung zu beseitigen, haben alle Deutschen das Recht zum Widerstand, wenn andere Abhilfe nicht möglich ist.« Der letzte Halbsatz – »wenn andere Abhilfe nicht möglich ist« – verweist darauf, dass das Widerstandsrecht eine Art Notbremse ist, die nur dann gezogen werden darf, falls der Staat als Wahrer von Demokratie, Recht und Freiheit ausfällt. Keineswegs kann das Widerstandsrecht herangezogen werden, um eigene Anliegen und Interessen gegen parlamentarische Mehrheitsbeschlüsse, rechtmäßige Gesetze und Entscheidungen oder ordentliche Gerichtsurteile durchzusetzen.

Art. 33 GG, auch den Grundrechten zuzurechnen, führt staatsbürgerliche Rechte auf. In Absatz 1 heißt es: »Jeder Deutsche hat in jedem Lande die gleichen staatsbürgerlichen Rechte und Pflichten.« Diese Gleichstellung aller Deutschen als Staatsbürger gewährt bei entsprechender fachlicher Eignung freien Zugang zu öffentlichen Ämtern. Dass Rechte auch eine gewisse Verpflichtung in sich bergen können, verdeutlicht Art. 38 GG. Als grundrechtsgleiches Recht verknüpft er Rechte des Einzelnen mit der Aufforderung zur Mitwirkung am demokratischen Gemeinwohl. Art. 38 Abs. 1 GG lautet: »Die Abgeordneten des Deutschen Bundestages werden in allgemeiner, unmittelbarer, freier, gleicher und geheimer Wahl gewählt. Sie sind Vertreter des ganzen Volkes, an Aufträge und Weisungen nicht gebunden und nur ihrem Gewissen unterworfen.« Und Art. 38 Abs. 2 GG legt fest: »Wahlberechtigt ist, wer das achtzehnte Lebensjahr vollendet hat; wählbar ist, wer das Alter erreicht hat, mit dem die Volljährigkeit *(Vollendung des 18. Lebensjahrs, Anm. d. Verf.)* eintritt.«

Auf die in Art. 38 GG verankerten Wahlgrundsätze zum Bundestag – allgemein, unmittelbar, frei, gleich und geheim – werden wir weiter unten noch einmal zurückkommen. Dass der Art. 38 GG, also Aussagen darüber, wer wann wie wählen und gewählt werden darf und wem ein Abgeordneter Rechenschaft schuldig ist, in einem Atemzug mit den Grundrechten genannt wird, zeigt, wie hoch das Grundgesetz demokratische Teilnahme und Teilhabe veranschlagt.

Die Art. 101, 103 und 104 GG fächern Grundrechte vor Gericht und Rechtsgarantien auf, die jedem zustehen, der mit der Staatsgewalt in Konflikt gerät. Verboten sind Ausnahmegerichte; verbürgt ist der Anspruch auf einen gesetzlichen Richter, der sein Amt berechtigt ausübt, und auf rechtliches Gehör vor Gericht.

Ein Angeklagter darf wegen eines bestimmten Vergehens nur einmal bestraft werden. Und diese Tat muss bereits gesetzlich unter Strafe stehen, bevor sie verübt worden ist. Festnahmen und Verhaftungen unterliegen strengen Auflagen und Beschränkungen durch richterliche Kontrolle. Art. 104 Abs. 1 Satz 2 GG schreibt unmissverständlich vor: »Festgehaltene Personen dürfen weder seelisch noch körperlich misshandelt werden.«

Man sieht: Die Grundrechte sind kein schmückendes Beiwerk der Verfassung, keine Krone ohne Haupt, sondern sie durchziehen das gesamte Grundgesetz und sind mit ihm eng verzahnt wie ein Räderwerk. Ihre volle Leuchtkraft, die auf alles ausstrahlt, entfalten sie jedoch in den Artikeln 1 bis 19. Ihnen vorangestellt ist noch die Präambel des Grundgesetzes, in der Musik würde man von einer Ouvertüre sprechen, einem Auftakt, der das große Thema anstimmt. Die Grundmelodie ist geblieben, aber aus dem vorläufigen Stück »für eine Übergangszeit«, so der alte Text, ist ein klangvolles Gesamtkunstwerk geworden, seitdem die Deutschen in Ost und West 1990 »in freier Selbstbestimmung die Einheit und Freiheit Deutschlands vollendet« haben, wie es nunmehr in der Präambel heißt. »Vollendet« bedeutet in diesem Zusammenhang nicht bloß, dass die Einheit vor über drei Jahrzehnten zustande kam, sondern dass Deutschland die ihm nach dem Zweiten Weltkrieg gezogenen Grenzen endgültig anerkannte und keine Gebietsansprüche mehr erheben kann. Dieser Klarstellung bedurfte es vor allem im Verhältnis zum östlichen Nachbarn Polen, dessen Westgrenze nun nicht länger umstritten ist. Eine Festlegung von ähnlicher Symbolkraft wie die uns längst zur Selbstverständlichkeit gewordene Zugehörigkeit von Elsass und Lothringen zu Frankreich, jenen einst zwischen Deutschland und Frankreich heiß umkämpften Grenzprovinzen. Das ist gemeint, wenn davon die Rede ist, dass die deutsche Frage nun gelöst sei. Im Schlusssatz der Präambel hört sich das so an: »Damit gilt dieses Grundgesetz für das *gesamte (Hervorhebung d. Verf.)* Deutsche Volk.«

»Im Bewusstsein seiner Verantwortung vor Gott und den Menschen, von dem Willen beseelt, als gleichberechtigtes Glied in einem vereinten Europa dem Frieden der Welt zu dienen, hat sich das Deutsche Volk kraft seiner verfassunggebenden Gewalt dieses Grundgesetz gegeben.« Dieses Bekenntnis, der erste Satz der Präambel, läutet gewissermaßen das Grundgesetz ein. Aber Vorsicht, wir befinden uns nicht in der Kirche! Das Grundgesetz ist weltanschaulich und religiös neutral, es garantiert Glaubens- und Religionsfreiheit, also auch die Freiheit, nicht zu glauben (Art. 4 Abs. 1 und 2 GG).

Obwohl, wie schon erwähnt, die für die Neuzeit charakteristische Trennung von Staat und Kirche in Deutschland verfassungsrechtlich nicht ganz zu Ende geführt wurde, ist es doch auf jeden Fall so, dass das Grundgesetz keinen nach rein religiösen Geboten und Verboten aufgebauten und geführten Staat kennt – anders als vom Islam dominierte Länder wie etwa der Iran. Deshalb ist der Hinweis auf Gott in der Präambel nicht zu verwechseln mit der Festlegung auf einen Staat mit dem Christentum als Staatsreligion. Der Gottesbezug sollte dennoch nicht auf die leichte Schulter genommen werden. Er will nämlich daran erinnern, dass Menschen, gemessen an einem höheren Wesen, unvollkommen sind. Im Streben nach Verbesserung werden sie immer auch Fehler begehen. Auch Verfassungen sind Menschenwerk mit allen Unzulänglichkeiten, die Menschenwerk nun einmal anhaften. In dieser Demut hat die Freiheit zur Veränderung ihre Wurzeln. Sie schützt vor einer (Selbst-)Vergötterung, die sich über den Menschen erhebt. Denn Verfassungen sind von Menschen für Menschen gemacht, gleichviel, ob man an Gott glaubt oder nicht.

Die Erwähnung des »vereinten Europa«, in dem die Deutschen gleichberechtigt zum »Frieden der Welt« beitragen sollen, ist wiederum als eine Abkehr von einem national verengten Horizont zu verstehen. Das ist keine unverbindliche Erklärung, sondern mit diesen Formulierungen grenzt die Präambel das Grundgesetz unmissverständlich von der deutschen Vergangenheit ab und erklärt eine Politik internationaler Verständigung und die europäische Einbettung Deutschlands zum Verfassungsauftrag.

Bevor wir uns nun den einzelnen Grundrechten zuwenden, noch einige Erläuterungen. Sie betreffen zunächst die Frage, wer die Grundrechte überhaupt in Anspruch nehmen kann. Wie das, werden jetzt gewiss einige Leserinnen und Leser einwenden: Sind denn die Grundrechte nicht für alle da? Das ist, wie so oft bei Rechtsfragen, etwas verzwickt. Die Juristen vertraute Antwort lautet: Ja und Nein. Oder auch: Ja, aber …! Üblicherweise unterscheiden demokratische Verfassungen, und so auch das Grundgesetz, zwischen Rechten, die allen Menschen zustehen, und solchen, die den eigenen Staatsangehörigen vorbehalten sind.

Das ist auch durchaus sinnvoll, denn sonst könnten ja beispielsweise in unserer reisefreudigen Welt – wenn wir etwa an das Wahlrecht denken – jederzeit und überall Millionen von Touristen nach Lust und Laune an nationalen Wahlen in fernen Ländern teilnehmen, obwohl sie dort nur einige Wochen im Jahr verbringen. Das hätte wohl niemand in seinem Heimatstaat so gern. Verfassungen schaffen Recht im Staat, und, wir erinnern uns, ohne Staatsgewalt, Staatsgebiet und Staatsvolk ist kein Staat zu machen.

Das Staatsvolk aber besteht aus den Staatsangehörigen, in unserem Fall also den Deutschen. Wer aber ist Deutscher? Darüber gibt – sozusagen im Umkehrschluss – der Art. 116 Abs. 1 GG Auskunft: »Deutscher im Sinne dieses Grundgesetzes ist vorbehaltlich anderweitiger gesetzlicher Regelung, wer die deutsche Staatsangehörigkeit besitzt oder als Flüchtling oder Vertriebener deutscher Volkszugehörigkeit oder als dessen Ehegatte oder Abkömmling in dem Gebiete des Deutschen Reiches nach dem Stande vom 31. Dezember 1937 Aufnahme gefunden hat.« Das klingt komplizierter, als es ist. Ich habe diesen Abschnitt auch nur ausführlich zitiert, um zu zeigen, durch welchen Wust man sich

gelegentlich kämpfen muss, um zum Wesenskern von Verfassungsbestimmungen vorzudringen.

Zum besseren Verständnis vergessen wir einfach einmal die
Besonderheiten und Ergänzungen dieser Definition. Solche durchaus wichtigen Verästelungen und Feinheiten werden uns noch
häufiger begegnen. Uns kommt es aber auf ein Grundverständnis
von Normen und Aussagen des Grundgesetzes an. Erwähnt sei
hier nur noch, dass das Staatsangehörigkeitsrecht in Deutschland
im Zuge anhaltender und teils hitziger politischer Debatten bis
heute mehrfach reformiert worden ist. Galt bis Ende der Neunzigerjahre die Blutsverwandtschaft, das Abstammungsprinzip
(lat.: *ius sanguinis*), als alleiniges Bestimmungsmerkmal für die
deutsche Staatsangehörigkeit, wird seither auch der Ort der Geburt (lat.: *ius soli*) herangezogen. Damit will man die Integration
aus dem Ausland zugezogener Menschen und ihrer Kinder durch
Einbürgerung erleichtern und verbessern, jener also, die oft bereits jahrzehntelang in Deutschland arbeiten und leben und mit
ihrem Familiennachwuchs faktisch als frühere Einwanderer fester
Bestandteil der deutschen Gesellschaft geworden sind. Mit neuen
Regelungen versucht sich Deutschland einer ähnlichen Praxis in
vielen westlichen Ländern anzupassen. Dazu unten mehr..

Hier zurück zum Art. 116 Abs. 1 GG. Wir halten für uns fest:
»Deutscher im Sinne dieses Grundgesetzes ist (...), wer die deutsche Staatsangehörigkeit besitzt.« So sieht es die Verfassung vor
und unterscheidet deshalb zwischen »Menschenrechten« und
»Deutschenrechten«. Alle Menschenrechte sind auch Deutschenrechte, aber nicht alle Menschen können sich auf Deutschenrechte berufen. In den uns besonders interessierenden Grundrechtsartikeln 1 bis 19 ist dies immer sofort daran zu erkennen,
wenn von »Deutschen« die Rede ist. Trifft das nicht zu, handelt es
sich um Grundrechte, die jedem zustehen.

Die Unterscheidung zwischen Menschenrechten und Deutschenrechten berührt auch die Frage nach der Grundrechtsfähig-

keit. Wir können sie hier nicht ausführlich behandeln. Wichtig in diesem Zusammenhang ist aber Folgendes: Grundrechte gelten nicht nur für Menschen (natürliche Personen), sondern unter Umständen auch für private Unternehmen, Religionsgemeinschaften und öffentliche Einrichtungen wie etwa Rundfunkanstalten (juristische Personen).

Unter Fachleuten umstritten ist die Grundrechtsmündigkeit, also die Frage, ob und wie nach Alter abgestuft Grundrechte wahrgenommen werden können. Sollten Kinder (bis 14 Jahre) und Jugendliche (14–18 Jahre) sich nicht generell auf sämtliche Grundrechte berufen können? Manche Experten argumentieren in dieser Richtung. Natürlich denken sie dabei nicht an den Fünfjährigen, der noch nicht lesen und schreiben kann. Es geht ihnen vor allem um die volle Entfaltung der Grundrechte im Interesse von Kindern und Jugendlichen.

Dazu ist allerdings zu bemerken, dass Minderjährige ohnehin unter dem Schutzschirm der Grundrechte stehen. Auch die in den vergangenen Jahren immer häufiger bekannt gewordenen Fälle von Kindesmisshandlungen, Kindesmissbrauch und Kindestötungen haben aber die Diskussion darüber entfacht, ob nicht ein Kindergrundrecht in die Verfassung gehört. Zu begrüßen ist, dass das Bundesverfassungsgericht, das durch seine Urteile das Grundgesetz immer schon beeinflusst und weiterentwickelt hat, die Sache in gewisser Weise bereits entschieden hat.

Die Richter in Karlsruhe haben nämlich im Frühjahr 2008 klipp und klar »ein Recht des Kindes auf Pflege und Erziehung« anerkannt, ein Vorrang der Bedürfnisse der Kinder vor den Interessen der Eltern. Sie bezogen sich dabei auf den Art. 6 GG, der in Abs. 2 die »Pflege und Erziehung der Kinder« den Eltern als Recht *und* Pflicht zuspricht. Daraus leitete das Bundesverfassungsgericht auch ein Recht des Kindes auf ebendiese Pflege und Erziehung ab. Nicht zum ersten Mal haben die obersten Hüter der Verfassung auf diese Weise durch die Interpretation, die Auslegung der Verfassung ein, man könnte sagen, »grundrechtsgleiches Recht« aus der Taufe gehoben.

Soll eine Verfassung nicht zu einem Gerüst leerer Worte erstarren, bedarf es solcher Rechtsschöpfung, die auf neue gesellschaftliche Herausforderungen reagiert. Brächte ein zusätzlich in der Verfassung verankertes Kindergrundrecht noch mehr? Sicherlich trifft der Journalist und Jurist Heribert Prantl einen Punkt, wenn er mahnt: »Eine Verfassung ist nicht irgendeine Ansammlung von juristischen Formulierungen. Sie ist auch so etwas wie eine Liebeserklärung an ein Land. Wenn darin die Kinder nicht ausdrücklich vorkommen – dann fehlt etwas.«

Das Thema hat seit den Worten von Heribert Prantl im Jahr 2008 nichts von seiner Bedeutung eingebüßt. Im Gegenteil. Mit angetrieben durch die damals die Welt überrollende Finanz- und Wirtschaftskrise wird die Kinderarmut auch in Deutschland ein immer größeres Problem – zuletzt noch verstärkt durch die Pandemie und die Inflation. Inzwischen ist jedes fünfte Kind, sind also rund 20 Prozent aller Kinder armutsgefährdet. Die große Gefahr liegt in der Verfestigung dieses Missstands und seiner Weitergabe als soziales Erbe an Generationen ohne Aufstiegschancen. Deshalb ist es wohl vordringlicher, anstelle eines Kindergrundrechtes an die Aufnahme konkreterer Kinderrechte ins Grundgesetz zu denken.

Unabhängig davon erscheint es freilich sinnvoll, die Ausübung bestimmter Grundrechte mit Altersgrenzen zu verbinden. Das ist in einfachen Gesetzen, die oft im Einzelnen regeln, was in Grundrechten allgemein formuliert wird, ja auch so. Zum Beispiel, dass Heranwachsende ab 14 Jahren ihre Religion frei wählen können und erst von diesem Alter an dem Strafrecht des Staates unterliegen. Und einzelne Grundrechte, wie etwa das Recht auf Kriegsdienstverweigerung nach Art. 4 Abs. 3 GG oder auch Art. 6 Abs. 4 GG, der den Mutterschutz behandelt, setzen ein bestimmtes Alter beziehungsweise eine biologische und geistig-seelische

Reife voraus. Den Kriegsdienst mit der Waffe können nämlich nur diejenigen verweigern, die volljährig sind und mithin wehrpflichtig. Und Mutter zu sein setzt bekanntlich die körperliche Fähigkeit voraus, Babys bekommen zu können.

Grundsätzlich sollte die Grundrechtsmündigkeit allerdings je nach dem Entwicklungsstand eines Kindes oder eines Jugendlichen eher weit als eng ausgelegt werden. Zu dieser Auffassung neigt offenbar auch das Bundesverfassungsgericht, das davon ausgeht, dass der Jugendliche »von vornherein und mit zunehmendem Alter in immer stärkerem Maße eine eigene (…) geschützte Persönlichkeit« sei.

Mehrfach fiel jetzt schon der Begriff »Auslegung« oder »Interpretation« des Grundgesetzes. Was ist damit gemeint? Die Grundrechte, die wir gleich näher unter die Lupe nehmen wollen, bestehen aus schriftlichen Sätzen, bei denen jedes Wort zählt und von mehreren Seiten betrachtet werden muss. Ihr Sinn erschließt sich nicht automatisch, wenn man sie einfach nur liest. Sie wollen einzeln wie in ihrem inneren Zusammenhang verstanden werden. Dafür gibt es Regeln, die gleich näher erläutert werden. Wer die Grundrechte mithilfe dieser Regeln auslegt oder interpretiert, zeigt auf nachvollziehbare Weise, wie er sie versteht. Dabei fließen durchaus Wertungen ein, die nicht alle teilen müssen. Deshalb fordern solche Auslegungen oft auch Widerspruch heraus. Man kann Sachverhalte eben von dem einen oder anderen Standpunkt aus sehen und beurteilen. Was für die juristische Betrachtung gilt, ist natürlich auch im Alltag anzutreffen, also etwa wenn sich Menschen streiten und auf unterschiedliche Grundrechte berufen. In so einem Fall stehen Grundrechte in Konflikt zueinander, sie kollidieren, wie Juristen das nennen.

Die Richter am Bundesverfassungsgericht sind es schließlich, die einen solchen Streit durch ein Urteil schlichten müssen, indem sie die Grundrechte gegeneinander abwägen. Dabei unterscheidet man vier Auslegungsregeln. Erstens muss der Wortlaut einer Grundrechtsformulierung, einer Norm, beachtet werden. Die Verbindung »und« zum Beispiel stellt einen völlig anderen grammatikalischen Zusammenhang her als das Wort »oder«. Zweitens muss die Stellung einer Norm im Gesamtgefüge der Verfassung gewichtet werden. Wenn der erste Satz der Grundrechte in Art. 1 Abs. 1 GG den »Schutz der Menschenwürde« zum Inhalt hat, ist das kein Zufall, sondern Absicht der Mütter und Väter des Grundgesetzes gewesen, die diesen Wert ganz bewusst so hoch über alle anderen gestellt haben. Drittens ist nach der Entstehung, den Zeitumständen und dem geschichtlichen Hintergrund eines Grundrechts zu fragen. Und viertens spielt eine Rolle, welcher Zweck einem Grundrecht innewohnt.

Im Alltag, ob in der Schule, der Universität oder im Erwerbsleben, aber auch während der Freizeit ist jeder mit sich selbst und seinen Aufgaben beschäftigt, verfolgt seine eigenen Ziele und Interessen, manchmal gemeinsam mit anderen, in der globalisierten Welt aber immer häufiger auf sich allein gestellt. Dabei kommen sich Menschen nicht selten in die Quere, werden aus Gegensätzen Reibereien und schnell auch harte Auseinandersetzungen. Dass es in diesem Chaos sich kreuzender Egos (Einzelpersonen) vergleichsweise friedlich zugeht, verdanken wir den Grundrechten und Richtern, die Konflikte mit dem Instrument des Rechts beizulegen versuchen.

Ursprünglich waren diese Grundrechte liberale Abwehrrechte des Individuums gegen willkürliche Eingriffe des allmächtigen Staates in das Leben des Einzelnen. Sie sollten und sollen noch immer die Staatsgewalt in die Schranken weisen. Mittlerweile hat sich jedoch durch die tief greifenden sozialen und politischen Veränderungen seit Beginn der Industrialisierung im 19. Jahrhundert die Bedeutung von Grundrechten erheblich erweitert. Heute unterscheidet man zwischen Freiheitsgrundrechten, Gleichheitsgrundrechten, Mitwirkungsgrundrechten und Verfahrensgrundrechten, die Rechtsschutz vor Gerichten gewährleisten sollen.

Konkrete Leistungsansprüche gegenüber der staatlichen Gemeinschaft können nur aus ganz wenigen Grundrechten abgeleitet
werden. Das spricht für das Grundgesetz, denn gute Verfassungen verzichten auf leere Versprechungen, die sie letztlich nicht erfüllen können.

So wünschenswert also etwa ein Grundrecht auf Arbeit wäre,
das nicht im Grundgesetz steht, es würde – leider – nichts bringen, im Gegenteil. Die damit geweckten Erwartungen müssten
enttäuscht werden. Denn weder die Verfassung noch die Politiker können nach Belieben Arbeitsplätze schaffen. Diese entstehen
in der Wirtschaft, und zwar je nachdem, ob sie wächst oder
schrumpft. Gleichwohl sind die Grundrechte nicht nur Rechte
des Einzelnen, sondern sie verkörpern darüber hinaus, wie das
Grundgesetz als Ganzes, eine Wertordnung, die den Staat in die
Pflicht nimmt, zum Wohl und zum Schutz der Bürgerinnen und
Bürger aktiv zu handeln.

Diese Wertordnung strahlt auf das gesamte Rechtswesen ab,
durchdringt also alle Bereiche des öffentlichen Lebens, wie das
Bundesverfassungsgericht in einem berühmten Urteil im Jahr
1958 ausführte. Das Grundgesetz sei »keine wertneutrale Ordnung«, sondern es habe »in seinem Grundrechtsabschnitt auch
eine objektive Wertordnung aufgerichtet«, um die »Geltungskraft
der Grundrechte« zu verstärken. »Dieses Wertsystem«, heißt es
weiter, »das seinen Mittelpunkt in der innerhalb der sozialen Gemeinschaft sich frei entfaltenden menschlichen Persönlichkeit
und ihrer Würde findet, muss als verfassungsrechtliche Grund-
entscheidung für alle Bereiche des Rechts gelten; Gesetzgebung,
Verwaltung und Rechtsprechung empfangen von ihm Richtlinien und Impulse. So beeinflusst es selbstverständlich auch das
bürgerliche Recht; keine bürgerlich-rechtliche Vorschrift darf in
Widerspruch zu ihm stehen, jede muss in seinem Geiste ausgelegt
werden.«

Das Bundesverfassungsgericht hatte damals über die Verfassungsbeschwerde eines Mannes zu entscheiden, der sich auf das Grundrecht der freien Meinungsäußerung berief (Art. 5 Abs. 1 Satz 1 GG). Er hieß Erich Lüth und war Vorsitzender des Hamburger Presseclubs. Lüth hatte zum Boykott des Films »Unsterbliche Geliebte« aufgerufen, der unter der Regie von Veit Harlan entstanden war. Dazu muss man wissen, dass der Regisseur Veit Harlan in der NS-Zeit den antisemitischen Propagandastreifen »Jud Süß« gedreht hatte, einen der übelsten Hetzfilme der Nazis. Diesen Hintergrund wollte der Kläger Erich Lüth öffentlich machen. Und er hatte Erfolg, denn die Karlsruher Richter bejahten, dass Lüth sich bei seinem Boykott-Aufruf auf die Meinungsfreiheit stützen konnte. Sie machten damit zugleich deutlich, dass die Grundrechte unter bestimmten Voraussetzungen auch zwischen Privatpersonen ihre Wirkung entfalten, mag es sich um natürliche Personen (Menschen) oder juristische Personen (Unternehmen) handeln. Und sie unterstrichen eben, dass die Grundrechte das ganze Rechtsgebäude prägen.

Von der »sich frei entfaltenden menschlichen Persönlichkeit und ihrer Würde« als »Mittelpunkt« der »Wertordnung« des Grundgesetzes ist in diesem wegweisenden »Lüth-Urteil« des Bundesverfassungsgerichts die Rede. Damit bezogen sich die obersten Richter auf die beiden ersten Artikel des Grundgesetzes. Art. 1 GG (Schutz der Menschenwürde) steht mit Bedacht am Anfang der Verfassung. Er überwölbt die nachfolgenden Grundrechte und verhält sich zu ihnen wie ein Kompass, nach dem sich alle anderen richten müssen. Deshalb beginnen wir unsere Betrachtung der Grundrechte selbstverständlich mit diesem Kronjuwel.

ARTIKEL 1 (SCHUTZ DER MENSCHENWÜRDE, MENSCHENRECHTE, GRUNDRECHTSBINDUNG)

(1) Die Würde des Menschen ist unantastbar. Sie zu achten und zu schützen ist Verpflichtung aller staatlichen Gewalt.

(2) Das Deutsche Volk bekennt sich darum zu unverletzlichen und unveräußerlichen Menschenrechten als Grundlage jeder menschlichen Gemeinschaft, des Friedens und der Gerechtigkeit in der Welt.

(3) Die nachfolgenden Grundrechte binden Gesetzgebung, vollziehende Gewalt und Rechtsprechung als unmittelbar geltendes Recht.

Die Garantie der Menschenwürde ist der alles überragende Leitwert des Grundgesetzes. Sie ist eine Lehre aus der menschenverachtenden Praxis der nationalsozialistischen Diktatur, die sich mit Staatsterror, Entrechtung, Folter, Versklavung und Massenmord in die Geschichte einschrieb. So etwas sollte sich nie wiederholen dürfen. Deshalb verankerten die Mütter und Väter des Grundgesetzes die Menschenwürde im ersten Artikel der Verfassung. Weil sie ein aus bitterer historischer Erfahrung erwachsenes kostbares Gut darstellt, darf dieser höchste Wert nicht ins beliebige Ermessen gestellt sein. Aus diesem Grund muss jedes Wort des Art. 1 Abs. 1 GG sozusagen auf die Goldwaage gelegt werden. Was ist damit gemeint?

Schauen wir uns den Satz 1 genauer an: »Die Würde des Menschen ist unantastbar.« Ist sie das wirklich? Werden Menschen in ihrer Würde nicht immer wieder verletzt? Sollte die Formulierung also nicht besser lauten: Die Würde des Menschen *darf* nicht angetastet werden!? Auf den ersten Blick erscheint dies einleuchtend, da es scheinbar näher an der Realität liegt. Tatsächlich wird so die Kernaussage aber abgeschwächt. Adolf Hitler und seine Nationalsozialisten errichteten ein Regime der Unmenschlichkeit, das die Werte der zivilisierten Welt, allen voran die Menschenwürde, verneinte. Umso wichtiger war es, unmissverständlich und ein für alle Mal zu erklären, dass die Würde der einzelnen Person kein Kleidungsstück ist, welches man ihr geben und nehmen kann, sondern dass jeder Einzelne diese Würde in sich trägt, weil er ein Mensch ist. Ein Vergleich macht das deutlich. Man kann einem Menschen mit einem Faustschlag die Nase brechen, aber sie bleibt seine Nase, ein Körperorgan, das zu ihm gehört. So verhält es sich auch mit der menschlichen Würde im Sinne des Grundgesetzes. Sie ist verletzbar, aber kann nicht *genommen* werden, da sie untrennbar mit dem Menschsein verbunden ist.

Deshalb ist die Wortwahl »ist unantastbar« in Art. 1 Abs. 1 Satz 1 GG bindender als eine Soll-Bestimmung wie »darf nicht angetastet werden«. Sie entfaltet, anders gesagt, mehr Kraft, und genau darauf kam es den Schöpfern des Grundgesetzes an, die dem Staat die Wahrung der Menschenwürde übertrugen: »Sie zu achten und zu schützen ist Verpflichtung aller staatlichen Gewalt.« (Art. 1 Abs. 1 Satz 2 GG) An diesem Beispiel erkennt man, dass bei den Grundrechten, aber auch im Grundgesetz ganz allgemein eins aus dem anderen folgt und einzelne Sätze wie die Fäden in einem Teppich miteinander verknüpft sind.

Dabei gilt für den Leitstern Menschenwürde, dass sein Licht auf alle nachfolgenden Grundrechte und die gesamte Verfassung abstrahlt und man sich deshalb bei Grundrechtsverletzungen zunächst auf näherliegende, direkt betroffene Grundrechte berufen muss, bevor Art. 1 ausdrücklich ins Spiel kommt. Nach Art. 1 Abs. 1 Satz 2 GG ist der Staat doppelt gefordert: Er muss die Menschenwürde »achten«, das heißt selbst alles unterlassen, was sie verletzen könnte. Und er muss sie »schützen«, also darüber wachen, dass sich auch alle anderen in der Gesellschaft an dieses Gebot halten, und sich gegebenenfalls durch Gerichte klärend und schlichtend einschalten.

Das Bundesverfassungsgericht, das für die Auslegung des Grundgesetzes zuständig ist, spricht von der Menschenwürde als dem »höchsten Rechtswert innerhalb der verfassungsmäßigen Ordnung«. Was aber ist eigentlich unter der Würde des Menschen zu verstehen? Wie lässt sie sich definieren? Erster Anhaltspunkt dafür ist immer noch Carlo Schmids klassische Aussage, die leicht abgewandelt lautet, dass der Staat für den Menschen und nicht der Mensch für den Staat da ist. Dem entspricht ein Menschenbild, das nach christlich-jüdischer Überlieferung vom Menschen als Ebenbild Gottes ausgeht. Dabei handelt es sich um ein Wesen, das aus der ihm gegebenen Gewissensfreiheit heraus fähig zur Selbstbestimmung ist. Außerdem charakterisiert den Menschen seine Vernunftbegabung – diesen Gedanken brachten große Aufklärer wie etwa der Philosoph Immanuel Kant (1724–1804) ins Spiel.

In diesen Eigenschaften, zu denen noch das Selbstbewusstsein gehört, gründet die Würde des Menschen. Das darf freilich nicht missverstanden werden. Auch denjenigen, die aus Krankheitsgründen, zum Beispiel weil sie an Demenz leiden, über die erwähnten Bewusstseinsvoraussetzungen nicht, vermindert oder nicht mehr verfügen, kommt Menschenwürde zu. Sie ist von vornherein gegeben und nicht etwas, das man durch Leistung erwerben kann. Die Menschenwürde beginnt vor der Geburt und besteht auch nach dem Tod.

Wenn die Menschenwürde so umfassend ist, dann verkörpert der Mensch einen Selbstzweck und darf niemals als bloßes Mittel zu einem anderen Zweck missbraucht werden. Konkret bedeutet das: Eine Verletzung der Menschenwürde liegt vor, falls jemand in verachtender Weise, sprich menschenverachtend, behandelt, also herabgewürdigt wird. Ob das so ist, muss man von Fall zu Fall sehen. Der eigene, subjektive Maßstab kann dabei natürlich nicht ausschlaggebend sein, denn die Erfahrung lehrt, dass sich jeder im Laufe seines Lebens häufiger beleidigt oder zurückgesetzt fühlt. Oder anders: Sich selbst als beleidigt, gekränkt oder in seiner Ehre verletzt *zu fühlen*, bedeutet nicht automatisch, es auch wirklich zu sein. Das Grundgesetz – dies allen, die finden, ob sie Opfer seien, entschieden ganz allein sie, ins Stammbuch geschrieben – besteht hier auf einer Prüfung durch Instanzen, wie sie unsere Gerichte darstellen. Im Kern legt es vor allem fest, dass niemand, kein Mensch, keine Institution und auch nicht der Staat, mit jemandem wie mit einer Sache, einem Gegenstand, verfahren kann. Der Mensch darf nicht, so die juristische Formel dafür, zum »bloßen Objekt staatlichen Handelns gemacht werden«.

Gerade weil die Menschenwürde den höchsten Verfassungsrang genießt und deshalb der Art. 1 GG das einzige Grundrecht beinhaltet, das Art. 79 Abs. 3 GG zufolge unter keinen Umständen geändert oder gar abgeschafft werden darf (Ewigkeitsklausel), unterliegen mögliche Verletzungen der Menschenwürde strengen Maßstäben. Das Verbot der Folter beispielsweise erfüllt diese Voraussetzungen ganz gewiss. Sie verstößt zweifelsfrei gegen die Menschenwürde.

Nun mag sich mancher wundern, dass hier gleich zu einem so extremen Beispiel gegriffen wird. Aber das hat einen Grund. In den vergangenen Jahren waren nämlich Bestrebungen einiger Rechtswissenschaftler zu beobachten, das Folterverbot – wenigstens etwas – aufzuweichen. Diese Entwicklung ist äußerst bedenklich, und ihr soll an dieser Stelle scharf widersprochen werden. Gedacht wird dabei an Ausnahmesituationen, wie etwa eine Entführung, bei der man hofft, das Opfer durch körperlichen Zwang gegenüber dem Täter zu retten. Abgesehen davon, dass die Polizei nicht immer ganz sicher sein kann, den wirklichen Täter gefasst zu haben – solange er nicht von einem Gericht verurteilt ist, gilt die sogenannte Unschuldsvermutung, und im Übrigen können auch Gerichte irren –, untersagt der Art. 1 GG die Anwendung solcher Zwangsmittel ohne Wenn und Aber. Darin sind sich die Rechtswissenschaftler in ihrer großen Mehrheit einig.

Zwar ist richtig, dass sich im Fall einer Entführung die Würde des Täters – ja, auch er hat eine Würde, die der Staat bei der Strafverfolgung zu respektieren hat – und die Würde des Opfers gegenüberstehen. Aber im Unterschied zu anderen Grundrechten, die miteinander in Konflikt geraten können und deshalb zum

Ausgleich gebracht werden müssen, darf die Menschenwürde gegen kein anderes Rechtsgut, also eben auch nicht gegen die Würde eines anderen Menschen, abgewogen werden. Sie gilt absolut und nicht relativ. So tragisch dies in einem Entführungsdrama sicherlich ist: An diesem Grundsatz darf nicht gerüttelt werden. Und zwar ganz einfach deshalb, weil Schule machen könnte, was angeblich nur in höchster Not erlaubt sein soll.

Nach den grauenhaften Erfahrungen mit Folter im »Dritten Reich«, aber auch in zahlreichen anderen Unrechtsregimen, wie beispielsweise der untergegangenen DDR, muss allen Versuchen, das in der Menschenwürde wurzelnde Folterverbot des Grundgesetzes – mit welcher Begründung auch immer – zu unterlaufen, entschieden entgegengetreten werden. Das gilt aber ebenso schon für Versuche, die Menschenwürde zu relativieren oder sie bestimmten Gruppen in der Gesellschaft gar abzusprechen. Da muss die Devise der wehrhaften Demokratie lauten: Wehret den Anfängen!

Vor diesem Hintergrund sollten angesichts des anhaltenden Aufstiegs der vom Verfassungsschutz als rechtsextremer Verdachtsfall beobachteten AfD die Vor- und Nachteile eines denkbaren Parteiverbots genau abgewogen werden. Das Grundgesetz setzt dafür zu Recht hohe Hürden, da Parteien für die Willensbildung in einer Demokratie unverzichtbare organisatorische Pfeiler sind. Inzwischen mehren sich aber Zweifel an einigen Verbotskriterien, wie sie das für Parteiverbotsverfahren zuständige Bundesverfassungsgericht vorgibt.

In ihrem jüngsten Urteil aus dem Jahr 2017, beim zweiten Anlauf für ein Verbot der »Nationaldemokratischen Partei Deutschlands« (NPD), stellten die Karlsruher Richterinnen und Richter klipp und klar die Verfassungsfeindlichkeit dieser Partei fest. Nach Ansicht des Gerichts spielte dabei eine zentrale Rolle, dass die NPD, die neuerdings als »Die Heimat« auftritt, »wesensverwandt« sei mit dem Nationalsozialismus. Lediglich der Umstand, dass sie als Partei zu unbedeutend, zu klein sei, um eine Gefahr für die freiheitliche demokratische Grundordnung darzustellen, brachte das Gericht dazu, den Verbotsantrag des Bundesrats abzulehnen.

Eine schon damals vielen fachkundigen Beobachtern fragwürdige, ja nicht schlüssige Entscheidung. Denn sie unterstrich durchaus die präventive (vorbeugende) Zweckmäßigkeit eines möglichen Verbots. »Müsste der Eintritt einer konkreten Gefahr abgewartet werden«, hieß es in der Urteilsbegründung, »könnte ein Parteiverbot möglicherweise erst zu einem Zeitpunkt in Betracht kommen, zu dem die betroffene Partei bereits eine so starke Stellung erlangt hat, dass das Verbot nicht mehr durchgesetzt werden kann.« Das Gericht folgte damit der historischen Einsicht aus dem Aufstieg der NSDAP, »dass radikale Bestrebungen umso schwieriger zu bekämpfen sind, je mehr sie an Boden gewinnen«.

Anders formuliert: Karlsruhe räumte zwar ein, dass es unter Umständen für ein Verbot faktisch zu spät sein könnte, wenn die NPD oder eine ähnliche Partei vor den Toren der Macht stünde, zog aus dieser Erkenntnis aber keine Konsequenzen. Nebenbei bemerkt: Beim Verbot und der Auflösung der »Kommunistischen Partei Deutschlands« (KPD) 1956, dem einen der beiden bis heute erwirkten Parteiverbote, schlug die vom Bundesverfassungsgericht ebenfalls festgestellte praktische Wirkungslosigkeit dieser Partei nicht zu Buche.

Mittlerweile hat man es mit der AfD zu tun, die im Sommer 2023 bundesweit bei rund 20 Prozent, in einigen ostdeutschen Ländern sogar für um die 30 Prozent und mehr der Wählerinnen und Wähler als »Alternative« infrage kam. Eine Partei zunehmend rechtsextremen Zuschnitts im Kielwasser der NPD, mit menschenverachtenden, folglich die Menschenwürde verletzenden Aussagen in Schrift und Wort. Ähnlich wie die NPD wünschen sich AfD-Funktionäre eine ethnisch homogene Volksgemeinschaft herbei, verteufeln die durch Not, Klimakrise und

Kriege verursachte weltweite Migration als angeblich von sogenannten »globalen Eliten« geplanten »Bevölkerungsaustausch«
und raunen verschwörerisch von der »endgültigen Auflösung der
deutschen Identität« und dem »Volkstod«. Was völlig abwegig erscheinen mag, ist freilich keineswegs harmlos, denn mit den »globalen Eliten« ist das gemeint, was die Nazis als »Weltjudentum«
bezeichneten.

Wegen ebendieses ideologischen Gebräus mit antisemitischen
Untertönen und unverhüllt aggressiver Stoßrichtung gegen ver-
hasste Minderheiten erhielt die NPD den Stempel der Verfassungsfeindlichkeit. Und zwar, weil es gegen den Leitstern der Verfassung gerichtet ist, die Menschenwürde. Denn diese wurzele, so
das Bundesverfassungsgericht in seiner Entscheidung 2017, »ausschließlich in der Zugehörigkeit zur menschlichen Gattung, unabhängig von Merkmalen wie Herkunft, Rasse, Lebensalter oder
Geschlecht«. »Antisemitische oder auf rassistische Diskriminie-
rung zielende Konzepte«, hob der Urteilsspruch ausdrücklich hervor, »sind damit nicht vereinbar.« Das Gericht unterstrich in diesem Zusammenhang einmal mehr das Schutzgebot des Staates für
die Wahrung der Menschenwürde, um die Verantwortlichen zugleich vor »selbstzufriedener Toleranz« und dem »Verweis auf die
Offenheit der liberalen Demokratie« zu warnen.

Selbstverständlich sind die AfD und ähnliche Bestrebungen
zuvorderst in der offenen politischen Auseinandersetzung zu stellen und zu bekämpfen. Aber es müssen möglicherweise auch die
juristisch scharfen rechtsstaatlichen Waffen zur Selbstverteidi-
gung der Demokratie zum Einsatz kommen. Schließlich geht es,
so der Bonner Staatsrechtler Klaus Ferdinand Gärditz im Juli 2023
gegenüber der *Süddeutschen Zeitung*, »nicht nur um den politischen Diskurs, sondern auch um die Abwehr von Gefahren für
diejenigen Personengruppen, deren Menschenwürde durch die
Ideologie einer Partei angegriffen wird«.

Ein Parteiverbot kann auch eine vorbeugende Wirkung entfalten. Sind Verfassungsfeinde einmal an der Macht, kann es zu spät sein. Das ist die Lehre aus dem Aufstieg des Nationalsozialismus, der sich mit Einschüchterung und Gewalt, aber auch im Mäntelchen scheinbarer Legalität den Weg nach oben bahnte. So sah es offenbar auch das Bundesverfassungsgericht 2017, wiewohl es dem Verbotsantrag gegen die NPD nicht stattgab. »Eine Partei kann auch dann verfassungswidrig sein, wenn sie ihre verfassungsfeindlichen Ziele ausschließlich mit legalen Mitteln und unter Ausschluss jeglicher Gewaltanwendung verfolgt.«

Das sollte den Verantwortlichen im Fall der AfD zu denken geben, zumal die Möglichkeit besteht, zunächst einmal die radikalsten Teile der Partei durch das Bundesverfassungsgericht verbieten zu lassen, wie etwa die Landesverbände Thüringens, Sachsens und Sachsen-Anhalts – als Warnschuss vor den Bug der Gesamtpartei, aber auch ihrer Wählerinnen und Wähler.

Aber nicht nur von antidemokratischen Kräften droht der unantastbaren Menschenwürde Gefahr. Auch die rasanten und äußerst folgenreichen Fortschritte der naturwissenschaftlichen Forschung, insbesondere in der Humangenetik, werfen schwer zu beantwortende Fragen auf. Ob und inwieweit die angewandte Gentechnik die Menschenwürde verletzt, ist umstritten. Wo muss die medizinische Befugnis zum Eingriff ins Erbgut, also in das Sosein des Menschen enden, auch wenn neue medizinische Techniken dem humanen Zweck dienen, Krankheiten zu besiegen? Sicherlich da, wo in Wirklichkeit ein anderes Ziel verfolgt wird, nämlich eine Art »Menschenzüchtung« durch Klonen oder die angebliche Verbesserung seiner Anlagen. Dies wäre mit dem Grundsatz der Menschenwürde auf gar keinen Fall zu vereinbaren.

Als ebenso brisant und folgenreich könnten sich die neuen Durchbrüche bei der Entwicklung künstlicher Intelligenz (KI) erweisen. Noch füttern Menschen die digitalen Denkmaschinen mit Daten und beherrschen sie. Doch die Lernkurven dieser

Technologien sind schnell und steil, die Vervollkommnung der teils bereits selbstlernenden Systeme schreitet in atemberaubendem Tempo voran. Dies und die zunehmende Vernetzung von KI-Anwendungen birgt Gefahren nicht nur für Millionen demnächst womöglich überflüssig werdender Arbeitsplätze, sondern rückt die existenzielle Frage nach der Stellung des Menschen im Kosmos, nach seiner Zukunft in den Mittelpunkt.

Hat er, der Schöpfer dieser nach seinen Vorgaben und unter seiner Regie erwachten und immer komplexer werdenden Hyperintelligenz, überhaupt noch eine Zukunft? Droht der Menschheit in nicht allzu ferner Zeit gar die Unterwerfung unter autonome Roboter und Computer, wie selbst namhafte Tech-Pioniere befürchten und deshalb eine Pause, ein Moratorium in der Weiterentwicklung fordern? Und offenbaren sich darin nicht die Hybris, der Hochmut und die Anmaßung des Menschen, es Gott gleichzutun, ja ihn, nach dessen Ebenbild der Mensch der Bibel zufolge erschaffen wurde, noch zu übertreffen? Bestätigen nicht gigantische Forschungsprogramme im kalifornischen Silicon Valley wenn nicht gleich zur Überwindung der menschlichen Endlichkeit, so doch zur erheblichen Lebensverlängerung ein Streben nach Unsterblichkeit? Dann wären der künftige Siegeszug und die Herrschaft der KI über die Menschheit, biblisch gesprochen, Verdammnis und Strafe in einem für eine solche Vermessenheit.

Oder sind das alles maßlose Übertreibungen, Dystopien, wie sie jedes Zeitalter technologischer Revolutionen seit jeher begleitet haben? Sind und bleiben die von Menschen entworfenen und kontrollierten KI-Systeme bis auf Weiteres im Grunde doch nur »Papageien«, die nachplappern, was ihnen von außen eingetrichtert wird? Es ist viel zu früh, um darüber befinden zu können. Eines jedoch ist unbestreitbar, nämlich dass diese Fragen und noch mehr die möglichen Antworten darauf alle, wirklich alle Aspekte der Menschenwürde im Art. 1 unserer Verfassung berühren.

Denn es geht hier im Kern darum, was den Menschen in seiner

Einzigartigkeit ausmacht und wie diese Besonderheit zu achten und zu schützen ist – auch gegen mögliche Gefahren einer technologischen Übermacht. Deshalb hat der Informatiker Jürgen Geuter, ein kluger Beobachter dieser Entwicklungen, daran erinnert, dass nichts alternativlos sei, auch nicht eine von KI dominierte Welt. Immer seien es Menschen, die Weichen stellten, in diese oder jene Richtung. Es gebe keine naturgesetzliche Zwangsläufigkeit dafür. Die beste Rückversicherung aber bestehe darin, »Menschenwürde und Menschenrechte absolut« zu setzen und wünschenswerte Technologien in deren Dienst zu stellen.

Art. 1 Abs. 2 GG leitet aus der Menschenwürde ein Bekenntnis des deutschen Volkes zu »unverletzlichen und unveräußerlichen Menschenrechten« ab, der »Grundlage jeder menschlichen Gemeinschaft, des Friedens und der Gerechtigkeit in der Welt«. Auch hier gilt: Die Menschenrechte können zwar missachtet werden, sie existieren aber auch dann trotzdem weiter und stehen jedem Menschen zu. Das sollen die Begriffe »unverletzlich« und »unveräußerlich« ausdrücken.

Mit diesem Bekenntnis stellt sich das Grundgesetz in die westeuropäische und nordamerikanische Verfassungstradition, die für die Entwicklung und Durchsetzung der Menschenrechte maßgeblich gewesen ist. Nach dem Zweiten Weltkrieg hat sie ihren Niederschlag vor allem in der »Allgemeinen Erklärung der Menschenrechte« der Vereinten Nationen (UN) (1948) gefunden sowie in der Europäischen Menschenrechtskonvention (1950). Der Art. 1 GG blickt auf diese Weise weit über den nationalen Tellerrand hinaus und verknüpft innerstaatliches Recht mit international gültigen Prinzipien.

Eine noch stärkere Verpflichtung enthält der Art. 1 GG in seinem dritten Absatz. Er schreibt vor, dass die »nachfolgenden Grundrechte«, also die Artikel 2 bis 19 GG, für die drei Gewalten, »Gesetzgebung, vollziehende Gewalt und Rechtsprechung«, bindend sind, und zwar »als unmittelbar geltendes Recht«. Das heißt?

Die Grundrechte sollten nach dem Willen des Parlamentarischen Rats kein schönes Programm sein, an das sich der Staat halten kann oder auch nicht. Deshalb genießen sie – anders als noch in der Weimarer Verfassung – Vorrang vor allen übrigen Gesetzen, so wie auch das Grundgesetz allgemein der Rechtsrahmen ist, an dem sich sämtliche staatlichen Handlungen messen lassen müssen.

Ob ein neues Gesetz im Bundestag verabschiedet wird, ein Bundesministerium eine Verordnung erlässt, ob eine Behörde eine Maßnahme beschließt oder ein Gericht ein Urteil verkündet: Stets müssen diese Entscheidungen auch im Licht der Grundrechte betrachtet werden und ist dafür Sorge zu tragen, dass kein Grundrecht verletzt, also grundrechtskonform gehandelt wird. Diese Ausrichtung staatlicher Eingriffe in das Leben der Bürgerinnen und Bürger an ebenderen Grundrechten ist zwingend und ein kaum zu überschätzendes Rechtsgut. Denn es ist »als unmittelbar geltendes Recht« einklagbar. Dass diese verfassungsmäßige Bindung der Staatsgewalt nicht nur für die Art. 2 bis 19 GG zutrifft, sondern auch das Kronjuwel der Menschenwürde umfasst, ergibt sich aus dem schon besprochenen Satz 2 des Art. 1 Abs. 1 GG. Die Menschenwürde »zu achten und zu schützen ist Verpflichtung aller staatlichen Gewalt«.

Man sieht: Der Art. 1 GG, so schnell man ihn bei flüchtiger Lektüre überfliegen kann, hat es in sich. Kein Wort steht dort zufällig, jeder einzelne Begriff ist mit Überlegungen verbunden, die sich auf den ersten Blick nicht gleich erschließen. Ähnlich verhält es sich mit den anderen Grundrechten, für die ebenfalls ein geübtes Auge erforderlich ist.

ARTIKEL 2 (FREIE ENTFALTUNG DER PERSÖNLICHKEIT, RECHT AUF LEBEN, KÖRPERLICHE UNVERSEHRTHEIT, FREIHEIT DER PERSON)

(1) Jeder hat das Recht auf die freie Entfaltung seiner Persönlichkeit, soweit er nicht die Rechte anderer verletzt und nicht gegen die verfassungsmäßige Ordnung oder das Sittengesetz verstößt.

(2) Jeder hat das Recht auf Leben und körperliche Unversehrtheit. Die Freiheit der Person ist unverletzlich. In diese Rechte darf nur auf Grund eines Gesetzes eingegriffen werden.

Wie so oft hat das Bundesverfassungsgericht durch seine Rechtsprechung auch zur Auslegung des Art. 2 Abs. 1 GG wesentlich beigetragen. In einem Urteil hat es die Entfaltung der Persönlichkeit als »allgemeine Handlungsfreiheit« umschrieben. Das deckt sich mit den historischen Wurzeln dieses Grundrechts im Liberalismus des 19. Jahrhunderts. Schon zuvor hatte der Art. 4 der französischen Erklärung der Menschen- und Bürgerrechte im Revolutionsjahr 1789 verkündet: »Die Freiheit besteht darin, alles tun zu können, was einem anderen nicht schadet.«

Der Grundgedanke, dass die Freiheit des einen ihre Grenze in der Freiheit des anderen finde, zieht sich als Spannungsverhältnis zwischen dem Einzelnen und der Gesellschaft durch die moderne Geschichte und ist auch heutzutage aktuell wie eh und je. So freiheitsbetont das Grundgesetz zweifelsfrei ist, es ist sicherlich kein Freibrief für wen auch immer, rücksichtslos seine eigenen Interessen durchzusetzen.

Ganz im Gegenteil: Das Bundesverfassungsgericht unterstreicht ausdrücklich die im Grundgesetz angelegte Sozialbindung der Freiheit: »Das Menschenbild des Grundgesetzes ist nicht das eines isolierten souveränen Individuums, das Grundgesetz hat vielmehr die Spannung Individuum – Gemeinschaft im Sinne der Gemeinschaftsbezogenheit und Gemeinschaftsgebundenheit der Person entschieden, ohne dabei deren Eigenwert anzutasten.«

Die Tatsache, dass die »allgemeine Handlungsfreiheit« nicht grenzenlos gelten kann – die Folge wäre nämlich Mord und Totschlag –, verweist darauf, dass die Grundrechte generell Schranken kennen. Nur der Art. 1 GG als oberster Verfassungswert ist davon ausgenommen. Ansonsten werden folgende Schranken unterschieden:

Einmal solche, die vom Text der Verfassung selbst vorgegeben sind, wie etwa das Verbot, Vereinigungen zu gründen, die sich gegen die verfassungsmäßige Ordnung richten (Art. 9 Abs. 2 GG). Sodann steht eine Reihe von Grundrechten unter einem Gesetzesvorbehalt, der in dem jeweiligen Artikel erwähnt sein muss. In diesem Fall kann ein Grundrecht eingeschränkt werden, und zwar »durch ein Gesetz« beziehungsweise »auf Grund eines Gesetzes«, also mithilfe etwa einer Rechtsverordnung, der wiederum ein Gesetz zugrunde liegt. Das Gleiche ist möglich, wenn ein Grundrechtsartikel andere schützenswerte Rechtsgüter mit Verfassungsrang anführt, so beispielsweise das »Recht der persönlichen Ehre«, die bei der Meinungsfreiheit nach Art. 5 Abs. 2 GG zu beachten ist.

Zuletzt gibt es innere Schranken für Grundrechte, die sich aus der Verfassung ableiten, ohne dass sich dafür im betreffenden Grundrechtsartikel ein genauer Hinweis findet. Das schließt den Bogen zu unserer Erörterung des Art. 2 Abs. 1 GG, der »allgemeinen Handlungsfreiheit«. Sie ist ja für den Einzelnen begrenzt durch die »allgemeine Handlungsfreiheit« eines jeden anderen. Ähnlich verhält es sich mit den anderen Grundrechten, die entweder untereinander oder durch den Interessenkonflikt zweier Parteien »zusammenstoßen«, kollidieren können. In diesem Zusammenprall, der durch Abwägung beider Seiten ausgeglichen werden muss, offenbaren sich die inneren Schranken der Grundrechte.

Der Staat, genauer: Parlament, Regierung und Justiz dürfen folglich Grundrechte einschränken, wobei es die Sache eigentlich besser trifft, wenn man sagt, dass diese drei Verfassungssäulen

Grundrechten häufig erst einen Rahmen verschaffen, indem sie Einzelheiten regeln. Das ist freilich an strenge Voraussetzungen gebunden und darf nicht willkürlich erfolgen. Solche Eingriffe müssen sich nach den beschriebenen Grundrechtsschranken richten, die ihrerseits wie Hürden den Staat daran hindern, nach eigenem Gutdünken zu verfahren. So ist vorgeschrieben: Der Schutzbereich eines Grundrechts darf im Kern nicht berührt werden. Im Klartext bedeutet dies: Jedes Grundrecht ist so auszulegen, dass die ihm innewohnende Kraft und Wirkung auch wirklich zur Geltung kommen. Und – ganz wichtig – kein Grundrecht darf in seinem Wesensgehalt angetastet werden. Das legt der Art. 19 Abs. 2 GG fest.

Dies ist aber noch nicht alles. Da jeder Eingriff in Grundrechte eine gesetzliche Begründung benötigt, sind an diese Gesetze genaue Anforderungen zu stellen: Der Gesetzgeber muss zuständig sein, ein bestimmtes Gesetz im parlamentarischen Verfahren zu beschließen. Das ist keineswegs selbstverständlich, denn es gibt Sachverhalte, über die der Bundestag zu befinden hat, und andere, die in der Hand der Bundesländer liegen – beispielsweise die Ausgestaltung der Schul- und Bildungspolitik.

Dann ist darauf zu achten, dass das Gesetz nicht unklar und verschwommen, sondern bestimmt und für jeden nachvollziehbar ist. Zudem muss das Gesetz allgemein gelten, es darf also nicht zu Lasten nur einer einzelnen Person gehen. Das sogenannte Zitiergebot zwingt dazu, das eingeschränkte Grundrecht im Gesetz ausdrücklich zu nennen. Und neben dem schon erwähnten Verbot, den Wesensgehalt eines Grundrechts anzutasten, ist schließlich noch der Grundsatz der Verhältnismäßigkeit zu berücksichtigen.

Man spricht in diesem Zusammenhang auch von einem »Übermaßverbot«. Das heißt im Grunde nichts anderes, als dass gesetzlich begründete Eingriffe in Grundrechte Augenmaß zu wahren haben, also nicht übers eigentliche Ziel willkürlich hinausschießen dürfen. Deswegen sind Einschränkungen von Grundrechten auch nur zulässig, falls die legalen Ermächtigungen dazu erstens dem Gemeinwohl dienen, zweitens geeignet sind, den gewünschten Zweck zu erfüllen, drittens wirklich erforderlich und viertens den Betroffenen zuzumuten sind.

Letzteres läuft auf eine Prüfung hinaus, ob ein Eingriff angemessen ist, was meistens mit einer Güterabwägung zwischen mehreren Grundrechten verbunden ist. Dabei handelt es sich dann um widerstreitende Interessen; zu entscheiden ist in so einem Fall, welche Seite durch eine Grundrechtseinschränkung größeren Schaden nehmen würde und ob das vertretbar wäre. Das beinhaltet natürlich mitunter auch subjektive Wertungen, wie überhaupt unterstrichen werden muss, dass bei Begründungen von Eingriffen in Grundrechte das Ermessen der Verantwortlichen durchaus eine Rolle spielt. Trotz eindeutiger Begriffe im Staatsrecht: Auch diese müssen mit Leben erfüllt werden, und die Wirklichkeit bietet bekanntlich Spielraum für Interpretationen.

Was die Geltung und Einschränkung von Grundrechten betrifft, gibt es noch eine Reihe von Feinheiten, die wir im Rahmen dieser Einführung nicht in allen Einzelheiten erläutern können. Auf alle Fälle steht aber fest: So, wie die Verfassung die Grundrechte mit Schranken versehen hat, so hat sie auch viele und hohe Hürden errichtet, um die Einschränkung der Grundrechte klar umrissenen Voraussetzungen, Kontrollen und Grenzen zu unterwerfen.

Womit wir uns wieder dem Art. 2 GG zuwenden. Er stellt in Abs. 1 drei Schranken auf: Erstens »die Rechte anderer«, mit denen wir uns bereits beschäftigt haben. Zweitens »die verfassungsmäßige Ordnung«, mit der nicht nur die politische »freiheitlich-demokratische Grundordnung« gemeint ist, sondern die gesamte Rechtsordnung mit ihren Gesetzen und Vorschriften. Drittens »das Sittengesetz«, das heute kaum noch bemüht wird, da die infrage kommenden strafrechtlichen Verstöße – und nur um solche könnte es sich handeln – unter das Dach der »verfassungsmäßigen Ordnung« fallen.

Diese Schranken begrenzen die »allgemeine Handlungsfreiheit«. Aber bleibt die Freiheit nicht letztlich auf der Strecke, wenn sie sich an so viele Vorgaben halten muss? Der Mensch ist, wie schon mehrfach erwähnt, kein Einzelwesen. Oder besser: Er ist es und auch wieder nicht. Als unverwechselbares Individuum mit einzigartigem Wert und besonderer Würde lebt und handelt der Mensch zugleich inmitten der Gesellschaft – einem Sozialverband, dessen Mitglied und Nutznießer er ist. Ohne sie, die Gesellschaft, wäre er wie einst Robinson auf seiner Insel allein auf sich gestellt und in unserer von Kommunikation und Austausch abhängigen Welt nicht lange überlebensfähig.

Es ist deshalb denjenigen mit großer Skepsis zu begegnen, die einen brutalen Egoismus predigen und gerade jungen Leuten einreden, dass man mit rücksichtslosem Einsatz der Ellenbogen nur seinem eigenen Erfolg nachjagen solle, koste es, was es wolle. Derlei vorsintflutliche Ansichten münden zwangsläufig in einen Kampf aller gegen alle, bei dem es auf Dauer keine Gewinner, sondern nur Verlierer geben kann. Denn es findet sich immer ein Stärkerer, der einem Starken überlegen ist, und so frisst einer den anderen, bis nur noch einer übrig bleibt: Robinson ohne Freitag, zum Untergang verdammt.

Verfassungen wie das Grundgesetz sind dazu da, so einen primitiven Naturzustand nicht wieder entstehen zu lassen. Die Freiheit ist ihnen heilig, und gerade deswegen setzen sie ihr mit Spielregeln Grenzen. Damit diese Freiheit kein Opfer derjenigen wird, die sich auf sie berufen, sie tatsächlich aber zerstören wollen. Und diese Grenzen sind weit gesteckt. Der Staatsrechtler Ingo von Münch hat es einprägsam formuliert: »Eine wichtige Funktion der Grundrechte ist es gerade, alles das zu erlauben, was nicht ausdrücklich und verfassungsgemäß verboten ist.«

Die »allgemeine Handlungsfreiheit«, das Grundrecht aus Art. 2 Abs. 1 GG, verbindet sich mit dem Grundrecht der Menschenwürde aus Art. 1 Abs. 1 GG zum »allgemeinen Persönlichkeitsrecht«. Dieses umfasst eben nicht nur das Recht zu eigener Aktivität, sondern gewährt auch Schutz gegen das Eindringen anderer in den privaten Lebensbereich. Dazu zählen unter anderem das Recht am eigenen Wort und am eigenen Bild, das Recht der persönlichen Ehre und – Stichwort Datenschutz – das Recht auf informationelle Selbstbestimmung. Insbesondere Letzteres gewinnt in den Zeiten des Internets, das Jugendliche, aber auch Erwachsene oft zu leichtfertigen Auskünften über die eigene Person verleitet, enorm an Bedeutung.

Juristen bezeichnen das Grundrecht aus Art. 2 Abs. 1 GG als »Auffanggrundrecht«. Damit ist Folgendes gemeint: Bei der Prüfung einer möglichen Grundrechtsverletzung kommt die »allgemeine Handlungsfreiheit« nur dann in Betracht, wenn nicht andere Grundrechte greifen. Das ist logisch, weil »allgemein« ja das Gegenteil von »besonders« ausdrückt. Besondere Freiheiten sind aber in anderen Grundrechten enthalten, so etwa die Glaubensfreiheit in Art. 4 GG oder die Meinungsfreiheit in Art. 5 GG. Vor dem Art. 2 Abs. 1 GG müssen also zunächst immer diese benannten Freiheitsrechte unter die Lupe genommen werden. So gesehen spannt dieser umfassende Art. 2 Abs. 1 GG einen ähnlichen Schirm auf wie die Menschenwürde in Art. 1 GG.

Das »Recht auf Leben« nach Art. 2 Abs. 2 Satz 1 GG ist zunächst ein Abwehrrecht gegenüber dem Staat. Was uns heute so selbstverständlich erscheint, hat in der Zeit der nationalsozialistischen Herrschaft zwischen 1933 und 1945 nicht gegolten. Dem »Recht auf Leben« maßen der Diktator Adolf Hitler und seine Helfer in Partei und Staat keinerlei Bedeutung bei. Stattdessen stempelten sie die Juden zu »Untermenschen« ab und sprachen von »lebensunwertem« Leben – eine verabscheuungswürdige Ausgrenzung, die im Massenmord endete.

Deshalb steht das Grundrecht auf Leben in unserer Verfassung unter dem besonderen Schutz des Staates. Daraus erklärt sich die Abschaffung der Todesstrafe (Art. 102 GG) und die Pflicht des Staates, ebenfalls für das werdende Leben einzutreten. Dies schließt – hier weitet sich der Blick bis zum Art. 20a GG auf das künftige Leben (siehe weiter unten) – angesichts des Klimawandels inzwischen auch den »Schutz der natürlichen Lebensgrundlagen« mit ein. Im Alltag ist der Staat nach Art. 2 Abs. 2 Satz 1 GG jedoch vor allem dazu aufgerufen, mithilfe seines Gewaltmonopols, sprich der Polizei, Angriffe auf das Leben einer Person zu unterbinden und strafrechtlich zu verfolgen.

Eingriffe in die »körperliche Unversehrtheit« (Art. 2 Abs. 2 Satz 1 GG), wie beispielsweise die Blutentnahme bei Alkoholkontrollen, sind nur »auf Grund eines Gesetzes« (Art. 2 Abs. 2 Satz 3 GG) möglich. Ebenso Festnahmen und Verhaftungen, denn grundsätzlich gilt laut Art. 2 Abs. 2 Satz 2 GG: »Die Freiheit der Person ist unverletzlich.« Dieser Gesetzesvorbehalt, den wir oben bereits angesprochen haben, erstreckt sich in besonderer Weise auf den äußersten Grenzfall, wenn nämlich das »Recht auf Leben« berührt ist. So kann der Staat, wie jedermann, in eine Notwehrsituation geraten, weil das Leben einer Geisel unmittelbar auf dem Spiel steht. Dann ist die Polizei gesetzlich befugt, zum letzten Mittel zu greifen und den Täter zu töten (finaler Rettungsschuss).

Im Verlauf der sich seit Anfang 2020 weltweit ausbreitenden Corona-Pandemie ist der Art. 2 GG, insbesondere dessen 2. Absatz zum Ausgangspunkt staatlichen Handelns geworden wie nie zuvor seit Bestehen der Verfassung. Angesichts einer tödlichen Seuche waren Bundes- und Landesregierungen, Parlamente und Gerichte fortwährend verpflichtet, dem »Recht auf Leben und körperliche Unversehrtheit« Geltung zu verschaffen, ohne dabei die »allgemeine Handlungsfreiheit« der Menschen, ein ebenso werthaltiges Grundrecht des Art. 2 GG, aus den Augen verlieren zu dürfen.

Dabei musste in vielen Fällen abgewogen werden zwischen Lebens- und Freiheitsrechten, und es kam zu den schon erwähnten Kollisionen zwischen Grundrechten, ja auch zu Fehlentscheidungen. Ganze Bücher füllt das Thema inzwischen. Eines trägt den überspitzten Titel »Freiheit oder Leben?« und verengt damit komplizierte Erwägungen auf ein simples Entweder-oder. Tatsächlich ging es jedoch meistens um Sowohl-als-auch-Entscheidungen – wobei nicht vergessen werden darf, dass bei den Maßnahmen zur Pandemie-Eindämmung, seien es nun Ausgangssperren, Versammlungsverbote, Schulschließungen, Einschränkungen der Berufs- und Gewerbeausübung oder auch die mögliche Einführung einer letztlich gescheiterten Impfpflicht, immer die Frage nach Leben und Tod im Raum stand. Aber auch unterhalb dieser existenziellen Schwelle spitzten sich fundamentale Interessengegensätze zwischen gesellschaftlichen Gruppen dramatisch zu, wenn etwa zwischen dem legitimen Bedürfnis alter Menschen, *würdevoll* leben und sterben zu dürfen, und dem ebenso legitimen Anspruch junger Menschen auf ihre *freie* Entfaltung und Verwirklichung jetzt und in Zukunft abgewogen werden musste. Entscheidungen waren hier auch deshalb so schwierig, weil man von der Corona-Erkrankung einfach noch zu wenig wusste.

Wenn es in dieser schweren sozialen Krise mit für viele Menschen tragischen Folgen zu überzogenen oder gar falschen Reaktionen staatlicher Stellen kam, kann das eigentlich nicht verwundern. Doch dort, wo der Staat übers Ziel hinausschoss, wurde ihm das schon bald bescheinigt. Etliche Gerichte haben inzwischen Anordnungen und Erlasse aus der Corona-Zeit relativiert und revidiert. So hat das Bundesverwaltungsgericht Ende 2022 die im März 2020 in Bayern verfügten sehr restriktiven landesweiten Ausgangsbeschränkungen für unzulässig, weil eben unverhältnismäßig erklärt. Mit der gleichen Begründung gab das oberste deutsche Verwaltungsgericht im Juni 2023 einem Kläger aus Sachsen recht, der sich gegen ein pauschales Versammlungsverbot in dem Bundesland gewehrt hatte, das im April 2020 ausgesprochen worden war. Dies sei »ein schwerer Eingriff in die Versammlungsfreiheit« gewesen, so das Urteil. Und abermals wurde auf die unzureichende Verhältnismäßigkeit verwiesen: Zwar erlaube das Infektionsschutzgesetz zur Gefahrenabwehr Einschränkungen der Versammlungsfreiheit, jedoch keine völlige Untersagung, wie sie auch andere Bundesländer damals praktizierten. Die sächsische Landesregierung hätte Regelungen finden müssen, »um zumindest Versammlungen unter freiem Himmel mit begrenzter Teilnehmerzahl unter Beachtung von Schutzauflagen wieder möglich zu machen«.

Es zeigte sich, mit anderen Worten, dass die Dritte Gewalt im Staat ihrer Aufgabe, staatliches Handeln an den Vorgaben des Grundgesetzes zu messen, nachkam und in anhängenden Verfahren immer noch nachkommt. Die Behauptung, Deutschland befinde sich im Ausnahmezustand und auf dem Weg in eine Diktatur, war dem mangelnden Verständnis unserer Verfassung geschuldet und falsch. Dagegen trifft der Satz des Philosophen Odo Marquardt ins Schwarze: »Vernünftig ist, wer den Ausnahmezustand vermeidet.« Es wurden in der Corona-Pandemie folgerichtig auch keine Notstandsgesetze aus der Schublade gezogen, sondern die für eine Krise – eine Ausnahme*situation*, kein Ausnahme*zustand*, der verhängt und öffentlich ausgerufen werden müsste – vorgesehenen gesetzlichen und verfassungsrechtlichen Werkzeuge genutzt.

Maßgabe bei deren Handhabung sind vernünftige Abwägung und Verhältnismäßigkeit und auf keinen Fall die Devise »Not kennt kein Gebot«. Sie war während der Corona-Pandemie zu keinem Zeitpunkt die Messlatte staatlichen Handelns, und das wird bei aller Fehlbarkeit der Verantwortlichen auch so bleiben, wenn wir als kritische Öffentlichkeit darüber wachen. Dass kritisch nicht hysterisch bedeutet, versteht sich.

ARTIKEL 3 (GLEICHHEIT VOR DEM GESETZ)

(1) Alle Menschen sind vor dem Gesetz gleich.

(2) Männer und Frauen sind gleichberechtigt. Der Staat fördert die tatsächliche Durchsetzung der Gleichberechtigung von Frauen und Männern und wirkt auf die Beseitigung bestehender Nachteile hin.

(3) Niemand darf wegen seines Geschlechtes, seiner Abstammung, seiner Rasse, seiner Sprache, seiner Heimat und Herkunft, seines Glaubens, seiner religiösen oder politischen Anschauungen benachteiligt oder bevorzugt werden. Niemand darf wegen seiner Behinderung benachteiligt werden.

Das Gleichheitsideal in der neuzeitlichen Geschichte stammt aus den Tagen der Französischen Revolution, die 1789 begann. Die Parole »Freiheit, Gleichheit, Brüderlichkeit« vereinte erst das Bürgertum, später dann, im 19. und 20. Jahrhundert, die Arbeiterschaft auf dem Weg zu demokratischer Teilnahme und Teilhabe in Staat und Gesellschaft. Freiheit und Gleichheit erschienen und sind noch immer wie zwei Seiten einer Medaille, gegensätzliche Pole, die trotzdem zusammengehören und aufeinander angewiesen sind. Während der bürgerliche Liberalismus bis heute die Freiheit durch das Gleichheitsprinzip tendenziell bedroht sieht, warnen Kritiker vor einem verkürzten Freiheitsbegriff, der auf das Recht des Stärkeren hinausläuft und so zu ungerechter Ungleichheit führt. In diesem Verständnis von Freiheit setzt sie, die Freiheit, ein gewisses Maß an gleichen Möglichkeiten voraus, damit wenigstens rein theoretisch alle von ihr Gebrauch machen können – eine einleuchtende Auffassung.

Unstrittig ist jedenfalls, dass der Gedanke der Gleichheit historisch eng mit dem der Gerechtigkeit verknüpft ist. Dies soll der Art. 3 Abs. 1 GG auch zum Ausdruck bringen. Damit ist nicht gemeint, dass alle Menschen *gleich sind*. Das wäre Unsinn, denn jeder weiß mit Blick auf Männer und Frauen, gute und schlechte

Schülerinnen und Schüler, reiche und arme Menschen, dass es sich anders verhält. Art. 3 Abs. 1 GG fordert vielmehr die »Gleichheit vor dem Gesetz«. Das bedeutet, jeder hat ein Recht darauf, vom Parlament, von der Regierung und der Justiz »ohne Ansehen seiner Person« behandelt zu werden.

Was zunächst etwas merkwürdig klingt, löst sich bei näherem Hinsehen rasch auf. Niemand darf etwa, nur weil er arm oder reich ist, klein- oder großgewachsen, blau- oder braunäugig auf die Welt gekommen ist, vor Gericht unterschiedlich beurteilt werden. Es gilt der Grundsatz: Gleiches Recht für alle. Dass die Realität davon gelegentlich abweicht, soll hier keineswegs verschwiegen werden, ändert aber nichts daran, dass dieses Prinzip ein zentraler Pfeiler des Rechtsstaats ist. Weiter unten werden wir diesem Grundsatz wieder begegnen.

Gleiches Recht für alle heißt aber nicht, dass alles gleich behandelt werden darf. Also wie denn nun? Die Sache ist im Grunde ziemlich einfach. Was von der Sache her gleich ist, soll auch gleich behandelt werden, Ungleiches hingegen erfordert Unterscheidungen, Differenzierungen. Zwar existieren in der Rechtsprechung und unter Fachjuristen noch andere Definitionen zur Bestimmung des allgemeinen Gleichheitssatzes, aber für unsere Zwecke dürfte diese erste Annäherung genügen.

Ein kleines Beispiel: Die Gleichberechtigung von Männern und Frauen ist in Art. 3 Abs. 2 Satz 1 GG verbürgt. Dennoch bestehen unbestreitbar Unterschiede zwischen Männern und Frauen; sie sind also nicht gleich. Zwar darf niemand »wegen seines Geschlechtes (…) benachteiligt oder bevorzugt werden« (Art. 3 Abs. 3 Satz 1 GG). Aber man kann, um ein Bild zu gebrauchen, nicht alles über einen Kamm scheren, sondern muss genau hinschauen und auseinanderhalten, je nachdem, worum es sich handelt. So können Männer verständlicherweise nicht Frauenbeauftragte werden, eben weil sie keine Frauen sind.

1994 wurde durch einen Beschluss der Verfassungskommission, die nach der Vereinigung Deutschlands im Jahr 1990 über eine Reform des Grundgesetzes beriet, der Art. 3 Abs. 2 GG durch einen Zusatz ergänzt. Danach hat der Staat mit dafür zu sorgen, dass die Gleichberechtigung in die Tat umgesetzt wird und noch vorhandene Nachteile (für Frauen, aber gegebenenfalls auch für Männer) abgebaut werden. Diese Verstärkung des Art. 3 Abs. 2 GG zu einem Staatsziel begründet zwar keine individuellen Ansprüche des Einzelnen an den Staat, nimmt diesen aber in die Pflicht, besonders darauf zu achten, dass vor allem im Wirtschaftsleben Frauen nicht schlechter behandelt werden als Männer. Das betrifft die Bezahlung bei gleicher Leistung ebenso wie Karrierechancen in einem Unternehmen.

Überhaupt zielt der Art. 3 Abs. 3 GG heutzutage mehr noch als auf den Staat auf das Verhältnis der Menschen untereinander ab, zum Beispiel in der Arbeitswelt. Die Gründe, deretwegen niemand benachteiligt oder bevorzugt werden darf (Art. 3 Abs. 3 Satz 1 GG), sind schlüssig – trotz einiger Überschneidungen. So verwirrt der Hinweis auf das »Geschlecht« etwas, denn dieses Merkmal spricht ja schon Art. 3 Abs. 2 GG an. Mittlerweile kann man daraus freilich eine neue sinnvolle Unterscheidung ableiten. Die Mütter und Väter des Grundgesetzes gingen noch von der Existenz zweier natürlicher Geschlechter aus. Seit Ende 2018 – und auch dieser Weiterentwicklung, diesem Wandel in den gesellschaftlichen Anschauungen verlieh das Bundesverfassungsgericht mit einer bahnbrechenden Entscheidung Ausdruck – ist ein drittes Geschlecht, »divers«, gesetzlich anerkannt und verankert. Umstritten ist dagegen weiter, ob die geschlechtliche Selbstdefinition künftig ausschließlich ins Ermessen der jeweiligen Person gestellt werden sollte.

Setzen wir unsere Betrachtung des Art. 3 Abs. 3 Satz 1 GG fort: Wo genau sollen die Unterschiede zwischen »Glauben« und »religiösen Anschauungen« liegen? Des Rätsels Lösung könnte lauten, dass man einen Glauben haben kann, ohne ihn wahrnehmbar für andere zu praktizieren, religiöse Anschauungen aber meistens eine Form öffentlicher Äußerung beinhalten.

»Abstammung« bezieht sich auf die biologischen Vorfahren. Über die Angemessenheit des Begriffs »Rasse« wird nun schon seit geraumer Zeit nicht nur in Fachkreisen gestritten. Der Parlamentarische Rat wollte mit der Einfügung dieses Begriffs eine Wiederholung der rassistischen Vernichtungspolitik der Nationalsozialisten für die Zukunft ausschließen. Nun bemängeln Kritiker, dass es, wissenschaftlich betrachtet, überhaupt keine »Rassen« gebe, die Bezeichnung »Rasse« also an sich bereits dem Wortschatz des Rassismus entlehnt sei, dessen giftige Sprachschöpfungen sich seit Ende des 19. Jahrhunderts über die ganze Welt verbreitet hätten. Deshalb solle man besser ganz auf ihn verzichten.

Man möchte dem beipflichten, hat aber trotzdem etwas Bauchschmerzen dabei. Denn zum einen müsste für die gemeinten Unterschiede – in erster Linie die Hautfarbe – eine andere Bezeichnung gefunden werden. Zum anderen verschwinden denkbare Diskriminierungen von Menschen nicht schon dadurch aus der Welt, indem man ihren sprachlichen Ausdruck löscht. Im magischen Denken mag das funktionieren, aber in der Wirklichkeit?

In jedem Fall lohnt es sich, über die Sprache des Grundgesetzes wie überhaupt die Rolle der Sprache in demokratischen Gesellschaften nachzudenken. So spielt sie auch vor Gericht eine Rolle. Jeder muss – unter Umständen mithilfe eines Dolmetschers – in die Lage versetzt werden, einem Verfahren vor einem deutschen Gericht folgen zu können. »Heimat« ist gleichbedeutend mit dem Geburtsort oder der Gegend, in der jemand seit Langem lebt. Dass daraus niemandem ein Nachteil erwachsen darf, ist immer noch aktuell – man denke nur an eine Steuerung der Einwanderung durch eine Auswahl nach Ländern –, hat aber auch einen geschichtlichen Anlass. Damit wollte nämlich der Parlamentarische Rat die Eingliederung der vielen Millionen Flüchtlinge in Westdeutschland erleichtern, die im Gefolge des Zweiten Weltkriegs aus den ehemaligen deutschen Ostgebieten vertrieben worden waren. Mit »Herkunft« ist der familiäre soziale Hintergrund gemeint, den man ja genauso wenig frei wählen kann wie die schon erwähnte biologische Abstammung. Nicht weiter erklärungsbedürftig dürfte in unserem Zusammenhang sein, dass man wegen seiner »politischen Anschauungen« weder Vorteile noch Nachteile haben darf. Auch die Ergänzung des Art. 3 Abs. 3 GG um das Verbot einer Benachteiligung Behinderter (Satz 2) ist der Arbeit der Verfassungskommission zu verdanken. Sie steht seit 1994 im Grundgesetz. Dieser Zusatz trägt dem Umstand Rechnung, dass den Rechten von Menschen, die zwar nicht alles, aber doch sehr viel können, lange Zeit zu wenig Beachtung geschenkt worden ist.

ARTIKEL 4 (GLAUBENS-, GEWISSENS- UND BEKENNTNISFREIHEIT, KRIEGSDIENSTVERWEIGERUNG)

(1) Die Freiheit des Glaubens, des Gewissens und die Freiheit des religiösen und weltanschaulichen Bekenntnisses sind unverletzlich.

(2) Die ungestörte Religionsausübung wird gewährleistet.

(3) Niemand darf gegen sein Gewissen zum Kriegsdienst mit der Waffe gezwungen werden. Das Nähere regelt ein Bundesgesetz.

Die Forderung nach Glaubensfreiheit hat historisch gesehen mehrere Wurzeln. In der Reformation äußerte sie sich zunächst in Gestalt des aufkommenden Protestantismus, der den katholischen Alleinvertretungsanspruch in Abrede stellte. Jeder sollte sein Bekenntnis frei wählen können. Daraus wurde zwar zunächst noch nichts, denn nach dem Dreißigjährigen Religionskrieg (1618–1648) in Europa, der Deutschland staatliche und religiöse Zersplitterung eintrug, hieß es weiter: »Cuius regio, eius religio« (»Wes das Land, des der Glaube«). Die Untertanen hatten sich der Konfession, dem Glauben des jeweiligen Landesherrn zu beugen.

Erst im Zeitalter der Aufklärung begann sich die Auffassung durchzusetzen, dass die Glaubenswahl eine Frage der Gewissensfreiheit sei. So scherte es beispielsweise Friedrich den Großen, König von Preußen, überhaupt nicht, ob seine Untertanen Katholiken oder Protestanten waren. Jeder sollte in den Worten dieses aufgeklärten Alleinherrschers nach »seiner Fasson selich« werden. Hauptsache, das Volk stellte genug Soldaten für die Eroberungszüge des machthungrigen Monarchen. Die Französische Revolution, die den Vorrechten von König, Adel und Kirche blutig den Garaus machte, radikalisierte das Denken. Nun pochte man nicht mehr allein auf die freie Wahl des Bekenntnisses, sondern auch auf das Recht, *nicht* zu glauben, also Atheist zu sein.

Diese ganzen Entwicklungen schlagen sich in Art. 4 Abs. 1 GG nieder. Er enthält die Garantie, dass jeder – im religiösen Sinn – glauben kann, woran er will, aber auch niemand zu irgendeinem Glauben gezwungen werden kann. Auch Nicht-Gläubige können sich folglich auf das Grundrecht der Religionsfreiheit berufen. Das Gewissen, dessen Freiheit ebenfalls ein Grundrecht darstellt, ist eine moralische Größe, die bei der zur Einsicht fähigen *sittlichen* Persönlichkeit anknüpft, dem Menschenbild des Grundgesetzes. Sie setzt ein Mindestmaß an Willensfreiheit voraus, also das Vermögen des Menschen, so *oder so* zu handeln. Nach Ansicht des Bundesverfassungsgerichts geht es dabei um »jede ernste sittliche, d. h. an den Kategorien von ›gut‹ und ›böse‹ orientierte Entscheidung«.

Diese geschützte Gewissensfreiheit steht in engem Zusammenhang mit dem Grundrecht auf Kriegsdienstverweigerung (Art. 4 Abs. 3 Satz 1 GG). Der damit verbundene Hinweis auf ein Bundesgesetz, das Näheres regelt, schränkt übrigens dieses Grundrecht nicht ein, sondern bezieht sich lediglich auf das Verfahren. Allerdings ist zu beachten, dass laut Art. 12a Abs. 1 GG die Möglichkeit zur Wehrpflicht besteht. Diese wurde ab Juli 2011 zwar von der

damaligen Bundesregierung ausgesetzt, könnte im Spannungs-
oder Verteidigungsfall aber wieder eingeführt werden. Davon unberührt bleibt jedoch das Grundrecht, den Dienst an und mit der
Waffe zu verweigern, bestehen. Allerdings sind an dessen Wahrnehmung bestimmte Anforderungen geknüpft, die eine Gewissensentscheidung glaubwürdig erscheinen lassen. Letztlich geht
es um die überzeugende Darlegung, dass sich jemand aus mora-
lischen Erwägungen außerstande sieht, im Kriegsfall einen anderen Menschen zu töten.

Art. 4 Abs. 1 Satz 1 GG gewährleistet nicht allein die »Freiheit des
Glaubens«, sondern ebenso die »Freiheit des religiösen und weltanschaulichen Bekenntnisses«. Ist das, könnte man fragen, nicht
ein und dasselbe? Wozu diese umständliche doppelte Aufzählung?
Anders als bei der eben behandelten Begriffsklärung – »Glauben«
und »religiöse Anschauungen« – tritt die Unterscheidung allerdings hier klar zutage – jedenfalls wenn man die Feinheiten der
juristischen Sprache ein wenig kennt. Der Glaube bezeichnet danach die innere Einstellung eines Menschen, was sich mit unserer
vorläufigen Erklärung weiter oben deckt, während ein Bekenntnis
Zeugnis von einem Glauben ablegt, ihn also nach außen trägt und
für andere erkennbar werden lässt.

Praktisch ist das identisch mit dem Recht auf »ungestörte Religionsausübung« gemäß Art. 4 Abs. 2 GG. Dass dieser Zusatz
trotz der ohnehin garantierten Bekenntnisfreiheit ausdrücklich
ins Grundgesetz aufgenommen worden ist, geht – wie so vieles
im Zusammenhang mit unserer Verfassung – auf Erfahrungen
im »Dritten Reich« zurück. Denn dessen Machthaber standen
auch im Kampf gegen beide Konfessionen und deren christlich-
humane Werte.

Neben gläubigen und nicht religiösen Menschen gibt es schließlich noch diejenigen, welche die Welt und das Leben durch die
Brille einer bestimmten Philosophie betrachten – mal mit mehr
wunderlichen Untertönen, mal mehr an Vernunftlehren ausge-

richtet. Solche »weltanschaulichen Bekenntnisse« fallen auch unter den Schutzbereich des Art. 4 Abs. 1 Satz 1 GG. Nicht jedoch Organisationen, die unter religiösem Vorwand in erster Linie wirtschaftliche Ziele verfolgen, wie etwa die Scientology-Unternehmen.

Die Religionsfreiheit berührt auch die Frage nach dem Verhältnis von Staat und Kirche. Dazu ist ja schon einiges im zweiten Kapitel gesagt worden. Spätestens seit Beginn des 20. Jahrhunderts ist die Trennung zwischen Staat und Kirche ein ebenso charakteristisches Merkmal moderner Demokratien wie die Gewaltenteilung. In Deutschland ist man dabei, es wurde bereits gesagt, nicht ganz so weit gegangen wie in anderen Ländern. Das den christlichen Kirchen vom Staat verliehene Recht, Steuern erheben zu dürfen, die der Staat einzieht, ist keinesfalls unumstritten, auch wenn man anerkennen muss, dass durch die Kirchen viele karitative und soziale Leistungen erbracht werden. Diskussionen über das Für und Wider von Kirchensteuern gibt es schon lange. Verstärkt wurden sie durch die im vergangenen Jahrzehnt nach und nach ans Tageslicht gelangten massenhaften Fälle sexuellen Missbrauchs von Kindern und Jugendlichen in beiden christlichen Konfessionen. Die zögerliche Aufklärung und Aufarbeitung dieser Fälle und noch mehr die Versuche mancher kirchlicher Würdenträger, diese Aufklärung und Aufarbeitung zu hintertreiben, zogen eine Welle von Kirchenaustritten nach sich und geben Anlass, neu über das Verhältnis von Staat und Kirche nachzudenken.

Wichtig ist hier der Hinweis, dass zum Art. 4 Abs. 1 und 2 GG die Bestimmungen des Art. 140 GG gehören, der sich im Einzelnen mit den Beziehungen zwischen Staat und Kirche beschäftigt. Er hat Grundsätze übernommen, die schon in der Weimarer Verfassung niedergelegt waren. An diesem Beispiel lässt sich wieder einmal ablesen, wie verzahnt zahlreiche Abschnitte des Grundgesetzes sind und dass die Verfassung der ersten deutschen Republik in manchen Lebensbereichen bis heute fortwirkt.

Zu dieser Überlieferung zählt, dass es in Deutschland keine Staatskirche gibt. Der Staat ist zu weltanschaulicher Neutralität und religiöser Toleranz verpflichtet. Das heißt, er muss alle Glaubensgemeinschaften dulden und gleich behandeln. Angesichts einer mittlerweile großen Anzahl von Zuwanderern, die sich zum Islam bekennen, hat das erhebliche Folgen, wie die vielerorts zu beobachtenden Konflikte um den Bau von Moscheen belegen. Der Staat muss auf die allen Religionsgemeinschaften zustehenden Rechte achten, aber auch dafür sorgen, dass in bestimmten öffentlichen Bereichen, wie etwa Schulen, religiöse und weltanschauliche Offenheit erhalten bleibt. Ob sich das mit eindeutigen Glaubenssymbolen verträgt, denen Schülerinnen und Schüler in Klassenzimmern nicht ausweichen können, war und ist in der deutschen Öffentlichkeit strittig.

Das Bundesverfassungsgericht musste sich mit dieser Frage schon im Jahr 1995 auseinandersetzen, nachdem Eltern in Bayern gegen die Vorschrift Beschwerde eingelegt hatten, dass in allen Klassenzimmern der öffentlichen Volksschulen des Landes Kreuze anzubringen seien. Mit einer Mehrheit von 5 zu 3 Richterstimmen erklärte das Gericht in einem berühmt gewordenen Beschluss diese Verordnung für grundgesetzwidrig. Sie verstoße nämlich, so die Begründung der Entscheidung, gegen die Glaubensfreiheit des Art. 4 Abs. 1 GG, aus der sich der »Grundsatz staatlicher Neutralität gegenüber den unterschiedlichen Religionen und Bekenntnissen« herleite. In staatlichen Pflichtschulen dürften Schülerinnen und Schüler mit unterschiedlichen Glaubensbekenntnissen nicht dazu »gezwungen werden, ›unter dem Kreuz‹ zu lernen«.

In der Logik dieser Zurückhaltung liegt dann nach Auffassung namhafter Rechtsexperten allerdings auch, dass islamische Lehrerinnen auf ihr Kopftuch im Unterricht verzichten müssen. Zumal dieses Symbol ja häufig nicht nur eine religiöse Überzeugung, sondern bisweilen auch eine politische Stoßrichtung verdeutlichen soll. Generell sollte in offenen Gesellschaften mit einer Vielzahl von Kulturen die Regel allgemein akzeptiert sein, dass man sein Gesicht im öffentlichen Raum unvermummt zeigt und nicht hinter einem Schleier verbirgt, denn neben der Sprache als Mittel der menschlichen Kommunikation spielen eben auch nonverbale Signale, die über die Mimik vermittelt werden, eine wichtige Rolle bei der Verständigung zwischen Fremden.

ARTIKEL 5 (RECHT DER FREIEN MEINUNGSÄUSSERUNG, MEDIENFREIHEIT, KUNST- UND WISSENSCHAFTSFREIHEIT)

(1) Jeder hat das Recht, seine Meinung in Wort, Schrift und Bild frei zu äußern und zu verbreiten und sich aus allgemein zugänglichen Quellen ungehindert zu unterrichten. Die Pressefreiheit und die Freiheit der Berichterstattung durch Rundfunk und Film werden gewährleistet. Eine Zensur findet nicht statt.

(2) Diese Rechte finden ihre Schranken in den Vorschriften der allgemeinen Gesetze, den gesetzlichen Bestimmungen zum Schutze der Jugend und in dem Recht der persönlichen Ehre.

(3) Kunst und Wissenschaft, Forschung und Lehre sind frei. Die Freiheit der Lehre entbindet nicht von der Treue zur Verfassung.

Für das Recht, eine eigene Meinung haben zu dürfen und diese auch frei äußern zu können, kämpfen Menschen seit der Antike. Es ist somit eines der ältesten Freiheitsziele überhaupt, was daran liegen dürfte, dass sein besonderes Ausdrucksvermögen durch Sprache den Menschen erst zum Menschen macht. Das erklärt, warum das Bundesverfassungsgericht in diesem Grundrecht »in gewissem Maße die Grundlage jeder Freiheit« erblickt. Die Welt aus verschiedenen Blickwinkeln betrachten und entsprechende Ansichten in Wort, Schrift und Bild fassen zu können, sorgt für ein Klima der Freiheit, setzt diese allerdings auch voraus.

Die Meinungsfreiheit ist mit den Worten des Bundesverfassungsgerichts nicht nur »eines der vornehmsten Menschenrechte« des Einzelnen zur Abwehr staatlicher Bevormundung
und Unterdrückung, sondern zudem die Grundlage einer demokratischen Verständigungskultur. Sie benötigt im Unterschied
zum eintönigen Dasein in einer Diktatur den Streit der Meinungen. Denn nur so besteht die Möglichkeit, dass alle klüger werden.

Wie frei eine Gesellschaft ist, zeigt sich also darin, ob jeder
seine eigene Meinung äußern kann und ob es eine Vielzahl von
Medien gibt – Zeitungen, Hörfunk, Fernsehen und mittlerweile
das Internet –, die staatlichem Einfluss entzogen sind. Sie bündeln
gewissermaßen Meinungsvielfalt und sind der öffentliche Aus-
tragungsort für den Wettbewerb von Ansichten und Ideen, der
zur Meinungsbildung des Publikums beiträgt. Wie Parteien, so
sind auch freie Medien für eine Demokratie Instrumente, um
Politik *für alle* hör- und sichtbar zu machen, bevor und damit sie
überhaupt ins Werk gesetzt werden kann. Allerdings, und dies ist
ein äußerst bedenklicher Befund, ist es um die uns zur Selbstverständlichkeit gewordene und vom Grundgesetz garantierte
Pressefreiheit leider gar nicht mehr so gut bestellt. Im jüngsten
internationalen Ranking ist Deutschland 2023 weiter abgerutscht,
und zwar auf Platz 21, hinter Länder wie die Slowakei und Samoa.
Dieser beschämende Tatbestand verdankt sich vor allem den
immer häufigeren physischen Angriffen auf Journalistinnen und
Journalisten vor allem in ostdeutschen Bundesländern.

Aber zurück zur Meinungsbildung. Was ist eigentlich eine *Meinung*, worin unterscheidet sie sich von anderen Aussagen? Diese
Frage ist wichtig, da der Art. 5 GG ebenso seinen Schutzbereich
hat wie seine Schranken.

Meinung ist zu verstehen als Stellungnahme, die mit einer
Wertung verbunden ist. Dabei kommt es weder auf den Gegenstand oder den Sachverhalt an, der beurteilt wird, noch auf die

Richtigkeit der Aussage. In der Meinungsäußerung können Tatsachen enthalten sein, müssen es aber nicht. Die Grenzen der Meinungsfreiheit sind weit gezogen, aber alles ist nicht erlaubt. So sind Karikaturen über den islamischen Propheten Mohammed, die in der muslimischen Welt immer wieder heftigen Protest und mit dem Angriff auf das französische Satireblatt ›Charlie Hebdo‹ Anfang 2015 gar einen tödlichen Terroranschlag ausgelöst haben, im Verständnis des Grundgesetzes durchaus von der Meinungs- und Pressefreiheit gedeckt. Das muss schon deshalb so sein, weil der Kampf um das Recht, eigene Ansichten in der Öffentlichkeit zu vertreten, in der europäischen Tradition aufklärender Religionskritik steht.

Anders sieht es aus, wenn Lügen verbreitet werden, also Behauptungen, die erwiesenermaßen und für jeden nachvollziehbar falsch sind. Das trifft etwa auf die Leugnung des Holocaust zu, die organisierte Massenvernichtung der europäischen Juden durch die Nationalsozialisten im Zweiten Weltkrieg. Sie fällt nicht in den Schutzbereich des Art. 5 Abs. 1 GG, sondern steht inzwischen sogar unter Strafe. Nicht gedeckt von der Meinungsfreiheit ist aber auch die im Sommer 2023 bekannt gewordene aggressive Hetze gegen zwei Lehrkräfte einer Schule in Brandenburg, die rechtsextremistische und schwulenfeindliche Umtriebe in ihrem Umfeld publik gemacht hatten. Man muss kein Prophet sein, um vorherzusagen, dass uns das Problem der Verunglimpfung in Zeiten des Internets weiter beschäftigen wird.

In jedem Fall stellen wir fest: Auf die feinen Unterschiede kommt es an, und man muss immer genau hinschauen, ob es sich bei bestimmten Äußerungen tatsächlich um Meinungen handelt.

Aufzuräumen gilt es auch mit einem anderen Missverständnis: In vielen konservativen Familien türkisch-islamischer Herkunft, die in Deutschland leben, spielt der Begriff der »Ehre« eine überragende Rolle. Unter Berufung darauf verweigern Angehörige dieses Kulturkreises oftmals die Anerkennung unserer Rechtsordnung und rechtfertigen damit sogar Straftaten wie die Ermordung von meist weiblichen Familienmitgliedern, die nach anderen Regeln leben möchten. Zur Begründung wird dann gern die eigene »Ehre« oder die der Familie über alles gestellt und der Vorwurf erhoben, solche Werte fänden in Deutschland keine Beachtung. Dem ist klar entgegenzuhalten: Erstens hat niemand das Recht, willkürlich die eigene Meinung – die Familienehre zähle mehr als alles andere – zum obersten Wert zu erklären, um so Zwang, Gewalt und Mord zu bemänteln. Denn um nichts anderes handelt es sich hier. Jenseits der Menschenwürde existiert kein anderer übergeordneter Wert, der dieses erste Grundrecht in der Verfassung in die Schranken weisen könnte. Genauer: Die einzige Schranke ist der Mitmensch, dessen Würde genauso viel wert ist wie die eigene.

Zweitens genügt ein Blick ins Grundgesetz, um zu sehen, dass im Zusammenhang mit der Meinungsfreiheit das »Recht der persönlichen Ehre« auch in diesem Land sehr wohl geschützt ist, und zwar in Art. 5 Abs. 2 GG. Danach ergeben sich Grenzen der Meinungsfreiheit eben gerade aus der erwähnten Würde des anderen. Sie zu verletzen, etwa durch regelrechte Beleidigungen und Äußerungen, die in beschimpfender Weise auf die Person zielen und nicht auf einen Sachverhalt, ist untersagt. Das muss natürlich stets im Einzelfall vom Gericht geprüft werden, wenn sich jemand in seiner Ehre getroffen fühlt und dagegen klagt. Keine einfache Angelegenheit, denn die Meinungsfreiheit, Grundlage vor allem ja auch für den Informationsauftrag der Medien, genießt hohen Verfassungsrang.

Zur Meinungsfreiheit gehört auch, keine Meinung zu haben oder preiszugeben; niemand darf zu einer Ansicht gezwungen werden. Will man sich aber eine Meinung bilden, so ist es erforderlich, dass man Informationen sammelt. Quellen hierfür sind in erster Linie die Medien, die allgemein zugänglich und staatsunabhängig sein müssen sowie keine Monopole bilden dürfen. Es müssen also immer mehrere Anbieter existieren, die verschiedene Druckerzeugnisse, Zeitungen, Zeitschriften, Magazine, vertreiben beziehungsweise konkurrierende Programme über Hörfunk und Fernsehen ausstrahlen. Das Recht, sich »ungehindert zu unterrichten« (Art. 5 Abs. 1 Satz 1 GG), richtet sich gegen jeden Versuch, von welcher Seite auch immer, das Informationsbedürfnis des Einzelnen zu beschneiden.

Durch das Internet sind neue Kommunikationskanäle entstanden, mit der dramatischen Folge, dass die Grenzen zwischen von ausgebildeten Journalisten aufbereiteten Nachrichten und online massenhaft verbreiteten Scheinwahrheiten fließend geworden sind. *Fake News* sind inzwischen keine bedauerlichen Einzelfälle mehr, sondern überschwemmen die digitale Welt geradezu. Mehr noch, Propaganda-Experten und entsprechende Marketing-Agenturen sind darauf spezialisiert, gezielte Kampagnen zur Desinformation zu organisieren. Mit Donald Trump wurde ein gewohnheitsmäßiger Lügner zum Präsidenten der USA, der die Mechanismen der *sozialen Medien*, die man in diesem Zusammenhang vielleicht besser »asozial« nennen sollte, zu seinen Zwecken zu nutzen wusste. Spätestens seitdem ist der Kampf um die Wahrheit zu einer Überlebensfrage der Menschheit geworden. In dem russischen Imperialisten und Aggressor Wladimir Putin hat Trump einen Nachfolger gefunden, der das Handwerk der Wahrheitsverdrehung zwar auch beherrscht, dabei aber noch plumper vorgeht als sein Vorbild. Der kritische Umgang mit Medieninhalten, die Fähigkeit, Falsches von Richtigem zu unterscheiden, indem etwa nach den Quellen für Behauptungen gefragt wird, gehört deshalb fächerübergreifend in den Lehrplan einer jeden Schule.

Denn auch schon unterhalb dreister Lügen in der neuen medialen, das heißt vor allem digitalen Öffentlichkeit, ist die zunehmende Vermischung von Information und Meinung einer *kundigen* Unterrichtung der Öffentlichkeit und ihrer freien Urteilsbildung im Sinne des Art. 5 Abs. 1 GG nicht unbedingt zu-

träglich. Umso bedeutsamer ist – trotz oder gerade wegen wieder-
holter Skandale in einigen Landesfunkhäusern etwa aufgrund
von Miss- und Vetternwirtschaft – der Erhalt einer »Grundversorgung« der Bevölkerung durch öffentlich-rechtliche Hörfunk-
und Fernsehsender, deren Verfassungsauftrag von Vertretern unterschiedlicher gesellschaftlicher Gruppen überwacht wird.

Dabei ist darauf zu achten, dass der Einfluss der politischen
Parteien in den zuständigen Aufsichtsgremien nicht überhand-
nimmt und bei der Besetzung der Aufsichtsgremien dem sozialen
Wandel, also zum Beispiel dem schwindenden Einfluss der Kirchen und der wachsenden Bedeutung von Einwanderern Rechnung getragen wird. Immer ist daran zu erinnern, dass die öffentlich-rechtliche Neuorganisation von Rundfunk und Fernsehen
nach 1945 in Deutschland im Bruch mit den Propaganda-Medien
des »Dritten Reichs« und nach dem Vorbild der britischen BBC
vorgenommen wurde. Staatsfern und gesellschaftsnah sollte künftig im Geiste der Freiheit und Kritik vor allem *informiert* werden.

Gemessen an diesem ursprünglichen und fortwirkenden Auftrag, gehören ARD und ZDF nebst sämtlichen öffentlich-rechtlichen Ablegern immer neu auf den Prüfstand. Dass hier auch
grundlegende Reformen anstehen, erscheint nicht nur Fachleuten
offensichtlich. Die Bürgerinnen und Bürger des Landes finan-
zieren die Öffentlich-Rechtlichen, also dürfen sie fragen, ob und
wie man dort seine Aufgaben erfüllt. Sind also wirklich zwei Sender und bei der ARD neun Landesfunkhäuser notwendig? Dürfen wirklich teils recht schlichte, zumal jüngere Zuschauergrup-
pen unterfordernde und langweilige Unterhaltungsangebote
fast zwei Drittel des Angebots ausmachen, wo doch die Stärke der
öffentlich-rechtlichen Sendeanstalten bei der Information liegen
sollte? Das sind nur zwei der Fragen, denen sich die Öffentlich-
Rechtlichen gegenwärtig stellen müssen, ohne ihre inhaltliche und
journalistische Unabhängigkeit bestreiten zu wollen.

Der Satz »Eine Zensur findet nicht statt« in Art. 5 Abs. 1 GG richtet sich an die Adresse des Staates und besagt, dass dieser nicht befugt ist, zu genehmigen oder inhaltlich in das einzugreifen, was veröffentlicht werden soll. Aber auch in dieser Hinsicht existieren Grenzen, die allerdings weit gezogen sind. Sie leiten sich aus den allgemeinen Gesetzen und den Schutzbestimmungen für die Jugend ab, wonach beispielsweise die Verbreitung gewaltverherrlichender Filme und Schriften verboten ist.

Die Freiheit von Kunst, Wissenschaft, Forschung und Lehre (Art. 5 Abs. 3 Satz 1 GG) ist nicht nur als Abwehrrecht gegen obrigkeitliche Einmischung aufzufassen, sondern damit hat der Staat zugleich eine Förderaufgabe. Selbstverständlich darf und kann er nicht bestimmen, was unter Kunst zu verstehen ist. Und in der Natur der Sache liegt auch, dass Kunst und Wissenschaft nur in einer Umgebung ohne staatliche Vorgaben und Erwartungen aufblühen. Es wäre indes ein Zeugnis der Armut, wenn dem Staat die Anliegen von Kunst und Wissenschaft völlig egal wären. Kultur als Einheit dieser beiden Lebenswelten ist gerade im Sinne des Grundgesetzes Nährboden für eine humane Gesellschaft, der gedüngt werden muss.

Ganz bewusst verknüpften die Verfassungsgeber die »Treue zur Verfassung« lediglich mit der »Freiheit der Lehre« (Art. 5 Abs. 3 Satz 2 GG). Denn so bleiben das Grundgesetz und andere Bereiche der Politik offen für Kritik seitens der Wissenschaft und Forschung. Die »Freiheit der Lehre« ist jedoch nicht zu verwechseln mit politischer Hetze gegen das Grundgesetz. Deshalb dieser scharfe Trennungsstrich.

ARTIKEL 6 (EHE, FAMILIE, NICHTEHELICHE KINDER)

(1) Ehe und Familie stehen unter dem besonderen Schutze der staatlichen Ordnung.

(2) Pflege und Erziehung der Kinder sind das natürliche Recht der Eltern und die zuvörderst ihnen obliegende Pflicht. Über ihre Betätigung wacht die staatliche Gemeinschaft.

(3) Gegen den Willen der Erziehungsberechtigten dürfen Kinder nur auf Grund eines Gesetzes von der Familie getrennt werden, wenn die Erziehungsberechtigten versagen oder wenn die Kinder aus anderen Gründen zu verwahrlosen drohen.

(4) Jede Mutter hat Anspruch auf den Schutz und die Fürsorge der Gemeinschaft.

(5) Den unehelichen Kindern sind durch die Gesetzgebung die gleichen Bedingungen für ihre leibliche und seelische Entwicklung und ihre Stellung in der Gesellschaft zu schaffen wie den ehelichen Kindern.

Von den unterschiedlichen Bedeutungen der Grundrechte war ja schon mehrfach die Rede. Manche schöpfen ihre Kraft aus der Abwehr gegen den Staat, andere gewährleisten Mitwirkung im Staat, und einige verpflichten den Staat zu Leistungen. Daneben erfüllen sie in einigen Fällen aber noch eine weitere Aufgabe: Sie sichern nämlich die Aufrechterhaltung bestimmter Einrichtungen innerhalb der Gesellschaft, die auf eine lange Geschichte zurückblicken können und zum kulturell überlieferten Erbe des Zusammenlebens gehören. Zu diesen sogenannten institutionellen Garantien zählt unter anderem der Schutz von Ehe und Familie, der in Art. 6 GG festgeschrieben ist.

Nun kann man besonders an diesem Abschnitt des Grundgesetzes erkennen, dass der soziale Wandel, der ja nie aufhört, auch an unserer für Veränderung und Weiterentwicklung offenen Verfassung nicht spurlos vorübergegangen ist. Auch wenn es sich nicht direkt im Text niedergeschlagen hat: Der Art. 6 GG hat heutzutage eine andere Bedeutung als noch vor einigen Jahrzehnten. Das hat mit neuen Lebensformen und Ansichten zu tun, die sich im Laufe der Zeit in einer Gesellschaft ausbreiten und von einem gewissen Moment an als »normal« betrachtet werden. Letztlich ist das Ausdruck verinnerlichter Toleranz – einer der wichtigsten Grundwerte unserer Verfassung. Sie, die Toleranz, beinhaltet ja die Einsicht, dass das Leben nicht einförmig ist und Menschen verschieden sind, dass folglich jeder auf seine Weise sein privates Glück finden sollte.

So sind Lebensgemeinschaften, häufig auch mit Kindern, längst keine Ausnahme mehr. Dies trifft ebenso auf gleichgeschlechtliche Paare zu, denen schon von 2001 an das Lebenspartnerschaftsgesetz den rechtlichen Rahmen bot, ihre Verbindung eheähnlich zu regeln und abzusichern, was beispielsweise die Möglichkeit gleicher Namen, wechselseitige Unterhaltsverpflichtungen und Erbansprüche betraf. Seit Juni 2017 ist nun auch die Ehe nicht mehr ausschließlich ein Bund zwischen Mann und Frau, sondern für alle offen – ein, man kann es schon so formulieren, revolutionärer Beschluss des Bundestags, bedenkt man, dass Homosexualität bis vor etwas mehr als 50 Jahren in Deutschland noch strafbar war. Nunmehr stehen gleichgeschlechtliche Ehen einschließlich ihrer Kinder unter dem besonderen Schutz und der Fürsorge des Staates wie alle anderen auch.

Letztlich hat dieser in erster Linie den Blick auf die Familie zu richten, die wegen ihrer Funktion den innersten Kern des Art. 6 GG ausmacht, was einleuchtet, wenn man sich vor Augen hält, dass jede Gesellschaft um ihrer Zukunft willen auf Nachwuchs angewiesen ist. Deshalb kommt auch im Hinblick auf die große Anzahl von nicht-gleichgeschlechtlichen (heterosexuellen) Partnerschaften ohne Trauschein Art. 6 Abs. 5 GG wachsende Bedeutung zu, wonach der Gesetzgeber dafür zu sorgen hat, dass uneheliche Kinder die gleichen Entwicklungschancen haben wie eheliche.

Das Thema »Kindergrundrechte« ist weiter oben bereits behandelt worden. Aus dem Recht und der Pflicht der Eltern zur Erziehung (Art. 6 Abs. 2 Satz 1 GG) hat das Bundesverfassungsgericht grundrechtsgleiche Ansprüche des Kindes abgeleitet. Das kann an sich auch gar nicht anders ein, denn die Verfassungshüter betonen das Wohl des Kindes als letztlich höchsten Wert des Art. 6 GG. Dem dient der Mutterschutz durch die Gemeinschaft

(Art. 6 Abs. 4 GG). Und dafür spricht ferner, dass die Eltern nicht einfach über ihre Kinder verfügen können, sondern deren Interessen je nach Alter und Reife stellvertretend wahrnehmen.

Deshalb steht auch klipp und klar seit dem Jahr 2000 im Bürgerlichen Gesetzbuch (§ 1631 Abs. 2), dass Kinder »ein Recht auf gewaltfreie Erziehung« haben. Und weiter heißt es dort: »Körperliche Bestrafungen, seelische Verletzungen und andere entwürdigende Maßnahmen sind unzulässig.« Zwar ist das Bürgerliche Gesetzbuch, das eigentlich Streitfälle zwischen Privatleuten schlichten soll, etwas anderes als das Grundgesetz, aber es ist nicht weniger bindend.

Hohe Hürden hat die Verfassung für den Schutz der Erziehungsberechtigten vor Eingriffen des Staates errichtet (Art. 6 Abs. 3 GG). Damit soll verhindert werden, dass dieser sich nach Belieben in den ureigenen Bereich der Familie einmischt, wie es während der Nazi-Zeit oder auch während der SED-Herrschaft in der DDR der Fall war. Damals unternahmen die jeweiligen Machthaber alles, um Kinder und Jugendliche dem Einfluss der Elternhäuser zu entziehen und sie im Sinne der herrschenden Ideologie (Nationalsozialismus beziehungsweise Kommunismus) zu formen.

Mit dem Internet hat nicht nur der sexuelle Missbrauch an Kindern größere Dimensionen angenommen, sondern seit einiger Zeit ist darüber hinaus verstärkt zu beobachten, dass offenbar viele Eltern mit der Pflege und Erziehung ihrer Kinder überfordert sind. Es mehren sich die Fälle von Vernachlässigung und Verwahrlosung mit zum Teil tödlichem Ausgang. Schuld an dieser Entwicklung ist auch, dass eine steigende Zahl von Menschen am Rand der Gesellschaft lebt, oft in materieller Not und ohne Perspektive. Diesen Ausgegrenzten fehlt die Kraft zur Selbstverantwortung, deshalb wohl versagen sie auch ihren Kindern gegenüber. Das zwingt den Staat, zu handeln und diese vernachlässigten Kinder in andere Obhut zu geben, denn sonst würde er

seiner Verpflichtung, auf das Wohl von Kindern und Jugendlichen zu achten, nicht gerecht.

ARTIKEL 7 (SCHULWESEN)

(1) Das gesamte Schulwesen steht unter der Aufsicht des Staates.

(2) Die Erziehungsberechtigten haben das Recht, über die Teilnahme des Kindes am Religionsunterricht zu bestimmen.

(3) Der Religionsunterricht ist in den öffentlichen Schulen mit
Ausnahme der bekenntnisfreien Schulen ordentliches Lehr-
fach. Unbeschadet des staatlichen Aufsichtsrechtes wird der
Religionsunterricht in Übereinstimmung mit den Grundsätzen der Religionsgemeinschaften erteilt. Kein Lehrer darf gegen seinen Willen verpflichtet werden, Religionsunterricht zu
erteilen.

(4) Das Recht zur Errichtung von privaten Schulen wird gewährleistet. Private Schulen als Ersatz für öffentliche Schulen bedürfen der Genehmigung des Staates und unterstehen den
Landesgesetzen. Die Genehmigung ist zu erteilen, wenn die
privaten Schulen in ihren Lehrzielen und Einrichtungen sowie
in der wissenschaftlichen Ausbildung ihrer Lehrkräfte nicht
hinter den öffentlichen Schulen zurückstehen und eine Son-
derung der Schüler nach den Besitzverhältnissen der Eltern
nicht gefördert wird. Die Genehmigung ist zu versagen, wenn
die wirtschaftliche und rechtliche Stellung der Lehrkräfte nicht
genügend gesichert ist.

(5) Eine private Volksschule ist nur zuzulassen, wenn die Unter-
richtsverwaltung ein besonderes pädagogisches Interesse anerkennt oder, auf Antrag von Erziehungsberechtigten, wenn sie
als Gemeinschaftsschule, als Bekenntnis- oder Weltanschau-
ungsschule errichtet werden soll und eine öffentliche Volksschule dieser Art in der Gemeinde nicht besteht.

(6) Vorschulen bleiben aufgehoben.

Die Ordnung des Schulwesens betrifft einen sehr speziellen Ausschnitt des sozialen Lebens und kann deshalb in diesem allgemeinen Überblick nicht im Einzelnen dargelegt werden. Einige wesentliche Wegmarken zum Verfassungsverständnis sollen trotzdem kurz beleuchtet werden. Art. 7 GG zielt, wie Art. 6 GG, auf den Erhalt und die Gestaltung einer Einrichtung, nämlich der Institution Schule, die für die Ausbildung junger Menschen in einer Gesellschaft unerlässlich ist. So leidig das für den Einzelnen bisweilen sein mag – wer geht schon immer gern zur Schule? –, kein Gemeinwesen kann darauf verzichten, Kindern und Jugendlichen Kenntnisse und Grundfertigkeiten zu vermitteln, damit Selbstbestimmung in Freiheit überhaupt erst möglich wird.

Der Staat muss dabei für Chancengerechtigkeit sorgen, das heißt, er hat die Voraussetzungen dafür zu schaffen, dass alle die gleichen Möglichkeiten haben, Bildungsangebote wahrzunehmen. Das ist nicht zu verwechseln mit einer häufig bemängelten Gleichmacherei. Selbstverständlich haben Menschen unterschiedliche Begabungen und Fähigkeiten; daraus ergeben sich ebenso selbstverständlich auch Leistungsunterschiede. Aber wer die im Sinne des Grundgesetzes anzustrebende Chancengleichheit verneint, zieht sich den Vorwurf zu, Bildung als Vorrecht für zumeist vom Elternhaus Begünstigte zu zementieren. Das kann nicht im Interesse der Zukunft unseres Landes liegen, denn wir brauchen nicht weniger, sondern mehr gut ausgebildete und gebildete Nachwuchskräfte.

Nach einer Bildungsoffensive in den Sechziger- und Siebzigerjahren des vorigen Jahrhunderts, die auch Kindern aus materiell nicht so begüterten Elternhäusern Aufstiegschancen bot, haben Staat und Gesellschaft bedauerlicherweise wieder den Rückwärtsgang eingelegt. Der vielerorts beklagenswerte Zustand des staatlichen Schulsystems einerseits sowie der Aufschwung teurer Privatschulen und Internate andererseits sorgen dafür, dass wieder sozial ausgesiebt wird: Kinder aus wohlhabenden Verhältnissen mit studierten Eltern haben es sehr viel leichter auf ihrem Weg zur Universität und entsprechenden beruflichen Karrieren als finanziell schlechter gestellte und bildungsfern aufwachsende Kinder – ein Armutszeugnis für ein doch immer noch reiches Land wie Deutschland und im Grunde ein Verstoß gegen Art. 7 Abs. 4 Satz 3 GG!

Da obendrein die geistig-seelische Erziehung eine Aufgabe ist, der sich augenscheinlich viele Eltern nicht mehr voll gewachsen fühlen, kommt der Schule auch in dieser Hinsicht steigende Bedeutung zu, und ohnehin schon überfordert, wird sie dem nicht immer gerecht. Ausdrücklich ist in Art. 7 GG zwar von einer allgemeinen Schulpflicht nicht die Rede; mittelbar ist sie aber darin enthalten. Denn wenn Art. 7 Abs. 2 GG das *besondere* Recht der Eltern anerkennt, über die Teilnahme ihrer Kinder am Religionsunterricht zu bestimmen, zwingt dies im Umkehrschluss zu der Folgerung, dass die Erziehungsberechtigten eben keine *allgemeine* Entscheidungsfreiheit haben, ob sie ihre Sprösslinge in die Schule schicken oder nicht. Derartige Herleitungen durch logische Überlegungen sind eine bewährte Methode juristischen Denkens, die auch viele andere Gebiete des Rechts prägt.

Die allgemeine Schulpflicht begrenzt insofern das elterliche Erziehungsrecht aus Art. 6 GG. Aber es endet gleichwohl nicht am Schultor. Im Gegenteil: Laut Bundesverfassungsgericht verstärken sich Art. 6 Abs. 2 GG und der Bildungsauftrag des Staates gemäß Art. 7 Abs. 1 GG zu einer »gemeinsamen Erziehungsaufgabe«, bei der Eltern und Schulen zusammenwirken sollen. Als Abwehrrecht im Sinne der Religionsfreiheit nach Art. 4 Abs. 1 GG ist zu betrachten, dass Lehrer nicht gezwungen werden dürfen, Religionsunterricht zu geben (Art. 7 Abs. 3 Satz 3 GG).

Wahlfreiheit für Schulen besteht unter anderem insofern, als neben öffentlichen auch private Schulen rechtens sind, die sich allerdings an bestimmte Auflagen und Maßstäbe halten müssen, um vom Staat anerkannt und gegebenenfalls gefördert zu werden (Art. 7 Abs. 4 GG).

ARTIKEL 8 (VERSAMMLUNGSFREIHEIT)

(1) Alle Deutschen haben das Recht, sich ohne Anmeldung oder Erlaubnis friedlich und ohne Waffen zu versammeln.

(2) Für Versammlungen unter freiem Himmel kann dieses Recht durch Gesetz oder auf Grund eines Gesetzes beschränkt werden.

Für eine lebendige Demokratie ist das Recht, sich zu versammeln, um für ein Anliegen einzutreten und ihm Beachtung zu verschaffen, so wichtig wie die Luft zum Atmen. Es steht in direktem Zusammenhang mit der Meinungsfreiheit. Das Verhältnis von Versammlungsfreiheit und Meinungsfreiheit lässt sich ungefähr so beschreiben: Die Versammlungsfreiheit eröffnet der Meinungsfreiheit Wege zum direkten Austausch mit anderen Menschen. Diese Selbst-Verständigung, das Bestehen einer vielfältigen, pluralistischen Öffentlichkeit, ist ein unverzichtbarer Baustein freier Gesellschaften.

Das Versammlungsrecht ist deshalb seinem Ursprung nach vor allem ein politisches Recht, nämlich das Recht der Bürgerinnen und Bürger, für oder gegen etwas zu demonstrieren, um zur *öffentlichen* Meinungsbildung beizutragen. Das darf nicht vergessen werden, auch wenn einige Juristen mittlerweile sogar reine Vergnügungsveranstaltungen durch den Art. 8 GG gedeckt sehen, weil in ihrem Verständnis auch die fröhliche Zurschaustellung von Lebensgefühlen – wie etwa auf der »Love-Parade« – eine Meinungsäußerung auf einer Versammlung ist.

Wenn es sich dabei nur um den bloßen Begriff »Versammlung« handelte, bräuchte man nicht lange zu streiten. Denn in gewisser Weise haben natürlich auch die »Love-Parade« oder ähnliche öffentliche Treffen junger Leute Merkmale einer Versammlung. Die Frage ist doch aber, was »Versammlung« im Sinne des Grundgesetzes meint. Und hier muss nachdrücklich an den politisch-historischen Hintergrund erinnert werden, der den Müttern und Vätern der Verfassung noch sehr gegenwärtig war.

Sie wussten – und wollten dies auch so verankert sehen –, dass die Versammlungsfreiheit nicht nur ein urdemokratisches, gegen viel Widerstand von oben erkämpftes Recht war, sondern dass sich mit ihm in der Geschichte stets weitere politische Forderungen nach mehr Mitwirkung des Volkes in Staat und Gesellschaft verbunden hatten. Diese Linie zog sich in Deutschland von der Revolution 1848/49 bis zum Umbruch nach dem Sturz der Hohenzollern-Monarchie 1918, und sie setzte sich in der Bundesrepublik fort, die schrittweise zu so etwas wie einer allseits akzeptierten Demonstrationskultur fand. Vor allem aber im friedlichen Aufstand der DDR-Bürger 1989/1990, die sich in Kirchen versammelten und auf die Straßen gingen, um bis zum Sturz des SED-Regimes gegen die Unterdrückung im kommunistischen Unrechtsstaat zu protestieren, leuchtete die politische Bedeutung der Versammlungsfreiheit wieder einmal hell auf. Im Unterschied zu den Einwohnern Westdeutschlands hatten die Menschen in der DDR dieses Grundrecht nicht, sie nahmen es sich im Herbst 1989 einfach.

Die Versammlungsfreiheit nach Art. 8 GG ist ein sogenanntes Deutschenrecht. Daraus folgt keineswegs, dass sie Ausländern vollkommen versagt wäre. Sie können sich dafür nur nicht auf diesen Artikel berufen, sondern müssen sich auf den Art. 2 Abs. 1 GG (Allgemeine Handlungsfreiheit) stützen, der die Versammlungsfreiheit allerdings schwächer schützt, weil er sie nicht ausdrücklich erwähnt und einen Gesetzesvorbehalt enthält. Dies unterstreicht erneut den politischen Gehalt des Art. 8 GG. Denn tatsächlich ist es ja so, dass in erster Linie die jeweiligen Angehörigen eines bestimmten Staates berechtigt sind, ganz gleich ob Deutsche, Türken, Franzosen oder Engländer, die Geschicke *ihres* Staates beispielsweise durch Demonstrationen mit zu beeinflussen.

Noch einmal zur Klarstellung: Selbstverständlich schützt der Art. 8 GG nicht nur klassische politische Demonstrationen, sondern Meinungsbekundungen im weitesten Sinn. An dieser Stelle sollte nur das Verständnis für die enge Verbindung zwischen Versammlungsfreiheit und öffentlicher Meinungsbildung in einer Demokratie geweckt werden. Freizeitevents und Privatfeten sollte man mit dieser wichtigen Aufgabe besser nicht belasten, denn Spaß zu wollen, ist etwas anderes, als eine Meinung über ein gesellschaftliches oder politisches Thema zu haben und sie im Kreis anderer öffentlich zu äußern.

Der Art. 8 GG unterscheidet zwischen Versammlungen unter freiem Himmel und in geschlossenen Räumen. Für Letztere gibt es nur eine ausdrückliche Schranke: Keine Gewalt! Versammlungen in geschlossenen Räumen müssen friedlich sein, und keiner darf Waffen mit sich führen (Art. 8 Abs. 1 GG). Was wie selbstverständlich klingt, ist es nicht unbedingt, denn es gab und gibt ja immer wieder Gruppen – man denke etwa an die »Rote Armee Fraktion« (RAF) in den Siebzigerjahren des vorigen Jahrhunderts oder an bewaffnete »Reichsbürger« heute –, die Straftaten planen. Heimliche Vorbereitungen für einen Umsturz sind also nicht erlaubt. Im Übrigen ist dies auch kein Freibrief für alles andere. Nächtelange lautstarke und von Musik begleitete Debatten etwa, die den Nachbarn ihren Schlaf rauben, könnten deren Grundrecht auf »körperliche Unversehrtheit« verletzen (Art. 2 Abs. 2 Satz 1). Man sieht: Auch dieses Grundrecht stößt neben seiner eigens aufgeführten Schranke auf andere innere Grenzen, nämlich immer dann, wenn die Rechte anderer berührt sind.

Selbstverständlich erstreckt sich das Gebot der Gewaltlosigkeit genauso auf Versammlungen unter freiem Himmel. Sitzblockaden, die durch passiven Widerstand Medienresonanz erzeugen wollen, üben nicht automatisch Gewalt aus, wie das Bundesverfassungsgericht früher in einigen wegweisenden Urteilen zur Anti-Atom-Bewegung festgestellt hat. Diese höchstrichterliche definitorische Einhegung ausübender Gewalt hat auch mit einer geforderten sorgfältigen Prüfung der Verwerflichkeit demonstrativer Blockaden zu tun. Aber Vorsicht: Das gibt keiner Minderheit das Recht, durch Behinderungen das Leben, die Gesundheit oder das Eigentum Dritter zu gefährden. Hier entfaltet unter anderen das Kriterium der Nötigung seine Bedeutung.

Womit wir bei den in der Einleitung bereits erwähnten Klimaaktivisten wären. Sie versuchen, durch besonders spektakuläre Protestformen wie das Festkleben auf Straßen oder Landebahnen von Flughäfen auf die in ihren Augen viel zu zögerliche, ja mangelhafte Klimapolitik in den hochindustrialisierten Ländern des Westens aufmerksam zu machen. »Letzte Generation« nennen sich diese Klimaaktivisten in Deutschland und Österreich und zeigen damit, wie dramatisch, ja apokalyptisch sie die Folgen eines nicht entschieden eingebremsten Klimawandels einschätzen. Unabhängig davon, was an dieser Einschätzung richtig oder falsch ist, werfen solche Protestformen rechtliche, vor allem auch verfassungsrechtliche Fragen auf. Entsprechend heftig wird darüber gestritten. Die Klimaaktivisten und ihre Anhänger verweisen zu ihrer Legitimation auf historische Vorbilder des zivilen gewaltfreien Widerstands und sind dabei durchaus bereit, die Folgen von Gesetzesverstößen auf sich zu nehmen. Denn strafbar sind ihre Aktionen allemal.

Die Strafbarkeit ihrer Handlungen sollten Staat und Gesellschaft aber nicht dazu verleiten, radikale Umwelt- und Klimaschützer zu kriminalisieren. Immerhin herrscht über die bedrohliche ökologische Lage für den Planeten Erde weitgehend Einigkeit und lassen sich auch Unterlassungssünden der Politik aufzählen, die niemand Geringerer als das Bundesverfassungsgericht schon in der Vergangenheit moniert hat. Umgekehrt ist allerdings auch sehr fraglich, ob die fortschreitende Radikalisierung mancher Strömungen in der Öko-Szene deren eigenen Anliegen dienlich ist. Denn wie sehr manche am Schneckentempo bei der notwendigen Klimawende auch verzweifeln mögen: In demokratischen Gesellschaften führt kein Weg daran vorbei, auch für solche existenziellen Anliegen Mehrheiten zu überzeugen. Menschen dadurch zu gewinnen, dass man sie vor den Kopf stößt, erscheint als politische

Strategie zumindest fragwürdig. Eindeutig nicht von der Versammlungsfreiheit gedeckt waren antisemitische Demonstrationen in deutschen Städten im Herbst 2023, die das bestialische Massaker islamistischer Hamas-Terroristen an Zivilisten in Israel als Befreiungstat verherrlichten.

Um uns nun wieder den harmloseren Protestformen zuzuwenden: Versammlungen im Freien unterliegen laut Art. 8 Abs. 2 GG einem Gesetzesvorbehalt, können folglich beschränkt und geregelt werden, etwa durch eine Anmeldepflicht. Das ist schon deshalb nachvollziehbar, weil größere Veranstaltungen, die draußen stattfinden, mehr Risiken für Unbeteiligte bergen als überschaubare Zusammenkünfte in den eigenen vier Wänden oder in einem Saal. Bei Gefahr für die öffentliche Sicherheit und Ordnung können deshalb Versammlungen unter freiem Himmel verboten werden. Aber erst nach sorgfältiger Abwägung – die Juristen sprechen vom Grundsatz der Verhältnismäßigkeit –, denn die Versammlungsfreiheit ist ein hohes Gut.

Wie deutsche Gerichte die Versammlungsverbote der Corona-Zeit beurteilt und korrigiert haben, dazu wurde weiter oben bereits das Nötige gesagt. Dass die Bürgerinnen und Bürger eines Staates Eingriffe in ihre Grundrechte gerichtlich überprüfen und die Politik sich solchen Überprüfungen stellen muss, ist ein Kennzeichen der Demokratie. Ein Blick nach China während der Corona-Zeit macht den Unterschied deutlich. Gegen die von der dortigen kommunistischen Führung monatelang verfügten drakonischen Isolationsmaßnahmen konnte sich niemand vor Gericht wehren. Dass sich Impfgegner und Verschwörungsgläubige in Deutschland wie politisch Verfolgte gebärdeten und selbst den haarsträubenden Vergleich mit den Verfolgten der Nazi-Zeit nicht scheuten, zeigt nur, dass wir auch in diesem Jahrhundert vor blankem Irrsinn nicht gefeit sind. Wie gefährlich er werden kann, wissen wir aus dem vergangenen. Das Grundgesetz hilft immerhin, uns dagegen zu wehren.

Aber zurück zum Art. 8 GG. Geschützt und erfasst durch ihn sind wohlgemerkt nur *Versammlungen*, nicht jedoch bloß zufällige Ansammlungen von Menschen beispielsweise nach einem Verkehrsunfall. Unter einer Versammlung ist eine Zusammenkunft von mindestens zwei Personen zu verstehen, die ein Anliegen verbindet. Im Unterschied zur privaten Plauderei oder einer Diskussion unter Freunden kommt es bei der Versammlung darauf an, dass die Teilnehmer ihr gemeinsames Thema letztlich nicht nur erörtern, sondern nach außen kundtun wollen, um zur öffentlichen Meinungsbildung beizutragen. In der Kundgebung entfaltet der Versammlungsbegriff seine Kernbedeutung, was einmal mehr zeigt, dass Art. 8 GG nicht beliebige Zusammenkünfte schützen will, sondern in erster Linie solche, die eine Demokratie mit politischem Leben erfüllen.

ARTIKEL 9 (VEREINIGUNGSFREIHEIT)

(1) Alle Deutschen haben das Recht, Vereine und Gesellschaften zu bilden.

(2) Vereinigungen, deren Zwecke oder deren Tätigkeit den Strafgesetzen zuwiderlaufen oder die sich gegen die verfassungsmäßige Ordnung oder gegen den Gedanken der Völkerverständigung richten, sind verboten.

(3) Das Recht, zur Wahrung und Förderung der Arbeits- und Wirtschaftsbedingungen Vereinigungen zu bilden, ist für jedermann und für alle Berufe gewährleistet. Abreden, die dieses Recht einschränken oder zu behindern suchen, sind nichtig, hierauf gerichtete Maßnahmen sind rechtswidrig. Maßnahmen nach den Artikeln 12a, 35 Abs. 2 und 3, Artikel 87a Abs. 4 und Artikel 91 dürfen sich nicht gegen Arbeitskämpfe richten, die zur Wahrung und Förderung der Arbeits- und Wirtschaftsbedingungen von Vereinigungen im Sinne des Satzes 1 geführt werden.

Auch wenn es vielleicht nicht auf den ersten Blick zu erkennen ist:
Die einzelnen Rechte aus dem Grundrechtsartikel 9 der Verfassung
sind ebenfalls aus den langen liberalen und sozialen Kämpfen des
19. und 20. Jahrhunderts hervorgegangen. In freien Vereinen und
Gesellschaften, also Zusammenschlüssen von Menschen, die in
einer bestimmten Rechtsform gemeinsame Ziele verfolgen, pul-
siert das Leben bürgerlicher Gesellschaften auf vielfältige Weise:
Sie widerstreben staatlicher Gängelung und Bevormundung. Daran spürt man die soziale Dynamik von Selbstbestimmung und
Selbstverpflichtung, von Eigeninteresse und Verantwortung. All
dies verkörpern private Vereine und Gesellschaften, die politischen, wirtschaftlichen, kulturellen, wohltätigen und vielen Zwecken mehr dienen können.

Art. 9 Abs. 1 GG ist – wie die Versammlungsfreiheit – ein
Grundrecht für Deutsche. Dürfen also Ausländer keine Vereine
gründen? Doch. Auch in diesem Fall spannt der Art. 2 Abs. 1 GG
(Allgemeine Handlungsfreiheit) seinen Schutzschirm auf. Außerdem gibt es ja unterhalb des Grundgesetzes einfache Gesetze, so
etwa ein Vereinsgesetz, auf das sich Ausländer berufen können.
Der Staat kann allerdings mit Verboten einschreiten, wenn Vereinigungen sich strafbar machen oder gegen den Gedanken der
Völkerverständigung verstoßen. Aufstachelung zum Hass und
Krieg gegen andere Staaten und Nationen soll sich keine Bühne
verschaffen dürfen. Nach dem von den Nazis angezettelten Zweiten Weltkrieg haben sich die Deutschen ja den Werten des »Friedens und der Gerechtigkeit in der Welt« verschrieben (Art. 1
Abs. 2 GG).

Ebenfalls muss gegen Vereine bis hin zum Verbot vorgegan-
gen werden, welche die »verfassungsmäßige Ordnung« (Art. 9
Abs. 2 GG) beseitigen wollen. Was ist darunter genau zu verstehen? Nun, der Rahmen für die »verfassungsmäßige Ordnung« ist
die »freiheitliche demokratische Grundordnung«, wie es in Art. 21
Abs. 2 GG heißt, der die Rechte und Pflichten politischer Parteien

behandelt. Näher erläutert hat diesen Begriff wieder einmal das Bundesverfassungsgericht. Ihm zufolge ist die freiheitlich-demokratische Grundordnung durch den »Ausschluss jeglicher Gewalt- und Willkürherrschaft« gekennzeichnet. Ferner verkörpert sie eine »rechtsstaatliche Herrschaftsordnung auf der Grundlage der Selbstbestimmung des Volkes nach dem Willen der jeweiligen Mehrheit und der Freiheit und Gleichheit«.

Und weiter: »Zu den grundlegenden Prinzipien dieser Ordnung sind mindestens zu rechnen: die Achtung vor den im Grundgesetz konkretisierten Menschenrechten, vor allem vor dem Recht der Persönlichkeit auf Leben und freie Entfaltung, die Volkssouveränität, die Gewaltenteilung, die Verantwortlichkeit der Regierung, die Gesetzmäßigkeit der Verwaltung, die Unabhängigkeit der Gerichte, das Mehrparteienprinzip und die Chancengleichheit für alle politischen Parteien mit dem Recht auf verfassungsmäßige Bildung und Ausübung einer Opposition.«

Die Vereinigungsfreiheit soll soziale Aktivität und Vielfalt in einer offenen Bürgergesellschaft gewährleisten. Sie zielt auf den Staat, gegen dessen Einmischung in die Angelegenheiten der Menschen absichtlich hohe Hürden errichtet wurden. Er kann im Übrigen nur Vereine, nicht aber politische Parteien verbieten. Zu Recht! Denn bei aller Kritik an Missständen und Fehlentwicklungen: Parteien sind und bleiben das wichtigste Verbindungsglied zwischen dem Volk, seinen gewählten Vertretern und der demokratischen Regierung. In ihnen bündeln sich die unterschiedlichen Interessen und Ansichten besser als in jeder anderen denkbaren Organisationsform. Und man kann sie – wenn einem dieses oder jenes nicht gefällt – von innen heraus verändern, so mühsam das auch sein mag. Weil das alles so ist, weil politische Parteien für die Demokratie unverzichtbar sind, können sie nicht einfach vom Staat verboten werden, sondern ausschließlich durch das Bundesverfassungsgericht (Art. 21 Abs. 2 Satz 3 GG). Auf Antrag zum Beispiel einer amtierenden Bundesregierung prüft das Bundesverfassungsgericht, ob eine Partei verfassungswidrig ist oder nicht.

Seit 1949 wurden erst zwei Parteiverbote ausgesprochen, 1952 gegen die »Sozialistische Reichspartei« (SRP), eine Nachfolgeorganisation von Hitlers »Nationalsozialistischer Deutscher Arbeiterpartei« (NSDAP), und 1956 gegen die »Kommunistische Partei Deutschlands« (KPD). Wie sorgfältig ein solches Verbot vorbereitet und begründet sein muss, zeigte sich vor einigen Jahren beim Verfahren gegen die rechtsradikale NPD, die zweifelsohne verfassungswidrige Ziele verfolgt:

Im März 2003 scheiterten die damalige Bundesregierung, der Bundestag und der Bundesrat mit ihren Vorstößen zum Verbot der NPD – nicht ganz ohne eigenes Verschulden. Dem obersten deutschen Gericht waren nämlich die Hände gebunden, weil es bei seiner Bewertung auch berücksichtigen musste, dass staatliche Stellen die NPD mithilfe eigener, getarnter Leute (V-Männer) unterwandert hatten, um die Partei und ihre Aktivitäten zu überwachen. Worauf sollte sich das Gericht bei seinem Urteil also stützen, wenn nicht eindeutig zu klären war, wem man was in der NPD zur Last legen konnte? 2017 bescheinigten die Karlsruher Richterinnen und Richter der NPD dann zwar ihre Verfassungsfeindlichkeit, sahen von einem Verbot indes ab – wir haben uns damit schon kritisch auseinandergesetzt (siehe S. 112 ff.).

Dass aus Art. 9 Abs. 3 GG das Recht zum Streik und zur Aussperrung abzuleiten ist, wurde bereits im zweiten Abschnitt dieses Buches angesprochen. Voraussetzung dafür sind Vereinigungen, also in diesem Fall Gewerkschaften und Arbeitgeberverbände, die »zur Wahrung und Förderung der Arbeits- und Wirtschaftsbedingungen« gegründet werden. Diese sogenannte Koalitionsfreiheit gilt auch für Ausländer, sie steht nämlich »jedermann« zu. Arbeitnehmer und Arbeitgeber, die Tarifparteien, sollen untereinander und ohne staatliche Einmischung Lohn- und Arbeitsbedingungen aushandeln. Dabei sind »Arbeitskämpfe« laut

Grundgesetz (Art. 9 Abs. 3 Satz 3 GG) nicht ausgeschlossen – eine Umschreibung für Streiks und Aussperrungen. Diese Rechte dürfen von niemandem unterlaufen oder ausgehebelt werden. Art. 9 Abs. 3 Satz 3 GG garantiert sie auch in besonderen Krisensituationen wie im Krieg, bei inneren Unruhen oder Naturkatastrophen. Das verbirgt sich hinter den aufgeführten Artikeln in diesem dritten Satz.

Politische Streiks oder gar ein Generalstreik sind nur dann zulässig, wenn die Voraussetzung des Art. 20 Abs. 4 GG vorliegt, also das Widerstandsrecht gegen Umsturzversuche zur Beseitigung der verfassungsmäßigen Ordnung, die anders nicht mehr abgewendet werden können.

ARTIKEL 10 (BRIEF-, POST- UND FERNMELDEGEHEIMNIS)

(1) Das Briefgeheimnis sowie das Post- und Fernmeldegeheimnis sind unverletzlich.

(2) Beschränkungen dürfen nur auf Grund eines Gesetzes angeordnet werden. Dient die Beschränkung dem Schutze der freiheitlichen Grundordnung oder des Bestandes oder der Sicherung des Bundes oder eines Landes, so kann das Gesetz bestimmen, dass sie dem Betroffenen nicht mitgeteilt wird und dass an die Stelle des Rechtsweges die Nachprüfung durch von der Volksvertretung bestellte Organe und Hilfsorgane tritt.

In Diktaturen ist es üblich, dass die Machthaber regelmäßig und unkontrolliert Telefongespräche belauschen, den E-Mail-Verkehr überwachen und Briefe von Privatpersonen öffnen und lesen. Da solche Staaten geschlossene Gesellschaften ohne wirkliche Informationsfreiheit sind, werden die Einwohner solcher Länder ausspioniert. Auch auf diese Weise und nicht nur durch nackte Gewalt befestigen autoritäre Führer ihre Herrschaft.

Das Post- und Fernmeldegeheimnis, das alle Formen schriftlichen, mündlichen und digitalen Austausches umfasst (z. B. Briefe,

Telefonate, SMS, E-Mails), ist deshalb ein empfindliches Rechtsgut, das den Privatbereich der Bürgerinnen und Bürger fremden Augen und Ohren entziehen soll. Es weist vor allem staatliche Neugier in die Schranken. Obwohl der Staat zur Wahrung der Freiheit gewiss verpflichtet ist, die Menschen vor wachsenden Bedrohungen durch die organisierte Kriminalität und den internationalen Terrorismus zu schützen, ist immer darauf zu achten, dass diese Abwehrmaßnahmen nicht ihrerseits Gefahr laufen, das Grundrecht aus Art. 10 GG schrittweise auszuhöhlen. So gesehen muss schon beunruhigen, welche Zugriffsmöglichkeiten auf vertrauliche Mitteilungen der Bürgerinnen und Bürger der Staat mittlerweile hat.

Das Mithören in Wohnungen (»Lauschangriff«), Online-Durchsuchungen von Computern, Telefonüberwachungen und immer neuere technische Möglichkeiten zur Kontrolle zwischenmenschlicher Kommunikation müssen künftig noch stärker daran gemessen werden, ob sie nicht von einem bestimmten Punkt an umschlagen und den Kernbereich des Art. 10 GG verletzen. Das allerdings würde den Art. 19 Abs. 2 GG auf den Plan rufen, der da lautet: »In keinem Falle darf ein Grundrecht in seinem Wesensgehalt angetastet werden.«

Dies bezieht sich auf den Gesetzesvorbehalt, also die gesetzliche Einschränkung von Grundrechten. Selbstverständlich fußen die Lausch- und Spähaktivitäten des Staates auf entsprechenden Gesetzen, wie sie nach Art. 10 Abs. 2 Satz 1 GG vorgeschrieben sind. Diese Gesetze sollten auch nicht zu hysterischen Reaktionen verleiten. Grundsätzlich haben ja auch die Überwacher eine Informationspflicht und unterliegen einer Kontrolle durch parlamentarische Ausschüsse. Trotzdem muss die demokratische Öffentlichkeit auf der Hut bleiben, denn die eigentliche Gefahr für einzelne Grundrechte lauert heute und in Zukunft nicht darin, dass sie über Nacht abgeschafft werden könnten. Aufgepasst werden muss vielmehr, dass diese Errungenschaften nicht aufgeweicht werden, also Schritt für Schritt beschnitten werden, bis sie nur noch leere Versprechungen auf Papier sind.

Im neuen, digitalen Zeitalter, das schon jetzt einen noch folgenreicheren Einschnitt markiert als die Erfindung des modernen Buchdrucks im 15. Jahrhundert, ist allerdings nicht nur der Staat im Blick zu behalten. Die womöglich noch gefährlicheren Eindringlinge in die Privatsphäre eines jeden Individuums sind inzwischen die Tech-Giganten der digitalen Welt: mächtige multinationale Internetkonzerne mit ihren omnipräsenten Plattformen wie etwa WhatsApp, Facebook, Instagram, TikTok und X (früher Twitter), deren Geschäftsmodell etwas vereinfacht ausgedrückt auf der Ausspähung ihrer Nutzer und der Kommerzialisierung der daraus erbeuteten Daten basiert.

Vor diesem Hintergrund betonte das Bundesverfassungsgericht bereits 2008 das Recht auf die Vertraulichkeit informationstechnischer Systeme und hob damit eine Art Computer- und IT-Grundrecht aus der Taufe. Bereits 1983 hatte das Gericht anlässlich einer umstrittenen Volkszählung das Recht auf informationelle Selbstbestimmung anerkannt, und auch wenn dieses Datenschutz-Grundrecht nicht ausdrücklich im Grundgesetz steht, entfaltete seine Ableitung aus der Verfassung durch die Karlsruher Instanz wirkungsgleiche und bindende Folgen über den Fall der damaligen Volkszählung hinaus. Hinzu kommt, dass der Datenschutz mittlerweile auch in der EU-Grundrechtecharta verankert ist (Art. 8).

Und dennoch wird dies alles auf Dauer nicht genügen. Dazu sind die Herausforderungen durch die atemberaubend schnellen und tief greifenden technologischen Innovationen zu groß. Was wir tatsächlich benötigen, ist eine Neubetrachtung sämtlicher Grundrechte im Lichte der zweiten Wirklichkeit, zu der die virtuelle Welt inzwischen geworden ist. Womöglich brauchen wir am Ende gar eine regelrechte *Charta digitaler Grundrechte*, um Übergriffe nicht nur des Staates, sondern auch mächtiger privater

Wirtschaftsakteure wenigstens eindämmen zu können. Was die Bekämpfung von Hass und Hetze im Internet mit falschem Verweis auf Datenschutz und Meinungsfreiheit nicht unterbindet, sondern im Gegenteil einschließt.

ARTIKEL 11 (FREIZÜGIGKEIT)

(1) Alle Deutschen genießen Freizügigkeit im ganzen Bundesgebiet.

(2) Dieses Recht darf nur durch Gesetz oder auf Grund eines Gesetzes und nur für die Fälle eingeschränkt werden, in denen eine ausreichende Lebensgrundlage nicht vorhanden ist und der Allgemeinheit daraus besondere Lasten entstehen würden oder in denen es zur Abwehr einer drohenden Gefahr für den Bestand oder die freiheitliche demokratische Grundordnung des Bundes oder eines Landes, zur Bekämpfung von Seuchengefahr, Naturkatastrophen oder besonders schweren Unglücksfällen, zum Schutze der Jugend vor Verwahrlosung oder um strafbaren Handlungen vorzubeugen, erforderlich ist.

Art. 11 Abs. 1 GG besagt, dass alle Deutschen das Recht haben, sich ungehindert zu bewegen und den Wohn- oder Aufenthaltsort zu wechseln.

Ursprünglich handelt es sich bei diesem Grundrecht um ein elementares Freiheitsrecht. In früheren Jahrhunderten mussten die Untertanen ihre Obrigkeit um Erlaubnis fragen, wenn sie fortziehen oder gar das Land verlassen wollten. Der Kampf um die Ausreisefreiheit währte lange und erhielt seine volle Bedeutung in Deutschland während des 19. Jahrhunderts, als vor allem nach dem Scheitern der Revolution von 1848/49 Hunderttausende sich nach Nordamerika aufmachten, damals das gelobte Land der Freiheit und der scheinbar unbegrenzten Möglichkeiten. Verfassungsrechtlich verbürgt wurde die Ausreisefreiheit in deutschen

Landen zum ersten Mal 1514 im Tübinger Vertrag. Wörtlich wurde darin »freier Zug« für die Untertanen garantiert.

Während die Westdeutschen nach Gründung der Bundesrepublik im Jahr 1949 Freizügigkeit genossen und wahrnahmen, ohne sich große Gedanken über dieses Grundrecht zu machen, sah es im zweiten deutschen Staat, der DDR, ganz anders aus. Den Menschen dort war es nämlich von der kommunistischen Staatsführung untersagt, das Land zu verlassen. Wer dennoch gehen wollte, musste einen Ausreiseantrag stellen, der selten gewährt wurde. Allen anderen blieb nur die lebensgefährliche Flucht, denn die Grenzsoldaten hatten Befehl, zu schießen, wenn jemand Mauer oder Stacheldraht überwinden wollte.

Die SED-Machthaber behandelten ihre Untertanen im Grunde nach dem Vorbild mittelalterlicher Herrscher wie Eigentum, über das sie nach Belieben verfügten. Als die Mauer in Berlin am 9. November 1989 überraschend schließlich doch noch fiel, setzten sich unmittelbar Scharen von Menschen beiderseits der Betongrenze in Bewegung. In diesem historischen Augenblick war die Wucht des Wertes Freizügigkeit allenthalben spürbar. Und auch in den darauffolgenden Wochen und Monaten strömten die Ostdeutschen gleich einer Völkerwanderung gen Westen, um das Gefühl der Freiheit auszukosten. Das war eine Abstimmung mit den Füßen. Deshalb sollte das Grundrecht auf Freizügigkeit, zu der ja auch die Reisefreiheit gehört, nicht unterschätzt werden.

Dass auch dieses Grundrecht genau umrissene Einschränkungen kennt, hängt damit zusammen, dass der Staat beispielsweise in Katastrophenfällen oder wenn seine Grundlagen bedroht sind, handlungsfähig sein muss. Dann können im Interesse der Allgemeinheit gesetzlich begründete Maßnahmen ergriffen werden, die der individuellen Bewegungsfreiheit Zügel anlegen. So eben auch während der Corona-Pandemie, als zur »Bekämpfung von Seuchengefahr« Ausgangssperren und Bewegungseinschränkungen erlassen wurden. Verordnungen, die gemäß Art. 11 Abs. 2 einem

Gesetz entsprangen, also völlig legal waren, aber etwa im Falle
Bayerns nicht dem wichtigen Abwägungskriterium *Verhältnismäßigkeit* genügten (siehe S. 127).

ARTIKEL 12 (BERUFSFREIHEIT)

(1) Alle Deutschen haben das Recht, Beruf, Arbeitsplatz und Ausbildungsstätte frei zu wählen. Die Berufsausübung kann durch
Gesetz oder auf Grund eines Gesetzes geregelt werden.

(2) Niemand darf zu einer bestimmten Arbeit gezwungen werden, außer im Rahmen einer herkömmlichen allgemeinen, für
alle gleichen öffentlichen Dienstleistungspflicht.

(3) Zwangsarbeit ist nur bei einer gerichtlich angeordneten Frei-
heitsentziehung zulässig.

Zur Entfaltung der Persönlichkeit in einer freien Gesellschaft gehört
die Gestaltung des eigenen Lebenswegs, also auch die Entschei-
dungshoheit darüber, welche Ausbildung und welchen Beruf man
wählen möchte. Erwerb durch Arbeit ist die Einkommensbasis der
meisten Menschen, da lediglich eine Minderheit über so viel Vermögen verfügt, dass sie davon leben kann. Deshalb stellen die
Rechte aus Art. 12 Abs. 1 GG wichtige Weichen für den Einzelnen.

Die freie Wahl von Beruf, Arbeitsplatz und Ausbildungsstätte
wird grundsätzlich gewährt. Das heißt aber nicht, dass jeder einen
verbrieften Anspruch auf eine bestimmte Stelle oder Position hat.
Zulassungsbeschränkungen etwa an Universitäten oder Eignungs-
voraussetzungen für einzelne Berufe verstoßen nicht gegen die
Freiheit der Berufswahl. Sie ist zwar ein individuelles Grundrecht,
zugleich aber auch ein oberster Leitwert für unsere Wirtschaftsordnung. Auch die Berufs- und Gewerbefreiheit, Pfeiler dieser
Wirtschaftsordnung, kennt Regeln und Anforderungen, an die
man sich halten muss und die zu erfüllen sind, um im Leben bestehen zu können.

Für die Wahl von Beruf, Arbeitsplatz und Ausbildungsstätte

sind in der Regel gewisse Vorleistungen zu erbringen. Das fängt mit Zeugnissen in der Schule an und geht dann mit Abschlussprüfungen in der Lehre oder an der Universität weiter. Und auch bei der Berufsausübung müssen unter Umständen bestimmte Auflagen berücksichtigt werden. Das leuchtet ja auch ein, wenn man nur daran denkt, dass es in manchen Gewerbe- und Industriezweigen gefährliche oder gesundheitsgefährdende Tätigkeiten gibt, die besondere Schutzvorkehrungen erfordern. Auch im Bereich von Beruf und Ausbildung kann sich Freiheit nur innerhalb solcher Grenzen sinnvoll entfalten. In diesem Rahmen bewegten sich auch die behördlichen Verordnungen beispielsweise für die Schließung von Geschäften und gastronomischen Betrieben während der Lockdown-Phasen in der Corona-Pandemie. Auch sie griffen – und durchaus schwer – in die Berufsfreiheit ein. Die Verpflichtung des Staates, seine Bürgerinnen und Bürger zu schützen und die Infektionsgefahr durch die tödliche Seuche einzudämmen, überwog indes vorübergehend dieses Grundrecht, ohne es außer Kraft zu setzen.

Ausschließlich im Rahmen einer öffentlichen Dienstleistungspflicht, wie etwa dem Wehr- oder Ersatzdienst, darf jemand zu einer *bestimmten* Arbeit gezwungen werden. Zwangsarbeit ist Art. 12 Abs. 3 GG zufolge grundsätzlich verboten. Die Ausnahme, behördlich überwachte Pflichtarbeit von Strafgefangenen, ist sehr eng auszulegen und hat sich am Gebot der Menschenwürde zu orientieren. Damit grenzt sich das Grundgesetz unmissverständlich von menschenvernichtender und menschenverachtender Zwangsarbeit ab, wie sie unter der NS-Herrschaft gang und gäbe war.

ARTIKEL 12A (DIENSTVERPFLICHTUNGEN)

(1) Männer können vom vollendeten achtzehnten Lebensjahr an zum Dienst in den Streitkräften, im Bundesgrenzschutz oder in einem Zivilschutzverband verpflichtet werden.

(2) Wer aus Gewissensgründen den Kriegsdienst mit der Waffe

verweigert, kann zu einem Ersatzdienst verpflichtet werden. Die Dauer des Ersatzdienstes darf die Dauer des Wehrdienstes nicht übersteigen. Das Nähere regelt ein Gesetz, das die Freiheit der Gewissensentscheidung nicht beeinträchtigen darf und auch eine Möglichkeit des Ersatzdienstes vorsehen muss, die in keinem Zusammenhang mit den Verbänden der Streitkräfte und des Bundesgrenzschutzes steht.

(3) Wehrpflichtige, die nicht zu einem Dienst nach Absatz 1 oder 2 herangezogen sind, können im Verteidigungsfalle durch Gesetz oder auf Grund eines Gesetzes zu zivilen Dienstleistungen für Zwecke der Verteidigung einschließlich des Schutzes der Zivilbevölkerung in Arbeitsverhältnisse verpflichtet werden; Verpflichtungen in öffentlich-rechtliche Dienstverhältnisse sind nur zur Wahrnehmung polizeilicher Aufgaben oder solcher hoheitlichen Aufgaben der öffentlichen Verwaltung, die nur in einem öffentlich-rechtlichen Dienstverhältnis erfüllt werden können, zulässig. Arbeitsverhältnisse nach Satz 1 können bei den Streitkräften, im Bereich ihrer Versorgung sowie bei der öffentlichen Verwaltung begründet werden; Verpflichtungen in Arbeitsverhältnisse im Bereiche der Versorgung der Zivilbevölkerung sind nur zulässig, um ihren lebensnotwendigen Bedarf zu decken oder ihren Schutz sicherzustellen.

(4) Kann im Verteidigungsfall der Bedarf an zivilen Dienstleistungen im zivilen Sanitäts- und Heilwesen sowie in der ortsfesten militärischen Lazarettorganisation nicht auf freiwilliger Grundlage gedeckt werden, so können Frauen vom vollendeten achtzehnten bis zum vollendeten fünfundfünfzigsten Lebensjahr durch Gesetz oder auf Grund eines Gesetzes zu derartigen Dienstleistungen herangezogen werden. Sie dürfen auf keinen Fall zum Dienst mit der Waffe verpflichtet werden.

(5) Für die Zeit vor dem Verteidigungsfalle können Verpflichtungen nach Absatz 3 nur nach Maßgabe des Artikels 80a Absatz 1

begründet werden. Zur Vorbereitung auf Dienstleistungen nach Absatz 3, für die besondere Kenntnisse oder Fertigkeiten erforderlich sind, kann durch Gesetz oder auf Grund eines Gesetzes die Teilnahme an Ausbildungsveranstaltungen zur Pflicht gemacht werden. Satz 1 findet insoweit keine Anwendung.

(6) Kann im Verteidigungsfalle der Bedarf an Arbeitskräften für die in Absatz 3 Satz 2 genannten Bereiche auf freiwilliger Grundlage nicht gedeckt werden, so kann zur Sicherung dieses Bedarfs die Freiheit der Deutschen, die Ausübung eines Berufs oder den Arbeitsplatz aufzugeben, durch Gesetz oder auf Grund eines Gesetzes eingeschränkt werden. Vor Eintritt des Verteidigungsfalles gilt Absatz 5 Satz 1 entsprechend.

Der Art. 12a GG fällt insofern aus dem Rahmen der Grundrechte, als er mehr Pflichten als Rechte enthält. Er wurde nachträglich in die Verfassung eingefügt, und zwar 1968 im Rahmen der damals umstrittenen Notstandsgesetze. Die Bestimmungen zur Wehr- oder Ersatzdienstpflicht verweisen freilich auf das Gründungsjahr der Bundeswehr. Seit Ende 1955 stellte Westdeutschland – gut ein Jahrzehnt nach dem verlorenen Zweiten Weltkrieg – wieder Streitkräfte zur Landesverteidigung auf. Der Art. 12a GG steht in einem Zusammenhang mit Art. 12 GG, denn er behandelt unter anderem mögliche Eingriffe in die Freiheit der Berufswahl und -ausübung im Verteidigungsfall.

Der Volksmund kennt den Spruch: »In der Kürze liegt die Würze.« Ein ungeschriebenes Gesetz aller Verfassungen besagt, dass die Qualität einer Verfassung daran abzulesen ist, ob sie das Wesentliche auf überschaubarem Raum und ohne zu viele Erläuterungen darbietet. Diese Zusätze sind nämlich häufig ein Zeichen dafür, dass klare Grundrechte durch bisweilen nachträgliche Einschränkungen an Kraft und Ausstrahlung eingebüßt haben.

Auf Art. 12a GG treffen diese kritischen Anmerkungen zwar

nicht zu, aber die vielen Absätze und die langen Ausführungen wecken doch einige Zweifel, ob die Fassung dieses Artikels den Erfordernissen eines Grundrechtskatalogs wirklich Rechnung trägt. Andererseits darf man nicht übersehen, dass es sich dabei um Maßnahmen im Kriegsfall handelt, die tief ins Leben des Einzelnen eingreifen. Derartiges hat sicherlich Verfassungsrang und sollte nicht in einfachen Gesetzen »versteckt« werden.

Seit 2011 ist die zuvor in der Bundesrepublik Deutschland herrschende Wehrpflicht ausgesetzt. Damit zog man Konsequenzen aus veränderten Anforderungen an die Streitkräfte, die sich nach der Auflösung des sowjetischen Imperiums 1989 bis 1991 ergeben hatten. Weltweite Missionen zur Friedenssicherung im Rahmen von Bündnisverpflichtungen und der Kampf gegen den militärisch aufrüstenden internationalen Terrorismus definierten die neuen Aufgaben der Bundeswehr, die dafür kleinere Spezialeinheiten benötigte. Mit dem Angriff Russlands auf die Ukraine im Winter 2022 hat sich das Blatt indes abermals gewendet. Mit diesem als »Zeitenwende« eingeschätzten Ende der europäischen Architektur seit 1989/90 rückt die Landesverteidigung wieder in den Vordergrund. Was dies für die Wehrpflicht mittelfristig bedeutet, lässt sich noch nicht sagen.

Klar ist jedenfalls, dass Wehrpflichtige, sollte es sie irgendwann wieder geben, nicht zu Auslandseinsätzen und Frauen nicht zum Dienst mit der Waffe verpflichtet werden dürfen. Durch die Änderung des Art. 12a Abs. 4 Satz 2 GG im Jahr 2000 können sich Frauen aber mittlerweile freiwillig für Aufgaben bewerben, die Bewaffnung erfordern. Bis dahin lautete der Art. 12a Abs. 4 Satz 2 GG: »Sie *(Frauen, Anm. d. Verf.)* dürfen auf keinen Fall Dienst mit der Waffe leisten.«

Die Grundrechte gelten auch für Wehr- und Ersatzdienstleistende, allerdings mit Einschränkungen, wie sie etwa auch für Beamte üblich sind, die ebenfalls in einem engen Verhältnis zum Staat stehen. Darüber gibt Art. 17a GG näher Auskunft. Und zwar sehr genau, denn es wird im Einzelnen aufgezählt, auf welche Grundrechte sich diese Begrenzungen beziehen – nämlich auf die Meinungsfreiheit, die Versammlungsfreiheit und das Petitionsrecht (siehe S. 196). Die Einschränkung der Meinungsfreiheit selbst ist eng umrissen, sie zielt auf öffentliche Äußerungen oder die Verbreitung eigener Ansichten. Selbstverständlich ist davon aber nicht das Recht auf Informationsfreiheit betroffen. Denn Bezug genommen wird ausschließlich auf den ersten Halbsatz des Art. 5 Abs. 1 GG. Daran erkennt man wieder einmal, dass man im Grundgesetz zwar nicht zwischen den Zeilen lesen muss, aber doch sehr gut hinschauen muss, um Einzelheiten und Feinheiten zu erfassen.

ARTIKEL 13 (UNVERLETZLICHKEIT DER WOHNUNG)

(1) Die Wohnung ist unverletzlich.

(2) Durchsuchungen dürfen nur durch den Richter, bei Gefahr im Verzuge auch durch die in den Gesetzen vorgesehenen anderen Organe angeordnet und nur in der dort vorgeschriebenen Form durchgeführt werden.

(3) Begründen bestimmte Tatsachen den Verdacht, dass jemand eine durch Gesetz einzeln bestimmte besonders schwere Straftat begangen hat, so dürfen zur Verfolgung der Tat auf Grund richterlicher Anordnung technische Mittel zur akustischen Überwachung von Wohnungen, in denen der Beschuldigte sich vermutlich aufhält, eingesetzt werden, wenn die Erforschung des Sachverhalts auf andere Weise unverhältnismäßig erschwert oder aussichtslos wäre. Die Maßnahme ist zu befristen. Die Anordnung erfolgt durch einen mit drei Richtern besetzten Spruchkörper. Bei Gefahr im Verzuge kann sie auch durch einen einzelnen Richter getroffen werden.

(4) Zur Abwehr dringender Gefahren für die öffentliche Sicherheit, insbesondere einer gemeinen Gefahr oder einer Lebensgefahr, dürfen technische Mittel zur Überwachung von Wohnungen

nur auf Grund richterlicher Anordnung eingesetzt werden. Bei
Gefahr im Verzuge kann die Maßnahme auch durch eine andere gesetzlich bestimmte Stelle angeordnet werden; eine richterliche Entscheidung ist unverzüglich nachzuholen.

(5) Sind technische Mittel ausschließlich zum Schutze der bei
einem Einsatz in Wohnungen tätigen Personen vorgesehen,
kann die Maßnahme durch eine gesetzlich bestimmte Stelle
angeordnet werden. Eine anderweitige Verwertung der hier-
bei erlangten Erkenntnisse ist nur zum Zwecke der Strafverfolgung oder der Gefahrenabwehr und nur zulässig, wenn zuvor die Rechtmäßigkeit der Maßnahme richterlich festgestellt
ist; bei Gefahr im Verzuge ist die richterliche Entscheidung
unverzüglich nachzuholen.

(6) Die Bundesregierung unterrichtet den Bundestag jährlich über
den nach Absatz 3 sowie über den im Zuständigkeitsbereich
des Bundes nach Absatz 4 und, soweit richterlich überprü-
fungsbedürftig, nach Absatz 5 erfolgten Einsatz technischer
Mittel. Ein vom Bundestag gewähltes Gremium übt auf der
Grundlage dieses Berichts die parlamentarische Kontrolle aus.
Die Länder gewährleisten eine gleichwertige parlamentarische
Kontrolle.

(7) Eingriffe und Beschränkungen dürfen im Übrigen nur zur Abwehr einer gemeinen Gefahr oder einer Lebensgefahr für einzelne Personen, auf Grund eines Gesetzes auch zur Verhütung
dringender Gefahren für die öffentliche Sicherheit und Ordnung, insbesondere zur Behebung der Raumnot, zur Bekämpfung von Seuchengefahr oder zum Schutze gefährdeter Jugend-
licher vorgenommen werden.

Der Rückzug in die eigenen vier Wände ist zu allen Zeiten ein
menschliches Grundbedürfnis. Ob Höhle, Zelt oder feste Behau-
sung: Als verletzliches Wesen benötigt der Mensch einen Schutz-
raum vor den Gefahren oder Zudringlichkeiten seiner Umwelt.

Dort ist er – unbeobachtet, unbelauscht und ungestört – bei sich daheim. Ein Eindringen in diesen Bereich ist stets ein Angriff auf den privaten Kern seiner Existenz. Menschen, die Opfer eines Einbruchs wurden, beschreiben beinahe ausnahmslos das dadurch hervorgerufene Gefühl der Ohnmacht. Ebenso empfanden die Menschen in der Nazi-Zeit und in der DDR, wenn mitten in der Nacht die Häscher des Regimes plötzlich vor der Tür standen, sich wie bei einem Überfall brutal Einlass in Wohnungen und Häuser verschafften und die Bewohner willkürlich verhafteten.

Aus diesem Grund muss die Unverletzlichkeit der Wohnung als Grundrecht besonders hochgehalten werden. Wir haben es ja eben schon angedeutet: Ausufernde Einschübe in Grundrechtsartikeln sind nicht unbedenklich, weil sie den Verdacht schüren, dass die jeweiligen Grundrechte unter Umständen an Wert verlieren. In seiner Länge und mit sieben Absätzen ist der Art. 13 GG dafür ein beeindruckendes Beispiel. Er gilt ohnehin unter Fachleuten als der am wenigsten geglückte Grundrechtsartikel. Zur Erinnerung: In seiner ursprünglichen Fassung im Jahr 1949 bestand diese Verfassungsnorm nur aus drei Absätzen. Wer mag, lese einmal nach und überzeuge sich davon, was daraus mittlerweile geworden ist.

Nun muss man allerdings berücksichtigen, dass sich die Welt seitdem geändert hat. Die weltweit vernetzte organisierte Kriminalität – man denke nur an den Drogen- und Waffenhandel – und die Gefahren durch den internationalen Terrorismus stellen den Staat vor ungeahnte Herausforderungen. Er hat ja die Verpflichtung, Freiheit *und* Sicherheit der Bürgerinnen und Bürger zu schützen. Und einleuchtend ist auch, dass es keine Freiheit ohne Sicherheit geben kann. Dennoch stellt sich immer wieder die Frage nach der Verhältnismäßigkeit der Mittel zur Erreichung eines bestimmten Zwecks. Und da können einen Zweifel beschleichen, ob diese Verhältnismäßigkeit – ein staatsrechtliches *und* ein politisches Grundprinzip – immer im Auge behalten wird.

Sicherheit auf Kosten der Freiheit – sie muss nicht sofort, aber sie kann auf längere Sicht in Richtung eines Überwachungsstaats führen, der so im Grundgesetz nicht angelegt ist. Deshalb ist die Balance zwischen Freiheit und Sicherheit Dreh- und Angelpunkt der freiheitlich-demokratischen Grundordnung. Was aber ist denn nun eigentlich neu im Art. 13 GG? Es sind die Absätze 3 bis 6, sie betreffen und regeln die akustische und optische Überwachung von Wohnungen, also den Einsatz von technischen Geräten, mit denen polizeiliche Ermittler verdächtige Personen belauschen und beobachten können. Diese Ergänzungen zu Art. 13 GG stammen aus dem Jahr 1998.

Zur Erinnerung: Grundgesetz-Änderungen – auch durch Ergänzungen – sind selbstverständlich zulässig. Sie basieren auf Gesetzen, die eine Zweidrittelmehrheit im Bundestag und Bundesrat erfordern. Insgesamt erlebte das Grundgesetz bislang nicht ganz 70 Änderungen, die im Einzelnen verschieden wiegen. Nicht alle sind freilich gleich zu gewichten. Manche sind erheblicher als andere, wie etwa die Zusätze zum Art. 13 GG, weil sie in die intimste Zone jedes Einzelnen hineinreichen.

Klassische Hausdurchsuchungen auf Grund einer richterlichen Anordnung (Art. 13 Abs. 2 GG) erfolgen mit Wissen der betroffenen Person, auch wenn in Fernsehkrimis so gern wie falsch von »Durchsuchungsbefehlen« gesprochen wird. »Durchsuchungsbefehle« gibt es nur in autoritären und diktatorischen Polizeistaaten. In einer Demokratie mit rechtsstaatlicher Gewaltenteilung benötigt die Polizei einen richterlichen Beschluss, eine Erlaubnis für eine Hausdurchsuchung. So auch beim heimlichen Mithören und Ausspähen in Wohnungen. Art. 13 Abs. 3 GG ermöglicht für die Aufklärung schwerer Straftaten den Einsatz akustischer Mittel, sogenannter Wanzen oder Richtmikrofone. Der Einsatz muss jedoch zeitlich befristet sein und setzt wieder eine richterliche Anordnung voraus. Man sieht: Einfach geht so etwas alles nicht, denn wir leben in einem Rechtsstaat.

In Art. 13 Abs. 4 GG wird der Rahmen für die vorbeugende Gefahrenabwehr abgesteckt – und zwar meines Erachtens zu weit und zu ungenau. Zum einen schließt dies auch den Einsatz optischer Überwachungsmittel ein, sprich Kameras. Zum anderen ist da nicht nur von »Lebensgefahr« als Voraussetzung der Wohnungsüberwachung die Rede, sondern auch von der »gemeinen Gefahr«, eigentlich allgemeinen Gefahr, unter der in der einschlägigen Rechtsliteratur vor allem Katastrophen wie Überschwemmungen, Explosionsunglücke oder Großbrände mit Auswirkungen auf viele Menschen verstanden werden. Ob man solche meist unvorhersehbaren Ereignisse mithilfe verdeckter Ermittlungsmethoden verhindern kann, darf zumindest bezweifelt werden.

Juristen, die diese Zeilen lesen, werden nun vielleicht lächeln. Gemeint sei doch etwas ganz anderes, nämlich die Bedrohung durch besonders schwere organisierte Kriminalität und terroristische Anschläge, könnten sie einwenden. Nur: Warum hat der Gesetzgeber dies dann nicht so klar in Worte gefasst? Bei der Einschränkung von Grundrechten kommt es doch ganz wesentlich auf die Bestimmtheit von Sachverhalten an. Dies trifft auch auf die durchaus auslegungsfähige Formulierung von der »Abwehr dringender Gefahren für die öffentliche Sicherheit« zu. Nochmals: Selbstverständlich muss die Polizei neuen Herausforderungen angemessen begegnen können. Aber das empfindliche Grundrecht der Unverletzlichkeit der Wohnung verlangt bei möglicherweise erforderlichen Einschränkungen viel Sorgfalt und Abwägung.

Wir können auch hier nicht alle Einzelheiten erörtern. Deshalb sei zu diesen Punkten abschließend bemerkt, dass es immerhin beruhigend ist, wenn laut Art. 13 Abs. 6 GG die Bundesregierung den Bundestag regelmäßig über erfolgte Überwachungen unterrichten muss und das Parlament durch einen Ausschuss diese polizeilichen Aktivitäten kontrolliert.

»Eingriffe und Beschränkungen« des Art. 13 Abs. 1 GG dürfen darüber hinaus »zur Bekämpfung von Seuchengefahr« (Art. 13 Abs. 7 GG) vorgenommen werden – was vermutlich alle seit Bestehen des Grundgesetzes auf die leichte Schulter genommen haben. Erst in den Jahren der Pandemie spürten die Menschen den Zugriff des Staates, der in dieser Ermächtigung lauert, unmittelbar, als er ihnen nämlich, salopp formuliert, in den eigenen vier Wänden auf die Pelle rückte und ihnen zeitweise vorschrieb, mit wem und wie vielen Personen sie sich zu Hause treffen durften. Wie die Maskenpflicht in der Öffentlichkeit, so waren auch diese Zwangsvorschriften aus Gründen des gesetzlich verankerten Infektionsschutzes gewiss vertretbar und wohl sogar geboten. Genervt haben sie dennoch viele, und ganz gewiss haben sie alle Beteiligten sensibilisiert: die betroffenen Bürgerinnen und Bürger, die mit der Materie befassten Wissenschaften, die Politik und nicht zuletzt die Justiz. Für vergleichbare Fälle in der Zukunft sollten wir also besser gerüstet sein. Und dabei sollte immer die Verhältnismäßigkeit solcher die Intim- und Privatsphäre berührenden Vorschriften im Blick behalten werden.

ARTIKEL 14 (EIGENTUM, ERBRECHT UND ENTEIGNUNG)

(1) Das Eigentum und das Erbrecht werden gewährleistet. Inhalt und Schranken werden durch die Gesetze bestimmt.

(2) Eigentum verpflichtet. Sein Gebrauch soll zugleich dem Wohle der Allgemeinheit dienen.

(3) Eine Enteignung ist nur zum Wohle der Allgemeinheit zulässig. Sie darf nur durch Gesetz oder auf Grund eines Gesetzes erfolgen, das Art und Ausmaß der Entschädigung regelt. Die Entschädigung ist unter gerechter Abwägung der Interessen der Allgemeinheit und der Beteiligten zu bestimmen. Wegen der Höhe der Entschädigung steht im Streitfalle der Rechtsweg vor den ordentlichen Gerichten offen.

Eigentum macht unabhängig. Und Unabhängigkeit ist ein anderes Wort für Freiheit. Eigentum geht zwar nicht im Begriff der Freiheit auf; denn das gesellschaftspolitische und kulturelle Freiheitsverständnis des Grundgesetzes umfasst mehr: Auch Menschen ohne viel Eigentum stehen Freiheitsrechte zu, und es muss ihnen ermöglicht werden, diese auszuüben. Aber: Eigentum ist eine entscheidende Voraussetzung dafür, sein Leben selbstbestimmt und folglich frei zu führen. Das Grundrecht auf Eigentum verbindet sich vor allem mit dem Aufstieg des Bürgertums im 18. und 19. Jahrhundert und dessen Befreiung aus den Fesseln jahrhundertealter Vorherrschaft von Krone, Adel und Kirche. Der Geist bürgerlicher Liberalität gipfelt letztlich im Eigentumsstolz als einer Haltung innerer und äußerer Unabhängigkeit.

Das ist heute nicht anders. Deshalb meint das Bundesverfassungsgericht dazu: »Die Gewährleistung des Eigentums ist ebenso wie die Freiheit ein elementares Grundrecht. (…) Ihr kommt von Verfassung wegen die Aufgabe zu, dem Träger des Grundrechts einen Freiraum im vermögensrechtlichen Bereich zu sichern und dem Einzelnen damit eine Entfaltung und die eigenverantwortliche Gestaltung des Lebens zu ermöglichen; insoweit steht die Eigentumsgarantie in einem inneren Zusammenhang mit der persönlichen Freiheit.«

Art. 14 Abs. 1 GG ist ein individuelles Grundrecht, das rechtswidrige Angriffe oder Übergriffe Dritter – von privater oder staatlicher Seite – unterbindet. Darüber hinaus macht die Eigentumsgarantie deutlich, wie sich der Parlamentarische Rat seinerzeit die künftige Wirtschaftsordnung zumindest *nicht* vorgestellt hat. Wir sahen ja schon weiter oben, dass das Grundgesetz nach dem Willen seiner Schöpfer nicht endgültig auf eine bestimmte Wirtschaftsordnung festgelegt ist. Aus der Gewährleistung des privaten Eigentums folgt aber, dass eine reine Staats- und Planwirtschaft, wie sie früher in kommunistischen Ländern üblich war, ausgeschlossen ist. Denn das würde einem Grundprinzip des Privateigentums widersprechen: dem Recht, darüber frei verfügen zu können.

Das Privateigentum umfasst dabei nicht nur persönliche Dinge wie etwa Autos, Schmuck oder Häuser, sondern auch Kapital, sprich Wirtschaftsgüter – Betriebe, Fabriken und Unternehmen, die Waren herstellen und Dienstleistungen entwickeln. Diese Waren und Dienstleistungen bieten sie entweder untereinander oder direkt dem Endverbraucher an – ein Tauschgeschäft, das durch Geld über Märkte abgewickelt wird. Im Kleinen sieht man das heute noch auf den Wochenmärkten fliegender Händler in Dörfern und Städten; im Großen vollzieht es sich unsichtbar durch die internationale Arbeitsteilung in der globalisierten Welt. Mit dem Recht auf Eigentum haben die Mütter und Väter des Grundgesetzes die Voraussetzung für eine Wirtschaftsform geschaffen, die wir Marktwirtschaft nennen. Ihre Antriebsdynamik bezieht dieses Wirtschaftssystem vor allem aus dem Wechselspiel von Angebot und Nachfrage, dem Marktgeschehen. Wie diese *Marktwirtschaft* im Einzelnen zu *gestalten* ist, ob sie und welchen Regeln sie unterliegen soll, ist damit freilich noch nicht beantwortet.

Dem Schutz des erwirtschafteten und erarbeiteten Eigentums dient auch das Recht, die Früchte daraus zu vererben. So steht es in Art. 14 Abs. 1 Satz 1 GG. Heißt das nun, dass dies alles nur Privatsache ist, also niemanden sonst etwas angeht? Keinesfalls. Erstens sieht Art. 14 Abs. 1 Satz 2 GG für das Eigentum und Erbrecht eine inhaltliche Bestimmung und Schranken durch Gesetze vor. Zweitens spricht Art. 14 Abs. 2 GG ausdrücklich die sogenannte Sozialbindung des Eigentums an: »Eigentum verpflichtet. Sein Gebrauch soll zugleich dem Wohle der Allgemeinheit dienen.«

Deshalb ist zwar das Privateigentum an sich grundrechtlich gesichert, aber wir alle wissen ja, dass man Steuern zahlen muss. Subjektiv empfindet das natürlich jeder als Last, und zu hohe Abgaben können die Leistungskraft der Wirtschaftsbürger in der Tat lähmen. Objektiv führt an Steuern aber kein Weg vorbei, weil nur der Staat in der Lage ist, übergreifende Voraussetzungen dafür zu schaffen, dass alle am ökonomischen Leben teilnehmen können. Das geht nicht ohne Schulen und Universitäten, Straßen und

Schienennetze, Bahnhöfe und Flughäfen, die alle gebaut und unterhalten werden müssen. Dazu gehören ebenfalls eine gute Verwaltung und ordentliche Gerichte. Aus diesem Grund hat das Bundesverfassungsgericht zu Recht erklärt, »dass Art. 14 Abs. 1 GG nicht vor der staatlichen Auferlegung von Geldleistungspflichten schützt«. Gemeint sind damit Steuern, die Einkommen, Vermögen, aber auch Erbschaften betreffen können.

Angesichts der anhaltend hohen Vermögensungleichheit in Deutschland wird immer wieder über eine Anhebung der Erbschaftssteuer gestritten. Gesellschaftspolitisch sprechen nicht wenige Gründe dafür, zuvorderst die Tatsache, dass in einer Leistungsgesellschaft, wie schon der Name sagt, erbrachte Leistungen für den Platz in der Gesellschaft entscheidend sein sollten und das Ererben großer Reichtümer schwerlich als Leistung ausgegeben werden kann. Fest steht auch, dass, international betrachtet, in Deutschland Einkünfte aus Arbeit höher besteuert werden als solche aus Kapital. Und auch das Gegenargument, mehr Erbschaftssteuern würden vor allem mittelständische Familienunternehmen hart treffen, zieht nicht wirklich. Denn tatsächlich befindet sich laut dem Elitenforscher Michael Hartmann mittlerweile rund die Hälfte der hundert größten deutschen Unternehmen in Familienbesitz. In existenzielle Not würden diese kapitalstarken Firmen und ihre Eigentümer sicher nicht geraten, wenn sie zum Gemeinwohl etwas mehr beitrügen als bisher.

Dennoch sind bei einer denkbaren Reform der Erbschaftssteuer oder auch der alternativen Wiedereinführung der 1997 ausgesetzten Vermögensteuer vielerlei Gesichtspunkte zu bedenken. Vor allem eben dann, wenn es sich um die Weitergabe von Unternehmen handelt. Da stehen Eigentumsfreiheit, Firmensubstanz, soziale Gerechtigkeit und der Erhalt beziehungsweise die Schaffung neuer Arbeitsplätze zur Abwägung.

Über alldem aber schwebt die Einsicht, dass in einer insgesamt zwar reichen, in Teilen aber auch zunehmend verarmenden Ge sellschaft mit so vielen großen Privatvermögen wie hierzulande Lösungen gefunden werden müssen, die im Fall einer Unternehmensübergabe allen Beteiligten zugutekommen sollten und nicht nur den Erben, die vielleicht gar nicht an ihrem Unternehmen interessiert sind, sondern durch dessen Verkauf lediglich schnell zu Geld kommen wollen. Auch das muss selbstverständlich erlaubt sein, aber es sollte dann auch steuerlich stärker belastet werden, als wenn Erben umgekehrt gewillt sind, einen Betrieb selbst oder durch angestellte Manager verantwortungsvoll und möglichst erfolgreich in die Zukunft zu führen.

Die Sozialbindung des Eigentums sieht sogar die Möglichkeit von Enteignungen vor (Art. 14 Abs. 3 GG). Mit strengen Auflagen allerdings. Sie dürfen nur auf gesetzlicher Grundlage zum »Wohle der Allgemeinheit« und gegen eine Entschädigung erfolgen. In der Praxis handelt es sich dabei oft um Interessenkonflikte zwischen der öffentlichen Hand und Privatleuten. Also etwa, wenn eine Gemeinde den Bau einer Umgehungsstraße plant, die über das Feld eines Bauern führt. Anders sieht es mit der Sozialisierung nach Art. 15 GG aus, dem wir uns gleich zuwenden.

Ohne Zweifel hat die dramatische Finanz- und Wirtschaftskrise in den Jahren nach 2008 bis heute tiefe Furchen und Spuren in etlichen Gesellschaften hinterlassen und zusammen mit der sich 2020 weltweit ausbreitenden Corona-Pandemie den Motor der scheinbar unaufhaltsamen kapitalistischen Globalisierung erheblich ins Stocken gebracht. Das damit einhergehende Versprechen auf ewig steigenden und unbegrenzten Wohlstand dürfte deshalb, aber auch wegen der sich schneller als erwartet verschärfenden Klimakrise vorerst der Vergangenheit angehören.

Umso dringlicher soll an dieser Stelle noch einmal die Gemeinwohlbindung des Eigentums nach Art. 14 GG in Erinnerung gerufen werden. Diese Verpflichtung markiert ebenso wie die Eigentumsgarantie eine Grenze. Das Grundgesetz ist nicht die Verfassung, auf die sich ein ungezügelter Kapitalismus berufen könnte, in dem nur Recht und Macht des Stärkeren zählen. Zwischen den Extremen einer überwundenen staatsdiktatorischen Zentralwirtschaft und einer gesetzlosen »freien« Marktanarchie ist die *soziale Marktwirtschaft* angesiedelt. Eine Wirtschaftsordnung, die, wie das Wort schon sagt, einen Rahmen mit klaren Regeln vorsieht, an die sich alle Mitspieler halten müssen. Selbst wenn sie nicht ausdrücklich im Grundgesetz ihren Niederschlag gefunden hat, so entspricht doch diese soziale Marktwirtschaft am ehesten dem Geist der Verfassung – eine Marktwirtschaft, die das Kunststück fertigbringen muss, künftig Freiheit, Sozialbindung und Ökologie wenn nicht miteinander zu versöhnen, so doch wenigstens unter einem Dach zu vereinen.

ARTIKEL 15 (SOZIALISIERUNG, ÜBERFÜHRUNG IN GEMEINEIGENTUM)

Grund und Boden, Naturschätze und Produktionsmittel können zum Zwecke der Vergesellschaftung durch ein Gesetz, das Art und Ausmaß der Entschädigung regelt, in Gemeineigentum oder in andere Formen der Gemeinwirtschaft überführt werden. Für die Entschädigung gilt Artikel 14 Abs. 3 Satz 3 und 4 entsprechend.

In der Praxis hat der Art. 15 GG seit 1949 praktisch keine Rolle gespielt. Ob er überhaupt ein Grundrecht darstellt, ist umstritten. Ein klassisches Abwehrrecht ist er sicherlich nicht. Eher schon ein Gewährleistungsrecht, eine Art Reißleine für den Notfall, die dazu dienen soll, großen Schaden für das Allgemeinwohl abzuwenden – eine Kann-Bestimmung folglich. Und in diesem Sinne ist der Art. 15 GG in jüngster Zeit unerwartet aktuell geworden. Dazu gleich mehr. Doch zunächst ein kurzer Blick zurück: Nach dem Zusammenbruch von Staat und Gesellschaft 1945 in Deutschland fanden sozialistische Ideen zunächst beträchtlichen Zuspruch. Das reichte bis in die Reihen der bürgerlich-konservativen CDU hinein und prägte deren Ahlener Programm im Jahr 1947.

Dies war auch ein Echo auf das Zusammenspiel von Kapitalismus und Nationalsozialismus im »Dritten Reich«. Denn obgleich die NS-Führung vor allem in den Kriegsjahren die Wirtschaft den eigenen politischen Zielen unterordnete, blieb die eigentumsrechtliche Unternehmerhoheit in den Fabriken nahezu unangetastet. Und gerade bei der Ausplünderung und Versklavung der eroberten Ostgebiete standen ehedem angesehene Konzerne mit an vorderster Front – an der Seite der Wehrmacht und der SS.

Mit dem erkennbaren Erfolg der sozialen Marktwirtschaft, jener vom ersten Wirtschaftsminister Westdeutschlands, Ludwig Erhard, seit 1948/49 ins Werk gesetzten Verknüpfung aus Markt und ordnender staatlicher Hand, verloren Sozialisierungs-Überlegungen rasch an Sympathie. Das muss freilich nicht immer so bleiben. Die Diskussion während der existenziell bedrohlichen Bankenkrise im Herbst 2008 verschaffte dem Gedanken der Vergesellschaftung schlagartig neue Aufmerksamkeit. Es zeigte sich, dass die lenkende und bürgende Kraft des Staates als Vertreter des Allgemeinwohls in dem Augenblick wieder gefragt war, als das Chaos auf den undurchsichtigen und ungeregelten Finanzmärkten die Wirtschaft an den Rand des Abgrunds brachte.

Nun sollte der Staat bei den Banken helfend einspringen, um das Schlimmste, nämlich den ökonomischen Zusammenbruch, zu verhüten. Das Wort von einer Teilverstaatlichung machte die Runde. Die beschlossenen Maßnahmen in Deutschland blieben weit darunter und waren auch lediglich vorübergehend gedacht. Zu Recht, denn der Staat ist ja keineswegs unbedingt der bessere Unternehmer. Das zeigen die Probleme gerade von Banken, die unter Aufsicht der öffentlichen Hand stehen. Der Staat ist indes auch nicht zwangsläufig der schlechtere Unternehmer, wenn es sich um die kontrollierte Bewältigung einer Krise handelt, bei der verloren gegangenes Vertrauen zurückgewonnen werden soll. Sein Vorteil ist dabei, dass er nicht um jeden Preis höchsten Gewinn erwirtschaften muss. Die besondere Leistung des Staates liegt darin, das Gesamtinteresse aller Bürgerinnen und Bürger über Einzelinteressen zu stellen. Indem er dieses Gesamtinteresse oder Allgemeinwohl vertritt, sorgt er dafür, dass die Einzelinteressen genug Raum haben, ohne der Gesellschaft zu viel Schaden zuzufügen.

Die Verstaatlichung ist in diesem Zusammenhang ein *möglicher* Weg. Art. 15 GG bietet die Handhabe für derartige Eingriffe. Im Unterschied zur Enteignung nach Art. 14 Abs. 3 Satz 1 GG zielt jener Artikel auf Wirtschaftsgüter und Kapital, mit oder auf denen etwas erzeugt wird, also große Agrarflächen (»Grund und Boden«), Rohstoffe, Maschinen, Fabriken und Gebäude. Aber auch Banken und Versicherungen, wenngleich sie auf den ersten Blick vielleicht kein klassisches »Produktionsmittel« sind, fallen nach überwiegender Ansicht darunter.

Bei der Sozialisierung oder Verstaatlichung handelt es sich nicht um eine Einzelmaßnahme in einem besonderen Fall, wie in Art. 14 Abs. 3 Satz 1 GG, sondern um Entscheidungen, die zumeist einen ganzen Wirtschaftszweig betreffen. Das berührt unmittelbar auch die Frage nach den Machtverhältnissen in den jeweiligen Unternehmen und ihrem Produktionszweck. Denn es ist ja so: Art. 15 GG erwähnt keinen bestimmten Grund für eine denkbare Sozialisierung. Dafür käme, nach allem, was wir bisher gehört haben, wohl nur das Allgemeinwohl in Betracht, wie in Art. 14 Abs. 2 und 3 GG. Vom »Zwecke der Vergesellschaftung« ist die Rede, also der Überführung in »Gemeineigentum«, das eine Form der »Gemeinwirtschaft« ist. In diesem Wort Gemeinwirtschaft verbirgt sich, wonach wir suchen: das Allgemeinwohl.

Sozialisierungen sind also nur erlaubt, wenn dadurch ein bestimmter Produktionszweck, sprich gemeinwirtschaftliche Ziele erfüllt werden, wovon möglichst viele Menschen etwas haben. Also etwa im Hinblick auf lebenswichtige Güter, die zur Grundversorgung zählen, wie Strom, Gas oder Wasser. Selbstverständlich verlangen solche schwerwiegenden Eingriffe in das Eigentumsrecht immer ein Gesetz und eine angemessene Entschädigung. Zu den lebenswichtigen Gütern zählen sicherlich auch Wohnungen. Die sich seit Jahren immer weiter zuspitzende Krise auf dem Wohnungsmarkt mit rasant steigenden Mieten und einem viel zu knappen Angebot an Wohnraum hat deshalb eine hitzige gesellschaftspolitische Debatte entfacht, ob eine Vergesellschaftung großer Wohnungskonzerne mit zum Teil monopolähnlicher Macht helfen könnte, das Problem des Wohnungsmangels, ja in den Großstädten einer gravierenden Wohnungsnot zu lösen.

Das ist sehr strittig und nicht leicht zu beantworten. Dringend benötigte neue Wohnungen würden dadurch natürlich nicht entstehen. Eher schon ließe sich vermuten, dass kommunal oder genossenschaftlich verwaltete Wohnungen aus alten Beständen wie eine Mietbremse wirken könnten, weil sie dann nicht mehr maximalen Gewinn abwerfen müssten. Die Stadt Wien macht seit rund hundert Jahren vor, wie so eine Lösung gut funktionieren kann. Einer Sozialisierung zu diesem Zwecke stünde verfassungsrechtlich wohl wenig im Wege. Zu diesem Schluss kommt jedenfalls das Gutachten einer Expertenkommission aus dem Sommer 2023, welches nach einem positiven Volksentscheid in Berlin zur Überführung großer Immobilienbestände in Gemeineigentum in Auftrag gegeben worden war.

Letztlich ausschlaggebend beim Für und Wider eines solchen zweifellos radikalen Eingriffs wird es sein, ob denn nur dieses oder nicht doch auch andere, sprich mildere Mittel womöglich geeigneter sind, Wohnungsmangel und Wohnungsnot zu beheben. Über solche Fragen streiten zu können, bis mehrheitsfähige Lösungen gefunden sind, ist der Vorteil einer Demokratie unter dem Grundgesetz.

ARTIKEL 16 (AUSBÜRGERUNG, AUSLIEFERUNG)

(1) Die deutsche Staatsangehörigkeit darf nicht entzogen werden. Der Verlust der Staatsangehörigkeit darf nur auf Grund eines Gesetzes und gegen den Willen des Betroffenen nur dann eintreten, wenn der Betroffene dadurch nicht staatenlos wird.

(2) Kein Deutscher darf an das Ausland ausgeliefert werden. Durch Gesetz kann eine abweichende Regelung für Auslieferungen an einen Mitgliedstaat der Europäischen Union oder an einen internationalen Gerichtshof getroffen werden, soweit rechtsstaatliche Grundsätze gewahrt sind.

Seine Staatsangehörigkeit verleiht einem Menschen im eigenen Land mehr Schutz und Rechte als anderen. Wir erinnern uns: Es gibt in unserer Verfassung Grundrechte, die nur Deutschen zustehen. Das macht im Prinzip jeder Staat so. Gleichzeitig gilt jedoch, dass Ausländer, die bei uns leben, keineswegs rechtlos sind. Aber die Staatsangehörigkeit ist ein Privileg, ein Vorrecht, das diejenigen genießen, die sie, die Staatsbürgerschaft, von Geburt an oder durch Einbürgerung besitzen. Nicht nur im eigenen Land, auch auf fremdem Boden gewährt die Staatsangehörigkeit einen gewissen Schutz – etwa in den diplomatischen Vertretungen des Heimatlandes (Botschaften). Weil das alles so ist, gilt als oberster Grundsatz: Kein Deutscher darf staatenlos werden.

Denn wer ohne diesen Schutzschirm leben muss, dem kann es schlimm ergehen. Deshalb verbietet Art. 16 Abs. 1 Satz 1 GG Zwangsausbürgerungen – ein Willkürinstrument, mit dem die Nationalsozialisten Juden und ins Exil geflohene Regimegegner um deren Rechte bringen wollten. Genauso verfuhren die Machthaber in der DDR bis 1989. In ihrem »Staatsbürgerschaftsgesetz« (§ 13) klang das so: »Die Staatsbürgerschaft der Deutschen Demokratischen Republik kann Bürgern, die ihren Wohnsitz oder Aufenthalt außerhalb der Deutschen Demokratischen Republik haben, wegen grober Verletzung der staatsbürgerlichen Pflichten

aberkannt werden.« Ein prominentes Ausbürgerungsopfer der
DDR war 1976 der Regimekritiker und Liedermacher Wolf Bier-
mann.

Mit dem »Verlust der Staatsangehörigkeit« (Art. 16 Abs. 1
Satz 2 GG) ist der Verzicht gemeint, also wenn jemand eine andere als die deutsche Staatsangehörigkeit annimmt. Dann verliert
er diese in der Regel, weil doppelte Staatsbürgerschaften bislang
möglichst vermieden werden sollten. Ob das in unserer Welt ge-
stiegener Mobilität und wechselnder Wohn- und Arbeitsorte zahl-
reicher Menschen noch zeitgemäß ist, darüber lohnt es sich nachzudenken. Für den EU-Raum, die Schweiz und Staaten, mit denen
die Bundesrepublik entsprechende völkerrechtliche Verträge ab-
geschlossen hat, sind seit 2007 lockerere Bestimmungen in Kraft,
die auch zwei Staatsangehörigkeiten zulassen.

Die seit 2021 regierende Ampel-Koalition aus SPD, Grünen
und FDP hat 2023 einen Gesetzesentwurf auf den Weg gebracht,
der das Staatsangehörigkeitsrecht weiter liberalisieren und Wege
zum Doppelpass, zu doppelten Staatsbürgerschaften durchlässi-
ger machen soll. Außerdem werden die zeitlichen Hürden und
Anforderungen bei Einbürgerungen gesenkt. Umgekehrt soll es
auch Deutschen erleichtert werden, eine zusätzliche Staatsbürgerschaft zu erwerben, ohne die eigene aufgeben zu müssen.

Mit der Überwindung des Dogmas von der *einen* Staatsbürgerschaft möchte sich Deutschland internationalen Gepflogenheiten
anpassen und dem veränderten Lebensalltag vieler Menschen im
Zeitalter der Globalisierung Rechnung tragen. Aber sosehr das zu
begrüßen ist, bleiben doch Fragen offen. In einer Staatengemein-
schaft von Demokratien, wie es die EU ihrem Grundsatz nach ist,
kann es gegen doppelte Staatsbürgerschaften keine Bedenken
geben. Aber wie steht es mit Ländern wie der Türkei, die seit Jahrzehnten von Staatspräsident Recep Tayyip Erdoğan despotisch regiert wird, wo weder eine freie Presse noch unabhängige Gerichte
Kontrolle ausüben und trotz formaler Wahlen wesentliche demo-

kratische und rechtsstaatliche Freiheitsstandards nach und nach
geschliffen wurden? Bis heute wird für einen deutsch-türkischen
Doppelpass damit geworben, dass er zur besseren Integration hier
lebender türkischer Einwanderer und insbesondere ihrer Nach-
kommen beitragen könne. Wie aber kann jemand gleichzeitig dem
Staat und dem Rechtsverständnis eines Recep Tayyip Erdoğan
verpflichtet sein und dem deutschen Grundgesetz? Wäre dem
Ziel der Integration in die deutsche Gesellschaft nicht besser ge-
dient, wenn man für den Erwerb der deutschen Staatsbürgerschaft
eine klare Zuwendung zum Grundgesetz voraussetzen würde?
Aber dass bei der letzten türkischen Präsidentschaftswahl 2023
sehr viele der in Deutschland lebenden wahlberechtigten türkischen Staatsbürger dem islamisch geprägten Autokraten Erdoğan
ihre Stimme gaben, gibt zu denken. Eine demokratisch selbst-
bewusste Gesellschaft wie die deutsche sollte Eingewanderten
durchaus abverlangen können, sich zu den Werten des Grundgesetzes zu bekennen. Schließlich erhalten sie mit der deutschen
Staatsangehörigkeit auch das Recht der Teilnahme an fairen Wahlen, wie sie der herrschende türkische Präsident gerade nicht gewährt. Anders gesagt: Es erscheint dem Autor dieses Buches fragwürdig und nachgerade widersinnig, hierzulande die Vorzüge der
Meinungsfreiheit zu genießen und gleichzeitig einen die kritischen Medien unterdrückenden Autokraten zu wählen. Das ist,
man kann es nicht anders formulieren, schizophren. Und es ist
daran zu erinnern, dass Menschen, wo immer sie auch leben oder
herkommen mögen, ihre Identität nicht nur ihrer Herkunft verdanken, sondern auch ihrem Denken und Handeln, also letztlich
Willensakten. Nicht zuletzt die Teilnahme vieler Migranten an den
antisemitischen Ausschreitungen im Herbst 2023 sind ein weite-
rer Beleg dafür und erhärten Zweifel an Sinn und Zweck allzu
niedrigschwelliger doppelter Staatsbürgerschaften. Einbürgerungen sollten deshalb u. a. auch eine Zustimmung zum Existenz-
recht Israels enthalten.

Art. 16 Abs. 2 Satz 1 GG, das Auslieferungsverbot von Deutschen an einen anderen Staat, ist Ausfluss einer Rechtsauffassung, die vielen Staaten heilig ist. Ihr Ursprung liegt in grauer Vorzeit, als die Menschen in Sippen und Horden Zuflucht suchten vor den Angriffen feindlicher Stämme. Um ihnen im wahrsten Sinne des Wortes nicht ausgeliefert zu sein, scharten sich die Menschen um einen starken Anführer. Zusammengehörigkeit erwuchs aus wechselseitigem Beistand. Ein Ausschluss aus der Gruppe besiegelte das Einzelschicksal; meist war es gleichbedeutend mit einem Todesurteil. Heutzutage ist das Auslieferungsverbot dafür da, Deutschen Schutz zu bieten, die wegen eines möglichen Vergehens im Ausland dort belangt werden sollen. Für die Betroffenen kann das sehr ernste Folgen haben. Denn in etlichen Staaten wird ja nach wie vor die Todesstrafe praktiziert, wie etwa in China, in Indonesien, im Iran oder in den USA. Doch selbst wenn nicht diese schlimmste und umstrittenste aller Strafen droht: In vielen Ländern herrschen andere Rechtstraditionen als in Deutschland, sind Angeklagte in Verfahren schlechter gestellt und Gesetze und Strafen strenger. Deshalb ist das Auslieferungsverbot ein so hohes Gut.

Die Auslieferung eines Deutschen an eine fremde Macht rührt immer an das Kerngebot staatlicher Fürsorgepflicht. Aufweichungen dieses Prinzips sind mit Vorsicht zu betrachten. Der Zusammenschluss Europas und die Weiterentwicklung des Völkerrechts hin zu übernationalen Einrichtungen – man denke etwa an den noch jungen Internationalen Strafgerichtshof in Den Haag – haben Veränderungen gebracht. Nunmehr sind Überstellungen von Personen an Mitgliedstaaten der Europäischen Union oder eben an den Internationalen Gerichtshof möglich, wie Art. 16 Abs. 2 Satz 2 GG ausführt, der durch eine Änderung des Grundgesetzes im Jahr 2000 eingefügt wurde.

Bei solchen Fällen geht es um die Ahndung von Straftaten, die möglicherweise von Deutschen im EU-Ausland verübt wurden. Dagegen spricht selbstverständlich auch gar nichts, denn Raub bleibt Raub, egal ob in Frankreich, England oder Spanien begangen. Allerdings legt das Grundgesetz großen Wert darauf, dass bei Verfahren in anderen EU-Staaten die gleichen Maßstäbe angelegt werden wie in Deutschland, was nicht immer so ist. Deshalb betont Satz 2 des Art. 16 Abs. 2 GG ausdrücklich, dass eine Auslieferung nur erfolgen darf, wenn »rechtsstaatliche Grundsätze gewahrt sind«.

Art. 16 GG enthält zwar Deutschenrechte; das heißt aber noch lange nicht, dass Ausländer einfach ausgeliefert werden können. Dafür gibt es zwischenstaatliche Abkommen mit strengen Anforderungen. So müssen mögliche Vergehen, die dem Betroffenen angelastet werden, auch nach deutschem Recht strafbar sein. Politische Taten zählen nicht dazu, es sei denn, sie stehen in Zusammenhang mit Völkermord, Mord oder Totschlag. Was direkt überleitet zu einem weiteren, aus historischen Gründen hoch zu veranschlagenden Grundrecht: dem Asylrecht.

ARTIKEL 16A (ASYLRECHT)

(1) Politisch Verfolgte genießen Asylrecht.

(2) Auf Absatz 1 kann sich nicht berufen, wer aus einem Mitgliedstaat der Europäischen Gemeinschaften oder aus einem anderen Drittstaat einreist, in dem die Anwendung des Abkommens über die Rechtsstellung der Flüchtlinge und der Konvention zum Schutz der Menschenrechte und Grundfreiheiten sichergestellt ist. Die Staaten außerhalb der Europäischen Gemeinschaften, auf die die Voraussetzungen des Satzes 1 zutreffen, werden durch Gesetz, das der Zustimmung des Bundesrates bedarf, bestimmt. In den Fällen des Satzes 1 können aufenthaltsbeendende Maßnahmen unabhängig von einem hiergegen eingelegten Rechtsbehelf vollzogen werden.

(3) Durch Gesetz, das der Zustimmung des Bundesrates bedarf, können Staaten bestimmt werden, bei denen auf Grund der Rechtslage, der Rechtsanwendung und der allgemeinen poli-

tischen Verhältnisse gewährleistet erscheint, dass dort weder politische Verfolgung noch unmenschliche oder erniedrigende Bestrafung oder Behandlung stattfindet. Es wird vermutet, dass ein Ausländer aus einem solchen Staat nicht verfolgt wird, solange er nicht Tatsachen vorträgt, die die Annahme begründen, dass er entgegen dieser Vermutung politisch verfolgt wird.

(4) Die Vollziehung aufenthaltsbeendender Maßnahmen wird in den Fällen des Absatzes 3 und in anderen Fällen, die offensichtlich unbegründet sind oder als offensichtlich unbegründet gelten, durch das Gericht nur ausgesetzt, wenn ernstliche Zweifel an der Rechtmäßigkeit der Maßnahme bestehen; der Prüfungsumfang kann eingeschränkt werden und verspätetes Vorbringen unberücksichtigt bleiben. Das Nähere ist durch Gesetz zu bestimmen.

(5) Die Absätze 1 bis 4 stehen völkerrechtlichen Verträgen von Mitgliedstaaten der Europäischen Gemeinschaften untereinander und mit dritten Staaten nicht entgegen, die unter Beachtung der Verpflichtungen aus dem Abkommen über die Rechtsstellung der Flüchtlinge und der Konvention zum Schutze der Menschenrechte und Grundfreiheiten, deren Anwendung in den Vertragsstaaten sichergestellt sein muss, Zuständigkeitsregelungen für die Prüfung von Asylbegehren einschließlich der gegenseitigen Anerkennung von Asylentscheidungen treffen.

Schon die Griechen und Römer in der Antike kannten das Asylrecht. Als eines der klassischen Menschenrechte bietet es den Verbannten Unterschlupf und Schutz. Seine herausragende Bedeutung in Deutschland ist historisch begründet. Unterdrückung und Verfolgung zwangen Abertausende Deutsche unter der nationalsozialistischen Herrschaft zur Flucht ins Ausland, ins Exil – nach Großbritannien, Frankreich, den USA und vielen Ländern mehr. Von den Nazis um Hab und Gut gebracht, ging es oft nur noch darum, das eigene Leben zu retten. Das Asyl, die Aufnahme in anderen Staaten, öffnete ein Schlupfloch zur Freiheit.

Darum war es auch Ausdruck einer Dankespflicht, als die Verfassungsschöpfer das Asylrecht im Grundgesetz verankerten. Carlo Schmid bezeichnete es als »eine Frage der Generosität«, der Großzügigkeit, dieses Grundrecht weit zu fassen. Der ursprüngliche Art. 16 Abs. 2 Satz 2 GG hieß denn auch zunächst ganz einfach: »Politisch Verfolgte genießen Asylrecht.« Daraus ist inzwischen der nach dem Art. 12a GG umfangreichste Grundrechtsartikel mit der eigenen Bezeichnung 16a geworden. Wir sagten es bereits: Je ausführlicher Grundrechte umschrieben werden, desto stärker regt sich die Vermutung, dass Rechte dadurch eher eingeengt als ausgedehnt werden sollen. Unter anderem ist uns das beim Art. 13 GG (Unverletzlichkeit der Wohnung) aufgefallen. Der Gehalt, die Substanz einer Verfassung, lässt sich buchstäblich an ihrer Form ablesen, also daran, ob die Dinge prägnant, sprich ebenso knapp wie genau dargelegt werden. Missverständnisse und Zweideutigkeiten sollen möglichst ausgeschlossen sein, und es darf auch keine Hintertürchen geben, durch die sich Grundrechte unter Umständen teilweise verflüchtigen können.

Für eine Betrachtung des umfangreichen Art. 16a GG in allen Einzelheiten fehlt hier der Platz. Wir müssen uns auf das Wesentliche beschränken. Dazu zählt, dass das Asylrecht als individuelles Grundrecht, das einen Anspruch verbürgt, unverändert gilt. Menschen anderer Nationalität, die in ihrem Heimatland politisch verfolgt werden, haben laut Art. 16a Abs. 1 Satz 1 GG ein Anrecht auf Asyl. Wer aber ist als politisch verfolgt anzusehen? Und was bedeutet Verfolgung genau? Schauen wir, was das Bundesverwaltungsgericht, eines der höchsten bundesdeutschen Gerichte, dazu meint. Nach dessen Auffassung genießt jeder asylrechtlichen Schutz, »der wegen seiner Rasse, Religion, Nationalität, Zugehörigkeit zu einer sozialen Gruppe oder wegen seiner politischen Überzeugung Verfolgungsmaßnahmen mit Gefahr für Leib und Leben oder Beschränkungen seiner persönlichen Freiheit ausgesetzt ist oder solche Verfolgungsmaßnahmen begründet befürchtet«.

Klar ist demnach, dass eine ganze Reihe von Gründen es rechtfertigen, von politischer Verfolgung zu sprechen. Und es kann auch schon *drohende* politische Verfolgung einen Asylanspruch untermauern. Etwas schwammig erscheint dagegen die Antwort auf die Frage, wer denn die politischen Verfolger sein können. Lange Zeit hatte man dabei nur die Staatsmacht im Auge. Seitdem aber überall in der Welt immer häufiger Bürgerkriege aufflammen und Staaten in Konflikten zwischen unterschiedlichen Volksgruppen zerfallen, hat sich der Blick ein wenig verschoben.

Nun können unter Umständen auch innerstaatliche Kämpfe politische Verfolgung im Sinne des Art. 16a GG auslösen und somit ein Asylbegehren aussichtsreich machen. Allerdings nur dann, wenn die »physische Vernichtung von auf der Gegenseite stehenden oder ihr zugerechneten (…) Personen« droht, die keinen militärischen Widerstand leisten. So hat es das Bundesverfassungsgericht verlangt. Bleibt die Frage: Ist es in Bürgerkriegen nicht fast immer so, dass in erster Linie militärisch Unbeteiligte die Opfer sind? Was also soll dann diese Einschränkung?

Politische Verfolgung hat im 21. Jahrhundert mehrere Gesichter bekommen. Früher lagen die Dinge einfacher. Über das Folteropfer einer Diktatur konnte man nicht streiten. Aber die Auflösung jeglicher Ordnung in ganzen Weltregionen, die Ausbreitung von Massenelend dort bringen Gewalt und Unterdrückung bis hin zum Völkermord in einem Ausmaß hervor, das neu ist. Auch das ist eine Begleiterscheinung der Globalisierung, die herkömmliche Vorstellungen und Begriffe sprengt – so auch den der politischen Verfolgung, der heute mehr beinhaltet als zur Entstehungszeit des Grundgesetzes.

Es liegt indes auf der Hand, dass der Art. 16a Abs. 1 GG für derartige Herausforderungen weder gedacht war noch ist. Gerade als ein individuelles Grundrecht eignet sich das Asylrecht des Grundgesetzes nicht als Auffangbecken für die Flüchtlings- und Armutswanderungen rund um den Globus, weil sich bei ihnen wirtschaftliche, politische und mittlerweile auch klimatische Beweggründe immer mehr überlappen. Und obendrein: Kein Land, auch Deutschland nicht, kann diese Probleme allein lösen; jedem sind soziale und wirtschaftliche Grenzen bei der Aufnahme Hilfsbedürftiger gesetzt.

Diese Schwierigkeiten zeichneten sich schon Anfang der Neunzigerjahre ab: Immer mehr Asylbewerber, die nach Deutschland wollten, beriefen sich auf politische Verfolgung nach dem damaligen Art. 16 des Grundgesetzes, obgleich sie in Wahrheit vor allem aus wirtschaftlichen Gründen ihrer Heimat den Rücken kehren wollten. Um nicht falsch verstanden zu werden: Das war und ist durchaus verständlich, schließlich suchten auch bitterarme Deutsche in früheren Jahrhunderten scharenweise ihr Glück in der Fremde, weil sie auf ein besseres Leben in Wohlstand und Freiheit hofften. Doch die weltweiten Wanderungs- und Auswanderungsströme, mit denen wir es heute zu tun haben und in Zukunft voraussichtlich noch mehr zu tun haben werden – sie können nur mithilfe einer humanen und vernünftigen Einwanderungs- und Integrationspolitik gesteuert werden, von der alle, Inländer wie Ausländer, etwas haben. Das politische Asylrecht ist dafür der falsche Hebel.

Deshalb kam es 1993 zu einer Grundgesetzänderung. Das Recht auf politisches Asyl blieb in dem neu eingefügten Art. 16a GG, wie gesagt, erhalten, aber die Absätze 2 bis 5 umstellen dieses Grundrecht seither mit zahlreichen verfassungsrechtlichen und gesetzlichen Vorbehalten und Auflagen. Immer wichtiger ist in diesem Zusammenhang die wachsende Verzahnung der Europäischen Union und die Zusammenarbeit der Mitgliedländer auf dem Gebiet der Asylpolitik, die in der Praxis leider mehr schlecht als recht funktioniert, obschon sie eigentlich für die Anwendung gleicher Maßstäbe sorgen soll. Ähnliches gilt für andere Staaten, die sich verpflichtet haben, internationale Abkommen zum Schutz der Menschenrechte und die Genfer Flüchtlingskonvention anzuerkennen. Das erscheint allerdings nicht ganz unproblematisch, denn wer kann Gewähr dafür bieten, dass diese Staaten sich auch wirklich daran halten? Der Gesetzgeber soll das beglaubigen (Art. 16a Abs. 2 Satz 2 GG), aber sind die Volksvertreter da nicht manchmal überfordert?

Unbehagen beschleicht einen auch bei Abs. 3 des Art. 16a GG. Ein Gesetz, das – immerhin – von Bundestag *und* Bundesrat beschlossen werden muss, soll darüber urteilen, in welchen Ländern »weder politische Verfolgung noch unmenschliche oder erniedrigende Bestrafung oder Behandlung stattfindet«. Ob es tatsächlich so ist, muss (und kann) der Gesetzgeber gar nicht lückenlos in Erfahrung bringen; es reicht, dass dies »gewährleistet erscheint«. Nicht mehr als ziemlich grobe Anhaltspunkte dafür sind die »Rechtslage«, die »Rechtsanwendung« und die »allgemeinen politischen Verhältnisse« in dem betreffenden Staat. Wie sehr Schein und Realität in vielen Ländern auseinanderklaffen, ist kein Geheimnis. Kein Wunder, dass dann am Ende nur »vermutet« werden kann, dass jemand *nicht* politisch verfolgt wird, wie es in Art. 16a Abs. 3 Satz 3 GG folgerichtig heißt.

Zur Klarstellung: Um das Recht einzelner Verfolgter auf politisches Asyl mit individuellem Anspruch im Kern zu bewahren, müssen Grenzen gegenüber anderen Fluchtgründen gezogen werden. Das Asylrecht ist kein Ausweg aus der Armut oder dem Klimawandel und damit einhergehenden Naturkatastrophen.

Seit 2009, als dieses Buch zum ersten Mal erschien, haben sich die beschriebenen Probleme noch einmal verschärft. Die Massenflucht 2015 aus dem Nahen Osten über den Balkan nach Mitteleuropa, die Bootsflüchtlinge im Mittelmeerraum, die vor dem

Krieg in der Ukraine Geflohenen, neue Fluchtrouten über Russland, Belarus und Polen, schließlich die erwartbare Mobilisierung von Betroffenen der sich zuspitzenden Klimakrise – all das stellt uns vor große Herausforderungen, bei denen vermeintlich simple Lösungen nicht helfen werden. Gegen Flüchtlinge Mauern und Zäune zu errichten, wäre nicht nur unmenschlich und verstieße selbstverständlich gegen den Geist des Grundgesetzes, sondern würde gegen große Bevölkerungsverschiebungen, ja aus existenzieller Not geborene Völkerwanderungen auch nichts nützen. Die Frage ist deshalb, ob der im Grundgesetz festgelegte individuelle Grundrechtsanspruch für politisch Verfolgte in seiner jetzigen Fassung ausreicht und dieser Vielfalt an Fluchtgründen noch gerecht wird.

Dieser Grundrechtsanspruch war unmittelbarer Ausfluss der nationalsozialistischen Schreckensherrschaft, aber die Mütter und Väter des Grundgesetzes hatten dabei natürlich keine weltweiten Migrationsbewegungen vor Augen. Darum müssen heute – im Interesse der Betroffenen, aber auch um rechten Simplifizierern das Wasser abzugraben – neue Wege gefunden und beschritten werden, damit aus Deutschlands und Europas Anziehungskraft nicht gesellschaftlich zerstörerische Fliehkräfte erwachsen. Was bisher dazu politisch gedacht, vorgeschlagen und zu Teilen umgesetzt worden ist, greift zu kurz. Auch deshalb, weil eigentlich einheitliche gesamteuropäische Maßnahmen getroffen werden müssten, diese aber, wenn überhaupt, nur sehr schleppend vorankommen. Wie sich die im Dezember 2023 von den EU-Staaten beschlossene Einigung beim Asylrecht mit mehr einheitlichen und verschärften Bestimmungen zur Abwehr irregulärer Migration auswirken wird, ist noch nicht abzusehen. Die bessere Sicherung von Europas Außengrenzen und verstärkte Grenzkontrollen innerhalb der EU zur Eindämmung der Schleuserkriminalität, Abkommen mit Durchgangsländern für Flüchtende und Prüfung ihrer Asylanträge vor den Toren der EU, gar die Auslagerung solcher Verfahren in vermeintlich sichere Drittstaaten, aber auch schnellere Asylverfahren und konsequentere Rückführungen oder die Absenkung bzw. Umwandlung von Geld- in Sachleistungen für Antragsteller: Unabhängig davon, ob all dies machbar, effizient und juristisch unanfechtbar ist, wird es den Einwanderungsdruck allenfalls kurzfristig abmildern, jedoch keineswegs auf längere Sicht.

Fachleute durchaus verschiedener politischer Couleur sind sich darin einig, dass dies nur gelingen kann, wenn Fluchtursachen vor Ort beseitigt, also die Lebensverhältnisse der Menschen dort verbessert werden, von wo aus sie bislang fliehen. Grundlage dafür könnten Hilfs- und Rückführungsvereinbarungen mit Herkunftsländern sein, die auch legale Einwanderungskorridore eröffnen, welche ebenso im Interesse der alternden europäischen Gesellschaften liegen, denen zunehmend junge Arbeitskräfte ausgehen. So könnten irreguläre Wanderungsbewegungen zum Nutzen vieler kanalisiert werden. Sicher ist auf jeden Fall: Die Sehnsucht nach einem besseren Leben wird Menschen immer und überall in Bewegung setzen.

ARTIKEL 17 (PETITIONSRECHT)

Jedermann hat das Recht, sich einzeln oder in Gemeinschaft mit anderen schriftlich mit Bitten oder Beschwerden an die zuständigen Stellen und an die Volksvertretung zu wenden.

Petitionen sind Eingaben des Bürgers, die er an den Staat richtet. Schon in vordemokratischen Zeiten, etwa während des Absolutismus, konnten sich die Untertanen mit Bitt- und Beschwerdeschriften an ihre Könige und Fürsten wenden. Doch erst in Demokratien wurde daraus ein Recht. Es bezieht die Wählerinnen und Wähler in die politische Meinungsbildung ein und verringert so den Abstand zwischen Volk, Parlament und Regierung. Im Austausch mit den Bürgerinnen und Bürgern erfahren die Vertreter des Staates auf diese Weise ganz direkt, was den Leuten auf den Nägeln brennt.

Ursprünglich ein Abwehrrecht, ist aus diesem Grundrecht mittlerweile eher ein Forderungsrecht geworden. Wie es sich für eine aktive Bürgergesellschaft gehört, die nicht viele Ausdrucksformen direkter Demokratie kennt, nutzen mittlerweile immer mehr diesen »heißen« Draht zu den politisch Verantwortlichen, vor allem gegenüber dem Bundestag, um ihre Wünsche und Vorschläge zu äußern. Der Petitionsausschuss des Bundestags muss sich mit diesen Eingaben auseinandersetzen und ihren Absendern antworten. Mittlerweile kann man dem Staat auch online die Meinung sagen. Dazu hat der Bundestag eine eigene Internetseite eingerichtet (http://e-petitionen.bundestag.de), die jedem offensteht, denn das Petitionsrecht können Deutsche und Ausländer in Anspruch nehmen.

Zu unterscheiden ist zwischen Bitten, die auf politische Veränderungen zielen, und Beschwerden, bei denen es um vermeintliche oder wirkliche Rechtsverletzungen geht. Beschimpfungen, Beleidigungen oder Aufrufe zu Gesetzesverstößen sind vom Petitionsrecht nicht gedeckt.

ARTIKEL 17A (GRUNDRECHTSEINSCHRÄNKUNGEN BEI WEHR- UND ERSATZDIENST)

(1) Gesetze über Wehrdienst und Ersatzdienst können bestimmen, dass für die Angehörigen der Streitkräfte und des Ersatzdienstes während der Zeit des Wehr- oder Ersatzdienstes das Grundrecht, seine Meinung in Wort, Schrift und Bild frei zu äußern und zu verbreiten (Artikel 5 Abs. 1 Satz 1 erster Halbsatz), das Grundrecht der Versammlungsfreiheit (Artikel 8) und das Petitionsrecht (Artikel 17), soweit es das Recht gewährt, Bitten oder Beschwerden in Gemeinschaft mit anderen vorzubringen, eingeschränkt werden.

(2) Gesetze, die der Verteidigung einschließlich des Schutzes der Zivilbevölkerung dienen, können bestimmen, dass die Grund-

rechte der Freizügigkeit (Artikel 11) und der Unverletzlichkeit der Wohnung (Artikel 13) eingeschränkt werden.

Zu Art. 17a Abs. 1 GG ist bereits im Abschnitt über den Art. 12a GG das Nötige gesagt worden. Um Missverständnisse auszuschließen, sei hier noch erwähnt, dass die Einschränkung des Petitionsrechts Wehr- und Ersatzdienstleistenden keinen Maulkorb verpasst. Sie genießen, wie gesagt, die gleichen staatsbürgerlichen Rechte wie alle. Art. 17a GG wurde 1956, kurz nach der Gründung der Bundeswehr, ins Grundgesetz eingefügt und enthält, wie man leicht erkennen kann, keine Grundrechte, sondern zusätzliche Gesetzesvorbehalte für besondere Personengruppen und Situationen.

Aber, so könnte man fragen, warum hat der Gesetzgeber gerade diesen Grundrechtsbegrenzungen den Rang eines eigenen Artikels verliehen? Gehört nicht Art. 17a Abs. 1 GG inhaltlich zum Wehrpflichtartikel 12a GG und Art. 17a Abs. 2 GG, der die Freizügigkeit und die Unverletzlichkeit der Wohnung im Verteidigungsfall anspricht, zu den Artikeln 11 und 13 der Verfassung oder auch zu Art. 19 GG, den wir gleich noch kennenlernen werden?

Etwas anderes gibt ebenfalls zu denken. Alle Grundrechtsartikel haben sozusagen Überschriften, aus denen hervorgeht, um was es sich handelt. In Art. 17a GG lautet sie: »Grundrechtseinschränkungen bei Wehr- und Ersatzdienst«. Tatsächlich befasst sich Art. 17a Abs. 2 GG jedoch mit möglichen Einschränkungen von Rechten, welche die ganze Bevölkerung betreffen können. Das kann leicht übersehen werden. Damit jeder die volle Bedeutung dieser Aussagen auch sofort verstehen kann, müsste zumindest ein entsprechender Hinweis in den Artikelnamen mit aufgenommen werden.

ARTIKEL 18 (VERWIRKUNG VON GRUNDRECHTEN)

Wer die Freiheit der Meinungsäußerung, insbesondere die Pressefreiheit (Artikel 5 Abs. 1), die Lehrfreiheit (Artikel 5 Abs. 3), die Versammlungsfreiheit (Artikel 8), die Vereinigungsfreiheit (Artikel 9), das Brief-, Post- und Fernmeldegeheimnis (Artikel 10), das Eigentum (Artikel 14) oder das Asylrecht (Artikel 16a) zum Kampfe gegen die freiheitliche demokratische Grundordnung missbraucht, verwirkt diese Grundrechte. Die Verwirkung und ihr Ausmaß werden durch das Bundesverfassungsgericht ausgesprochen.

Die Weimarer Republik litt an einem Geburtsmangel und ging nach etwas über 14 Jahren zugrunde, weil sie ihre entscheidende Reifeprüfung nicht bestand: den richtigen Umgang mit der Freiheit. Sie war von Anbeginn eine Demokratie mit viel zu wenig Demokraten, und ihre nicht sehr zahlreichen Verteidiger ließen den zerstörerischen Kräften viel zu viel freie Hand. Diese falsche Toleranz gegenüber den Feinden der Freiheit war eine lebensgefährliche Schwäche, die sich bitter rächte und die Diktatur Adolf Hitlers mit begünstigte. Um zu verhindern, dass sich so etwas wiederholen kann, zogen die Schöpfer des Grundgesetzes einen eindeutigen Schluss: Keine Freiheit den Feinden der Freiheit!

Art. 18 GG ist Ausdruck der »wehrhaften Demokratie«, die es nicht zulässt, dass ihre Feinde Freiheitsrechte in Anspruch nehmen, aber eben nur, um Demokratie und Freiheit zu untergraben und letztlich abzuschaffen und einer Diktatur den Boden zu bereiten. Dabei geht das Grundgesetz sehr sorgfältig und behutsam mit der Möglichkeit um, dass jemand Grundrechte verwirken, also nicht mehr ausüben kann. Es beschränkt einen derart einschneidenden Eingriff auf solche Grundrechte, die, wie etwa die Meinungs- oder Versammlungsfreiheit, zu politischen Zwecken missbraucht werden könnten. Nur die aufgeführten Grundrechte sind also betroffen, alle anderen bleiben unberührt davon.

Was aber bedeutet das? Darf man etwa nicht für Veränderungen in Staat und Gesellschaft demonstrieren? Man darf nicht nur, man soll sogar, denn das ist Ausdruck einer lebendigen Demokratie, die sich ja immer weiterentwickelt. Diese Offenheit bezieht auch die Verfassung und denkbare Reformen einzelner Normen des Grundgesetzes mit ein. Für diesen Geist steht der Art. 8 GG, die Versammlungsfreiheit. Art. 18 GG tritt aber mit aller Entschiedenheit denjenigen entgegen, die es sich auf die Fahnen geschrieben haben, die »freiheitliche demokratische Grundordnung« zu beseitigen. Was dieser Oberbegriff, die Verfassungsmelodie, wenn man so will, beinhaltet, ist weiter oben bereits erläutert worden. Art. 18 GG spricht ausdrücklich vom »Kampfe« gegen die Grundlagen der Verfassung. Damit ist ein besonders aggressives, meist auch mit Gewaltbereitschaft verbundenes politisches Verhalten gemeint.

Dieses Abwehrrecht der Demokratie gegen ihre Feinde zielt nicht auf Parteien oder Gruppen, sondern auf Einzelpersonen. Doch so einfach lässt sich der Art. 18 GG nicht anwenden. Schließlich soll ja mit dieser Freiheitswaffe kein Missbrauch betrieben werden können. Deshalb ist nur das Bundesverfassungsgericht befugt, eine Verwirkung von Grundrechten auszusprechen, wenn die Bundesregierung, der Bundestag oder eine Landesregierung einen entsprechenden Antrag stellen. Das ist bislang erst viermal gegen Rechtsextremisten versucht worden. Dass alle Fälle als nicht ausreichend begründet abgewiesen wurden, zeigt, welchen hohen Wert die obersten Verfassungshüter den Grundrechten für jeden Einzelnen beimessen. Gleichwohl wäre es sicher überlegenswert, ob angesichts der fortschreitenden Radikalisierung der AfD dies nicht auch eine Maßnahme sein könnte, unterhalb eines Parteiverbots extremistische Führungsfiguren, aber auch eine wachsende Sympathisantenszene in Schach zu halten. Es wäre ein Schritt mit mehr als nur symbolischer Signalwirkung.

ARTIKEL 19 (EINSCHRÄNKUNG VON GRUNDRECHTEN; GRUND RECHTSTRÄGER; RECHTSSCHUTZ)

(1) Soweit nach diesem Grundgesetz ein Grundrecht durch Gesetz oder auf Grund eines Gesetzes eingeschränkt werden kann, muss das Gesetz allgemein und nicht nur für den Einzelfall gelten. Außerdem muss das Gesetz das Grundrecht unter Angabe des Artikels nennen.

(2) In keinem Fall darf ein Grundrecht in seinem Wesensgehalt angetastet werden.

(3) Die Grundrechte gelten auch für inländische juristische Personen, soweit sie ihrem Wesen nach auf diese anwendbar sind.

(4) Wird jemand durch die öffentliche Gewalt in seinen Rechten verletzt, so steht ihm der Rechtsweg offen. Soweit eine andere Zuständigkeit nicht begründet ist, ist der ordentliche Rechtsweg gegeben. Artikel 10 Abs. 2 Satz 2 bleibt unberührt.

Einiges von dem, was in Art. 19 GG steht, ist in dieser Darstellung schon erläutert worden. Zur Vertiefung sei es am Ende dieses Kapitels noch einmal in Erinnerung gerufen. Der die Grundrechte abschließende und abrundende Art. 19 GG soll diese zusätzlich absichern. Er verbietet in Abs. 1 Satz 1 für Grundrechte mit einem ausdrücklichen Gesetzesvorbehalt einschränkende Sondergesetze, die trotz vieler gleicher Fälle nur auf einen Vorgang oder eine Person zielen. Solche gesetzlichen Regelungen müssen vielmehr für alle davon Betroffenen gleichermaßen gelten, also allgemein sein. Und sie dürfen sich nicht hinter einem Vorhang verstecken. Denn überwiegend handelt es sich dabei ja um Beschneidungen von Rechten. Von daher muss in diesen Gesetzen immer der Grundrechtsartikel, der berührt ist, genannt werden. Man spricht deshalb mit Blick auf den Art. 19 Abs. 1 Satz 2 GG vom »Zitiergebot«.

Art. 19 Abs. 2 GG legt die Grenze fest, über die hinaus ein Grundrecht nicht angetastet werden darf: Sein Wesensgehalt muss erhalten bleiben. Was ihn ausmacht, ist freilich nicht von vornherein oder ganz allgemein zu bestimmen. Dieser Kern muss von Fall zu Fall ermittelt werden und hängt auch vom Verhältnis der Grundrechte untereinander ab. Sicherlich ist es hilfreich zu fragen, was nach einer Grundrechtseinschränkung von ihm noch übrig bleibt, um sagen zu können: Bis hierher und nicht weiter, sonst schmilzt das Grundrecht wie Eis in der Sonne. Da ist Auslegung gefragt, also die Kunst, den Sinn eines Rechts herauszufiltern. Allerdings gibt es einige wenige Ausnahmesituationen, wie etwa den polizeilichen Todesschuss zur Rettung einer Geisel, in denen auch die letzte Grenze eines Grundrechts fallen kann. In diesem Beispiel ist das Recht des Täters auf Leben betroffen.

Große Bedeutung kommt schließlich dem Art. 19 Abs. 4 GG zu. Diese sogenannte Rechtsweggarantie ist gewissermaßen das Markenzeichen des Rechtsstaats, dem wir im nächsten Kapitel wieder begegnen werden. Was so schlicht und selbstverständlich klingt, ist äußerst folgenreich und hebt Bürgerinnen und Bürger auf Augenhöhe mit dem Staat. Wer sich von ihm, genauer von der vollziehenden Gewalt (Verwaltung) in seinen Rechten verletzt sieht, kann vor Gericht ziehen und gegen den Staat klagen. Dieses Grundrecht, das jedem zusteht, kennen nur Demokratien. In ihnen dient der Staat den Menschen. Sie sind es, vor denen sich der Staat zu verantworten hat, sie sind es, die ihn, den demokratischen Rechtsstaat, durch Wahlen mit Leben erfüllen und erneuern.

IV. IN GUTEN WIE IN SCHWIERIGEN ZEITEN: DAS GRUNDGESETZ – EINE VERFASSUNG FÜRS 21. JAHRHUNDERT

Die Grundrechte, das ist schon mehrfach betont worden, entspringen im Kern *unveräußerlichen Menschenrechten*, also dem Einzelnen kraft seiner menschlichen Natur zustehenden Rechten, die *nicht* von der Gnade des Staates abhängen, sie zu verleihen oder nicht. Aber damit sie wahrgenommen werden und Geltung erlangen können, benötigen sie Anerkennung und Entfaltungsraum. So wenig der Staat über Menschenrechte einfach verfügen kann, so sehr sind diese auf eine staatliche Ordnung angewiesen, die sie verbürgt. Mehr noch: Obzwar Menschen- und Bürgerrechte ursprünglich aus der Abwehr gegen staatliche Willkür entstanden sind, kann doch zugleich keine Macht außer eben dem Staat ihre Inanspruchnahme gewährleisten.

Dem widerspricht auch nicht die Tatsache, dass es mittlerweile zahlreiche europäische oder andere zwischen- und überstaatliche Einrichtungen zum Schutz dieser grundlegenden Rechte gibt. Denn dahinter stehen nach wie vor einzelne Staaten, die einen solchen internationalen Rechtsschutz mit Garantieerklärungen ins Leben gerufen haben. Um ein Bild zu gebrauchen: Der Staat stellt eine geschützte Bühne zur Verfügung und sorgt durch Rollenverteilung dafür, dass das beim Publikum seit Jahrzehnten äußerst beliebte Stück »Gelebte Grundrechte« Tag für Tag möglichst störungsfrei aufgeführt werden kann. Macht das jeder Staat so? Nein, in autoritär oder diktatorisch regierten Ländern *inszenieren* die Machthaber höchstens nur Bühnenzauber, das heißt, sie lassen Marionetten tanzen, die das Publikum täuschen, und lenken durch viel Firlefanz und grellbunte Kulissen davon ab, dass kein würdiges Schauspiel geboten wird, sondern eine Schmierenkomödie.

Anders im demokratischen Rechtsstaat. Er verhält sich wie ein – vom Publikum gewählter – Schiedsrichter, der den Spielverlauf nicht lenkt, sondern lediglich darauf achtet, dass alles mit rechten Dingen zugeht, dass sich also die Handelnden, die Akteure, an die vorgegebenen und bekannten Regeln halten. Welche Eigenschaften sind dafür gefragt oder genauer formuliert: Wie ist der Staat der Bundesrepublik Deutschland beschaffen? Da dieses Buch nur eine erste Annäherung an unsere Verfassung eröffnen möchte, können der Aufbau des Staates, seine Organe und Glieder und das Verhältnis zwischen Bund und Bundesländern nicht in aller Ausführlichkeit in Augenschein genommen werden.

Uns interessieren die tragenden Säulen dieses Gebäudes. Aber dabei wollen wir es nicht bewenden lassen. Dass diese Säulen sich bislang als ebenso stabil wie elastisch erwiesen haben, dürfte – ungeachtet mancher Auswüchse und Fehlentwicklungen – keinem Zweifel unterliegen. Das Verfassungshaus ist gut gezimmert, doch steht es auch auf sicherem Boden? Anders gefragt: Ist das Grundgesetz in seiner jetzigen Verfassung geeignet, den Umbrüchen der Gegenwart standzuhalten und die Herausforderungen der Zukunft zu schultern?

Das Grundgesetz ist zwar eine nationale Verfassung. Aber wir leben mit ihm nicht auf einer Insel der Glückseligen. Die Welt wächst auf der einen Seite immer schneller und intensiver zusammen, aber sie fällt auch durch Krisen und Konflikte auseinander, wie die Corona-Pandemie, der Klimawandel, der Ukraine-Krieg, der internationale Terrorismus, das wiederaufgeflammte Nahost-Drama oder der Aufstieg Chinas zu einer zusehends aggressiven Weltmacht beispielhaft illustrieren.

Diese globalen Entwicklungen, vor denen niemand die Augen verschließen kann, müssen auch durch die Brille der Verfassung betrachtet werden. Dazu gehören noch immer die sozialen Folgen der schon mehrfach erwähnten Finanz- und Bankenkrise in den Nullerjahren, was manchmal vergessen wird. Zwar liegt diese Zäsur anderthalb Jahrzehnte zurück, aber etliche Spaltungen und Polarisierungen in Gesellschaften rund um den Globus wie auch die wachsende Popularität rechtsautoritärer Bewegungen weltweit nähren sich bis heute davon. So international diese Verwerfungen sind, so international sind auch die Erfordernisse bei der Bekämpfung des Klimawandels, der vor keiner Grenze, keinem Land und eben auch keiner Weltanschauung haltmacht. Und auch die Eindämmung des Terrorismus erfordert in nicht allen, aber den meisten Fällen eine übergreifende Zusammenarbeit.

Bevor wir uns dem Grundgesetz im Licht einiger dieser großen Fragen nähern und dazu auch die von ihr gezimmerten Pfeiler des Staates in den Blick nehmen, noch eine historische Anmerkung zur legitimen Frage nach einer Volksabstimmung über diese Verfassung oder auch eine denkbare neue während des Vollzugs der deutschen Einheit 1990.

Ja, gewiss, es hätte die Verfassung und die Einheit Deutschlands geadelt und vielleicht sogar manchen späteren antidemokratischen Entfremdungen vor allem im Osten Deutschlands vorbeugen können, wenn das Volk einmal Gelegenheit gehabt hätte, über das Grundgesetz abzustimmen. Zur Vollendung der deutschen Einheit gleichsam. Art. 146 GG sieht das als Möglichkeit vor. Aber eben auch die *Fortgeltung* des bestehenden Grundgesetzes für das *gesamte* deutsche Volk nach dessen Vereinigung, und die wurde am 3. Oktober 1990 durch den Beitritt der demokratisierten DDR zum Geltungsbereich des Grundgesetzes herbeigeführt – legal und legitim nach den Vorgaben des Art. 23 GG. Im Rückblick darf daran erinnert werden: Als das Tor zur deutschen Einheit sich 1989/90 überraschend auftat, musste, wie immer in solchen *revolutionär* zu nennenden Situationen, schnell und umsichtig, aber auch entschieden gehandelt werden. Derartige in der Geschichte äußerst seltenen Momente können auch zu verpassten Gelegenheiten werden, wenn die Zeit drängt und die Umstände wenig Spielraum lassen.

DIE SÄULEN DES STAATES

ARTIKEL 20 (VERFASSUNGSGRUNDSÄTZE; WIDERSTANDSRECHT)

(1) Die Bundesrepublik Deutschland ist ein demokratischer und sozialer Bundesstaat.

(2) Alle Staatsgewalt geht vom Volke aus. Sie wird vom Volke in Wahlen und Abstimmungen und durch besondere Organe der Gesetzgebung, der vollziehenden Gewalt und der Rechtsprechung ausgeübt.

(3) Die Gesetzgebung ist an die verfassungsmäßige Ordnung, die vollziehende Gewalt und die Rechtsprechung sind an Gesetz und Recht gebunden.

(4) Gegen jeden, der es unternimmt, diese Ordnung zu beseitigen, haben alle Deutschen das Recht zum Widerstand, wenn andere Abhilfe nicht möglich ist.

Der erste und einzige Satz des Art. 20 Abs. 1 GG hat es in sich, auch wenn er nur kurz ist. Über ihn erschließen sich alle Säulen, auf denen der deutsche Staat ruht – bis auf eine, die wir an anderer Stelle finden werden. Schauen wir uns diese Staatsform näher an. In der Bezeichnung »Bundesrepublik« steckt der Begriff Republik. Er leitet sich aus dem lateinischen »res publica« ab, was so viel heißt wie Gemeinwesen, auch Gemeinwohl oder öffentliche Angelegenheit. Dem Staatsrechtslehrer Josef Isensee zufolge wurzelt die Republik im »Gemeinsinn freier Bürger, die dem Wohl der Allgemeinheit dienen«. Merkmal der Republik ist zunächst einmal, dass sie weder Diktatur noch Monarchie ist. An ihrer Spitze steht ein gewähltes Staatsoberhaupt, dessen Amtszeit zeitlich begrenzt ist.

Über diesen Ausschluss erblicher oder lebenslanger Herrschaft hinaus steht die Republik für ein freiheitliches Verständnis von Politik, das an demokratischen Gesetzen, an Recht und Verfassung orientiert ist. Ganz allgemein vertritt sie den Gedanken, dass jedes öffentliche Amt nur auf Zeit und durch Wahl vergeben werden darf. In Deutschland verkörpert der Bundespräsident das Staatsoberhaupt. Mit dessen vorwiegend repräsentativen Aufgaben haben wir uns ja bereits im zweiten Kapitel eingehend auseinandergesetzt. Er wird für fünf Jahre von der Bundesversammlung gekürt, die aus allen Bundestagsabgeordneten und noch einmal so vielen Mitgliedern besteht, welche von den Länderparlamenten gewählt werden.

Die Demokratie ist als zweite Säule in Art. 20 Abs. 1 GG verankert. Damit ist die Herrschaft des Volkes gemeint, aber, wie wir inzwischen wissen, keine unmittelbare, sondern eine mittelbare. Parlamente mit vom Volk auf Zeit gewählten Abgeordneten, sprich der Bundestag und die Landtage, üben diese Herrschaft stellvertretend, repräsentativ, aus. Diese repräsentative Demokratie ist aber nicht einfach eine Herrschaft der Mehrheit. Sie muss durch Schutzvorkehrungen für die jeweilige Minderheit dafür sorgen, dass sich Mehrheitsverhältnisse ändern können. Die Opposition von heute soll die Chance erhalten, die Regierung von morgen zu stellen. Ansonsten kann nämlich auch eine Demokratie trotz Wahlen in eine *Tyrannei der Mehrheit* umschlagen. Welche Gefahren für die Freiheit in so einem schleichenden Übergang zu autoritären Verhältnissen lauern, lässt sich an Ländern wie Polen, Ungarn und zuletzt auch Israel studieren. Zumindest in Polen scheint nach der letzten Parlamentswahl im Herbst 2023 dieser *postdemokratische* Umbau glücklicherweise fürs Erste gestoppt zu sein. Um derartigen Entwicklungen in Deutschland einen Riegel vorzuschieben, hat das Bundesverfassungsgericht den Begriff der »freiheitlichen demokratischen Grundordnung« geprägt und mit Leben erfüllt.

Art. 20 Abs. 2 Satz 1 GG vertieft den Demokratiebegriff. Er benennt die Quelle jedweder Staatsgewalt und führt sie auf diesen Ursprung zurück. Die Staatsgewalt darf sich nicht auf irgendeine höherstehende Macht (Gott, Kaiser, König) berufen, sondern nur auf das Volk, genau: auf das Staatsvolk der Bundesrepublik Deutschland, also die deutschen Staatsangehörigen. Diese Bindung kommt in dem Satz zum Ausdruck: »Alle Staatsgewalt geht vom Volke aus.« Und das versteht man unter Volkssouveränität.

Das Volk übt die Staatsgewalt aus, und zwar zum einen »in Wahlen und Abstimmungen« (Art. 20 Abs. 2 Satz 2 erster Halbsatz GG). Diese Wahlen müssen bestimmte Voraussetzungen erfüllen: Allgemeinheit: Jeder, der berechtigt ist, darf wählen; Unmittelbarkeit: Es wird direkt gewählt – also ohne zusätzlich aufgestellte Wahlmänner wie etwa bei den Präsidentschaftswahlen in den USA; Geheimheit: Niemand braucht seine Wahlentscheidung zu offenbaren; Freiheit: Niemand darf zur Wahl genötigt werden; Gleichheit: One man, one vote – jede Stimme zählt einmal und gleich viel. Da neben »Wahlen« auch »Abstimmungen« zur Ausübung der Staatsgewalt durch das Volk gehören, kann daraus durchaus auf die Möglichkeit von direkten Volksentscheiden zu bestimmten Themen geschlossen werden. Obwohl die Verfassung ja eigentlich dieser Frage sehr zurückhaltend gegenübersteht, wie wir inzwischen wissen.

Das Volk als oberster Souverän bestimmt seine Vertreter, die nicht an Weisungen gebunden sind. Der Abgeordnete ist nur seinem Gewissen unterworfen, er verkörpert aber auch den Willen, die Interessen und Meinungen derer, die er repräsentiert. Zwischen Wählern und Gewählten stehen die Parteien. Sie sind Vermittler, sie bündeln und verstärken einzelne Anliegen zu einem großen Thema. Nur so kann in Demokratien Politik als öffentliche Auseinandersetzung entstehen und betrieben werden. Deshalb heißt es in Art. 21 Abs. 1 Satz 1 GG: »Die Parteien wirken bei der politischen Willensbildung des Volkes mit.« Wichtige Einschränkung: Die Parteien dürfen keinen politischen Alleinvertretungsanspruch erheben, denn sie »wirken« ja nur »mit«.

Zum anderen verkörpert die Staatsgewalt das Volk »durch besondere Organe der Gesetzgebung, der vollziehenden Gewalt und der Rechtsprechung« (Art. 20 Abs. 2 Satz 2 zweiter Halbsatz GG). Hierin drückt sich die Gewaltenteilung zwischen Parlament, Regierung und Justiz aus. Dazu muss man wissen: »Besondere Organe« heißt nichts anderes als gesonderte, also voneinander getrennte Einrichtungen.

In Art. 20 Abs. 3 GG finden wir die dritte Säule des Staates – die Rechtsstaatlichkeit. Er verpflichtet die drei Gewalten: die Legislative (Gesetzgebung) auf Verfassungstreue (was Grundgesetz-Änderungen nicht ausschließt), die Exekutive (vollziehende Gewalt) und die Judikative (Rechtsprechung) auf Gesetzes- und Rechtstreue. Verstärkt wird das Rechtsstaatsprinzip durch den Art. 28 Abs. 1 Satz 1 GG. Er lautet: »Die verfassungsmäßige Ordnung in den Ländern muss den Grundsätzen des republikanischen, demokratischen und sozialen Rechtsstaates im Sinne dieses Grundgesetzes entsprechen.« Wenn der Rechtsstaat in den Ländern durch die Verfassung ausdrücklich vorgeschrieben ist, muss es im Bund ebenso sein. Alles andere würde das Grundgesetz auf den Kopf stellen und unsinnig sein. Staatsrechtler sprechen in diesem Zusammenhang von der »Homogenitätsklausel«, einer Einheitlichkeit von Zielen, die jede gute Verfassung auszeichnet.

Der Rechtsstaat hat zwei Seiten. Erstens muss alles staatliche Handeln eine gesetzliche Grundlage haben, und zweitens trägt der Rechtsstaat die Idee der Gerechtigkeit in sich. Dass Ideal und Wirklichkeit bei der Gerechtigkeit oft weit auseinanderliegen, spricht nicht dagegen. Der Staat muss sich immer am Gerechtigkeitsanspruch messen lassen. Was dies für die *soziale* Gerechtigkeit bedeutet, werden wir gleich noch sehen. Die Unterscheidung zwischen Gesetz und Recht in Art. 20 Abs. 3 GG berücksichtigt die Tatsache, dass es verschiedene Quellen des Rechts gibt – Gesetzestexte ebenso wie Richterurteile, die zusammen Gesetz und Recht ausmachen. Allerdings soll das Wort »Recht« auch ganz bewusst daran erinnern, dass es, wie im NS-Regime, Gesetze geben kann, die Ausdruck von Unrecht sind.

Die Bindung von Exekutive und Judikative an Gesetz und Recht mündet in die Gesetzmäßigkeit der Verwaltung. Sie ist durch den Vorrang und den Vorbehalt des Gesetzes bestimmt. Der Vorrang des Gesetzes unterwirft die Verwaltung den Entscheidungen des Gesetzgebers; der Vorbehalt des Gesetzes verlangt eine gesetzliche Grundlage, um in Freiheits- und Eigentumsrechte des Bürgers eingreifen zu können.

Man sieht schon: Manch ein Artikel im Grundgesetz birgt verwirrend viel Stoff, der ganze Bibliotheken füllt. Auch zum Rechtsstaat ließe sich noch mehr sagen, aber wir wollen unsere Besichtigung ja fortsetzen und müssen an dieser Stelle abbrechen. Uns geht es um die großen Säulen des Staatsgebäudes. Drei haben wir schon, zwei fehlen noch. Die beiden anderen sind ebenfalls in Art. 20 Abs. 1 GG verewigt. Verewigt deshalb, weil ja laut Art. 79 Abs. 3 GG einige Bestimmungen des Grundgesetzes unabänderlich sind – eine Sicherung von unschätzbarem Wert. Diese Ewigkeitsgarantie, zu Beginn dieses Buches ist sie uns schon begegnet, liest sich so: »Eine Änderung dieses Grundgesetzes, durch welche die Gliederung des Bundes in Länder, die grundsätzliche Mitwirkung der Länder bei der Gesetzgebung oder die in den Artikeln 1 und 20 niedergelegten Grundsätze berührt werden, ist unzulässig.«

Was heißt das im Ergebnis: Keine Mehrheit in Bundestag und Bundesrat, wie groß auch immer, und erst recht keine Regierung kann den Verfassungskern zu Fall bringen. Denn um nichts weniger handelt es sich bei den Grundsätzen des Art. 1 GG (Schutz der

Menschenwürde) und des Art. 20 GG. Und das umfasst *alle* Staatssäulen und sämtliche Absätze dieses Artikels. Unter diesem Schutzschirm stehen zudem der föderale Aufbau (Gliederung des Bundes in Länder) und die Mitwirkung dieser Länder bei der Gesetzgebung. Womit wir bei der nächsten Säule wären, nämlich dem Bundesstaat des Art. 20 Abs. 1 GG.

Ohne die besonderen Probleme des Föderalismus in Deutschland hier näher behandeln zu können, also das Miteinander, oft auch Gegeneinander zwischen Bund und Ländern, sei so viel angemerkt: Aus Sicht der Verfassung sind starke Länder mit allerdings deutlich abgegrenzten Aufgaben und Zuständigkeiten bei der Gesetzgebung ein erwünschtes Gegengewicht zum Bund. Doch fest steht auch, dass das Grundgesetz keinen losen Staatenbund, sondern einen Bundesstaat vorsieht. Also eine Verbindung aus lebensfähigen Gliedern und einem handlungsfähigen Haupt. An sich ist die ausgewogene Machtverteilung zwischen Bund und Ländern durch unterschiedliche Befugnisse für viele Lebensbereiche eine gute Sache. Sie entspricht nämlich dem Gedanken der Gewaltenteilung, einem Urprinzip der Demokratie. Deshalb sollte man den Föderalismus nicht vorschnell verteufeln, sondern vielmehr verbessern.

Kommen wir zur letzten Säule, dem Sozialstaat. Auch er findet sich in Art. 20 Abs. 1 GG, wonach die Bundesrepublik Deutschland ein »sozialer Bundesstaat« ist. Der Sozialstaat hat in Deutschland eine lange und verdienstvolle Geschichte, die bis ins 19. Jahrhundert zurückreicht. Er war die Antwort auf die sozialen Umwälzungen der Industrialisierung, die Fortschritt, aber auch Elend brachte. Auch heutzutage hat der Sozialstaat angesichts ähnlicher Entwicklungen durch die Globalisierung nichts von seiner Bedeutung verloren. Ganz im Gegenteil, er ist wichtiger denn je, um die Folgen eines weltweit entfesselten Kapitalismus aufzufangen. Vom Sozialstaat wird erwartet, dass er »für einen Ausgleich der sozialen Gegensätze und damit für eine gerechte Sozialordnung zu sorgen« hat, so das Bundesverfassungsgericht in einem Urteil zur Vermögensteuer.

Der Staat hat einen aktiven Auftrag zur Gestaltung der Sozialordnung. Für den Gesetzgeber bedeutet dies, dass er »verpflichtet ist, den Abstand zwischen den wirtschaftlichen Verhältnissen von Arm und Reich nicht im Status quo *(gegenwärtiger Zustand, Anm. d. Verf.)* beharren oder gar sich vergrößern zu lassen, sondern ihn zu verringern«, wie der Verfassungsrechtler Ingo von Münch betont. Es handelt sich dabei freilich um ein Staatsziel, das heißt, der Einzelne hat keine direkten einklagbaren Ansprüche. Auch nicht darauf, dass alles so bleibt, wie es ist. Der Gesetzgeber verfügt über einen weiten Spielraum je nach wirtschaftlicher Lage. An einem lässt sich aber nicht rütteln: Das Sozialstaatsprinzip begründet in Verbindung mit der Menschenwürde aus Art. 1 Abs. 1 GG die Garantie eines Existenzminimums, das der Staat Hilfsbedürftigen zur Verfügung stellen muss.

Der Sozialstaat trägt der Einsicht Rechnung, dass man die im Krisenkarussell des Kapitalismus rotierenden abhängig Beschäftigten nicht für soziale Risiken und Schicksalsschläge wie Jobverlust, Krankheit und Altersnot verantwortlich machen kann. Und er räumt zudem mit einem Trugbild auf, das Anhänger eines reinen Marktliberalismus gerne verbreiten, wonach Freiheit und Gleichheit unversöhnliche Gegensätze seien. Häufig wird dann behauptet, der Sozialstaat führe zu Gleichmacherei auf Kosten der Freiheit. Das ist falsch. Verfassungstheoretisch stammen Freiheit und Gleichheit aus denselben Quellen des Naturrechts. In sehr anschaulicher Weise verdeutlicht das der Rechtswissenschaftler Martin Kriele:

»Die Herstellung der Gleichheit bedeutet nichts anderes als die Herstellung der Freiheit: Sie befreit den Sklaven, den Leibeigenen, den Knecht, später den Proletarier und schafft dadurch eine Mindestbedingung für ein der Natur des Menschen gemäßes Leben. Die Herstellung der Gleichheit mindert zwar die mit der Herrschaft genossenen Freiheiten des Sklavenhalters, des Herrn, des Ausbeuters (…); sie tut dies jedoch um der Freiheit des Menschen willen.«

Schon für den Philosophen Immanuel Kant (1724–1804) stand fest, dass die Verwirklichung der Freiheitsidee davon abhängt, ob die Freiheit des einen die Freiheit eines jeden anderen einschließt. Bis heute verwechseln nämlich viele Freiheit mit Vorrechten für wenige. Das entspricht aber keineswegs dem Geist des Grundgesetzes. Es geht vielmehr davon aus, dass ein Ausgleich materieller Ungleichheiten erforderlich sein kann, damit der Einzelne von seiner Freiheit überhaupt Gebrauch machen kann, kurz: dass so gesehen Gleichheit die Voraussetzung für Freiheit ist. Genau dafür ist der Sozialstaat da. Er soll Kriele folgend für die »Balance zwischen Freiheit und Gleichheit« sorgen und dabei das Ziel verfolgen, »das jeweils erreichbare Optimum an gleicher Freiheit zu finden«.

Dieser Balanceakt orientiert sich an einem Freiheit und Gleichheit verbindenden und überwölbenden Richtwert, und zwar dem der Gerechtigkeit – womit der immer aktueller werdende Begriff der Generationengerechtigkeit ins Spiel kommt. Angesichts der alternden Gesellschaft, in der immer weniger Junge für mehr und mehr Ältere gemäß dem Solidarprinzip zum Beispiel die Renten erwirtschaften müssen, führt kein Weg daran vorbei, die Ausgaben des Sozialstaats, die derzeit gut 30 Prozent der Wirtschaftsleistung binden, zu begrenzen und ihn so umzubauen, dass die jüngeren Generationen nicht überfordert werden.

Republik, Demokratie, Rechtsstaat, Bundesstaat und Sozialstaat: Das sind die Säulen, auf denen Staat und Gesellschaft in Deutschland errichtet sind. Ja, nicht nur der Staat, auch die Gesellschaft ist selbstverständlich in diese lebendige Ordnung eingewoben. Aus ihr kommen schließlich immer wieder Impulse für die Verfassung. So etwa für den Art. 20a GG, der 1994 den Schutz der natürlichen Lebensgrundlagen und der Tiere als Staatsziel ins Grundgesetz aufgenommen hat. Eine solche Staatszielbestim-

mung verpflichtet nicht nur den Gesetzgeber, sondern alle Staatsorgane zur Erfüllung vorgegebener Aufgaben.

Daran erinnerte das Bundesverfassungsgericht 2021 mit einem
Urteil zu den Verfassungsbeschwerden junger Menschen gegen
Unzulänglichkeiten des zwei Jahre zuvor beschlossenen Klima-
schutzgesetzes. Dieses Urteil war auch insofern vorausschauend,
als es in der sich verschärfenden Klimakrise eine künftige Gefähr-
dung von Freiheitsrechten nachwachsender Generationen erkannte. Ausgehend vom »Recht auf Leben und körperliche Unversehrtheit« (Art. 2, Abs. 2, Satz 1 GG) verknüpfte der Erste Senat
des Bundesverfassungsgerichts die staatliche Schutzpflicht der
natürlichen Lebensgrundlagen (Art. 20a GG) mit dem Thema Freiheit, sah eine Verletzung von Grundrechten und mahnte, wenn
auch nur indirekt, eine zeitnahe Verminderung von Treibhausgas-
emissionen an.

Die Ausführungen des Gerichts dazu bleiben aufschlussreich.
Den Artikel 20a GG im Blick, schrieben die Richterinnen und
Richter der Politik ins Stammbuch: »Der Staat schützt auch in
Verantwortung für die künftigen Generationen die natürlichen
Lebensgrundlagen und die Tiere im Rahmen der verfassungsmäßigen Ordnung durch die Gesetzgebung und nach Maßgabe von
Gesetz und Recht durch die vollziehende Gewalt und die Rechtsprechung.« Sie verlangten deshalb »Vorkehrungen zur Gewährleistung eines freiheitsschonenden Übergangs in die Klimaneu-
tralität«. Denn es sei unzulässig, jungen Menschen später eine
»radikale Reduktionslast« aufzubürden, sodass »deren Leben
umfassenden Freiheitseinbußen ausgesetzt würde«. In der Schlussfolgerung heißt das: Die derzeit die Schalthebel der Macht bedie-
nenden und die Früchte des Wohlstands genießenden Generationen dürfen laut Bundesverfassungsgericht nicht weiter so auf
Kosten ihrer Kinder und Enkel leben.

DAS EUROPÄISCHE DACH

Als das Grundgesetz 1949 verabschiedet wurde, steckte die europäische Einigung noch in den Kinderschuhen. Wenn von einem Provisorium gesprochen wurde, konnte man das ohne Weiteres nicht nur auf das Grundgesetz beziehen. Es war ja insgesamt unklar, welche Entwicklung die westliche Hälfte Deutschlands, die Bundesrepublik, und Europa nehmen würden. Vieles erschien provisorisch, also im Übergang begriffen; eine neue Weltordnung begann sich nach dem Ende des Zweiten Weltkriegs erst allmählich abzuzeichnen. Dass bis zur Jahrtausendwende die Integration, die Einheit Europas – trotz aller Verzögerungen und Mängel – greifbar Gestalt annehmen würde, war damals der Traum nicht nur der Mütter und Väter des Grundgesetzes.

Mittlerweile ist Europa im Alltag der Menschen angekommen. Die Mitgliedstaaten der Europäischen Union (EU) haben eine ganze Reihe von nationalen Befugnissen an europäische Einrichtungen abgetreten und damit freiwillig auf Souveränitätsrechte, Hoheitsrechte, verzichtet. Das ist ein beispielloser Vorgang auf einem Kontinent, der kriegerische Jahrhunderte hinter sich hat wie kaum ein anderer. Und er betrifft Zuständigkeiten der einzelnen Regierungen, der nationalen Parlamente und der Rechtsprechung in den Ländern der EU. Zahlreiche Entscheidungen, Gesetze und Verordnungen der EU-Kommission in Brüssel und des Europäischen Parlaments in Straßburg greifen inzwischen tief ins Leben von rund 500 Millionen Bürgerinnen und Bürgern ein. Trotz nicht unerheblicher bürokratischer Auswüchse beim Zusammenwachsen der Union überwiegen die Vorteile für die Menschen und die nationalen Volkswirtschaften die Nachteile zweifelsohne, wenn man nur an den Reise- und Güterverkehr denkt.

Diese integrative Entwicklung macht auch vor dem Grundgesetz nicht halt. Es fördert solche Bestrebungen sogar ausdrück-

lich, worüber Art. 23 Abs. 1 Satz 1 GG Auskunft gibt: »Zur Verwirklichung eines vereinten Europas wirkt die Bundesrepublik
Deutschland bei der Entwicklung der Europäischen Union mit,
die demokratischen, rechtsstaatlichen, sozialen und föderativen
Grundsätzen und dem Grundsatz der Subsidiarität verpflichtet ist
und einen diesem Grundgesetz im Wesentlichen vergleichbaren
Grundrechtsschutz gewährleistet.«

Das Grundgesetz – im Kern eine nationale Verfassung – öffnet
die Tür zur europäischen Integration weit. Das geht schon aus der
Präambel hervor, wonach sich das deutsche Volk dazu bekennt,
»als gleichberechtigtes Glied in einem vereinten Europa dem Frieden der Welt zu dienen«. Die Hinwendung des Grundgesetzes
gen Europa, ja seine Ausrichtung dahin von Geburt an verdankt
sich also – daran muss in diesen Tagen nachdrücklich erinnert
werden – keineswegs einer Laune seiner Schöpferinnen und Schöpfer, sondern ist eine aus historischer Erfahrung geborene Selbstverpflichtung. Nie wieder sollten nach der Katastrophe der nationalsozialistischen Gewaltherrschaft und des Zweiten Weltkriegs
deutsche nationale Alleingänge und Machtansprüche Nachbar-
staaten und andere überrollen. Folgerichtig war auch die (Wie-
der-)Vereinigung der Deutschen in Ost und West 1990 aus Sicht
aller verantwortlichen Akteure, der ehemaligen alliierten Siegermächte ebenso wie der deutschen Bundesregierung unter Kanzler Helmut Kohl, zwingend an die Einbettung Deutschlands in
Europa geknüpft. Wenn die AfD also mehrheitlich und kaum
verhüllt die Rückabwicklung der EU propagiert, dann zeigt diese
in ihrem Kern antidemokratische Partei nur ein weiteres Mal,
dass sie den Geist unserer Verfassung nicht versteht oder nicht
verstehen will.

Freilich stellt das Grundgesetz auch Bedingungen für seine
Europafreundlichkeit und schiebt seiner Selbstaufhebung einen
Riegel vor. Wir erkennen in Art. 23 Abs. 1 Satz 1 GG klassische Säu-
len des bundesrepublikanischen Staatsaufbaus wieder: den demo-

kratischen, sozialen und föderativen Rechtsstaat. Nur der Hinweis auf die Republik fehlt, was daran liegt, dass die europäische Gemeinschaft kein richtiger Staat mit einem Oberhaupt werden soll, sondern ein enger Zusammenschluss selbstständiger und unabhängiger Länder ist und bleibt. Und der Art. 23 Abs. 1 Satz 3 GG begrenzt die Handlungsfreiheit der europäischen Einrichtungen mit dem Hinweis auf die Ewigkeitsgarantie nach Art. 79 Abs. 3 GG.

Damit soll der Verfassungskern des Grundgesetzes, wie er in den Artikeln 1 und 20 festgeschrieben ist, bewahrt werden. Und was verbirgt sich hinter dem schwierigen Wort »Subsidiarität«? Nun, nichts anderes als der Grundgedanke des Föderalismus selbst, dass nämlich untere politische Einheiten, etwa Gemeinden oder einzelne EU-Staaten, so viel wie möglich in Eigenverantwortung regeln sollen, damit sich die Tätigkeit höherer Einheiten, wie zum Beispiel der EU-Kommission, auf das Nötigste beschränkt. Leider ist die Wirklichkeit von diesem Ideal noch weit entfernt.

Bekanntlich ist das Vorhaben einer Europäischen Verfassung vorerst gescheitert. Ersatzweise ist der Vertrag von Lissabon auf den Weg gebracht worden, der die Gemeinschaft der 27 Staaten seit nun bald anderthalb Jahrzehnten politisch handlungsfähiger machen soll. Nicht erst das Drama um das Ausscheiden Großbritanniens aus der Europäischen Union im Jahr 2020 (Brexit) hat allerdings erneut ins Bewusstsein gerufen, dass die nach und nach erkämpfte Einheit Europas alles andere ist als ein Selbstgänger. Stärker werdende Interessengegensätze zwischen einzelnen Ländern, aber auch innenpolitische Entwicklungen in einigen Staaten wie etwa Ungarn und eine Zeit lang auch in Polen hin zu »illiberalen Demokratien« verstärken die Sorgen um die Zerbrechlichkeit der Gemeinschaft.

Mit dem Vertrag von Lissabon erlangte auch die EU-Grundrechtecharta Ende 2009 Geltung. Für den Grundrechtsschutz auf diesem neuen Fundament ist der Europäische Gerichtshof in Luxemburg zuständig, der sich bis dahin an der Europäischen

Menschenrechtskonvention aus dem Jahr 1950 orientiert hatte. Von daher hat das deutsche Bundesverfassungsgericht seine herausgehobene Rolle als oberster Hüter der Grundrechte etwas eingebüßt. Durch die Wirksamkeit der EU-Grundrechte seit mittlerweile 15 Jahren und die Arbeit des Europäischen Gerichtshofs hat sich in dieser Hinsicht jedoch keine empfindliche Lücke aufgetan.

Etwas kritischer sieht es bisweilen bei Fragen nationaler Souveränität und den Kompetenzen europäischer Institutionen aus. Da kommt es auch zu Reibungen und Kontroversen wie im Mai 2020, als das Bundesverfassungsgericht das Vorgehen der Europäischen Zentralbank (EZB) zur Dämpfung der Staatsschuldenkrise im EU-Raum als zu weitgehend, um nicht zu sagen übergriffig erklärte und sich damit in Widerspruch zum Europäischen Gerichtshof setzte. Solche Kollisionen wird es immer wieder geben; sie sind Ausdruck eines dynamischen Balanceaktes, der darin besteht, so viel europäische Integration zu schaffen, wie angesichts globaler Herausforderungen erforderlich ist, und dabei zugleich so viel einzelstaatliche Gestaltungsfreiheit wie möglich zu gewährleisten.

AUSBLICK

Eigentlich, so haben wir eingangs festgehalten, zielen Verfassungen auf eine gewisse Beständigkeit ab und sollen den gesellschaftlichen Wandel in geordnete Bahnen lenken, ihn, wo nötig, auch bändigen. Tatsächlich hat sich seit der Erstausgabe dieser Einführung ins Grundgesetz vor 15 Jahren nicht nur viel ereignet, sondern auch vieles teilweise dramatisch verändert. Vor welch großen Herausforderungen unser Land stand und noch steht, haben wir gesehen und auch, wie sich diese Herausforderungen auf das Grundgesetz ausgewirkt haben. Bleibt zum Schluss die Frage, ob dieses Grundgesetz so, wie es jetzt ist, nicht nur für die Probleme der Gegenwart, sondern auch der Zukunft taugt – wobei wir festhalten wollen, dass Verfassungen, wie übrigens auch die Politik und die sie ausübenden Menschen, nicht für alles und jedes verantwortlich zu machen sind, wie etliche verdrossene Zeitgenossen in digitaler Dauererregung glauben machen wollen. Schauen wir also einmal, wie es um die Modernität unserer Verfassung steht.

Zweifellos hat die jahrelange Corona-Pandemie mit ihren nicht nur enormen gesundheitlichen Schäden und volkswirtschaftlichen sowie sozialen Folgen das Grundgesetz – und hier vor allem die Grundrechte – einem regelrechten Stresstest unterzogen. Aber ist es nicht ein Anlass zur Freude, ja, ein Grund, stolz darauf zu sein, dass unsere Verfassung nach allem, was wir gesehen haben – und auch dank unabhängiger Gerichte –, diesen Test bestanden hat? Und gilt das nicht erst recht für die anderen in diesem Buch beschriebenen Herausforderungen?

Das soll nicht heißen, dass in unserem Land alles zum Besten steht. Ganz und gar nicht. Die überaus gestresste Gesellschaft befindet sich in deutlich schlechterer Verfassung als das Grundgesetz selbst – und das ist ein gefährlicher Befund, wie sich am scheinbar unaufhaltsamen Aufstieg der AfD im Sommer 2023 zeigt. Klaus Hurrelmann, einer der führenden deutschen Sozialforscher, verwendet einen Begriff aus der psychiatrischen Diagnostik, wenn er der deutschen Gesellschaft eine »posttraumatische Belastungsstörung« bescheinigt. Er meint damit die tief sitzenden Ohnmachtsgefühle und den Gewissheitsverlust großer Teile der Bevölkerung angesichts der Erfahrungen mit der Corona-Pandemie und den Ängsten, die durch den Klimawandel, den russischen Angriffskrieg auf die Ukraine, anhaltende Flüchtlingsbewegungen und neuerdings die Inflation entstehen.

Patentrezepte gegen dieses massive Unbehagen an der Gegenwart und einen wachsenden Zukunftspessimismus gibt es nicht. Aber wenn Hurrelmann mit seiner Diagnose recht hat, ist uns am ehesten geholfen, wenn wir daran festhalten, dass Probleme grundsätzlich lösbar sind. Nichts anderes meint der Sozialforscher, wenn er unterstellt, dass wir Menschen eine Lebensorientierung brauchen, die uns Dinge machbar und verstehbar und unser Handeln sinnvoll erscheinen lässt. Wenn dies so ist, mag vielleicht auch dieses kleine Buch mit seinen Erläuterungen des Grundgesetzes und der ihm innewohnenden Entfaltungs- und Gestaltungsmöglichkeiten zu einer solchen Lebensorientierung beitragen. Verfassungen sind wesentlich dazu da, gesellschaftlichen Zusammenhalt zu ermöglichen, also auch jenes »Kohärenzgefühl«, jenes Zusammengehörigkeitsgefühl aufkommen zu lassen, das uns laut Hurrelmann verloren gegangen ist.

Ob Verfassungsänderungen bei dem beschriebenen Krankheitsbild eines sozialen Körpers unbedingt Heilung bringen, darf mit Skepsis betrachtet werden. Immerhin hat das Grundgesetz bis Ende 2022 67 Änderungen erlebt. Nicht alle waren gravierend, manche aber schon, wie an der Beschneidung des Asylrechts abzulesen ist, aber eben auch an der Einfügung eines Schutzgebots für unsere natürlichen Lebensgrundlagen. Regelmäßig kommen in diesem Zusammenhang auch Überlegungen zu plebiszitären Elementen auf den Tisch, also für mehr direkte Demokratie durch Volksbegehren, Volksbefragungen und Volksentscheide. Davon versprechen sich Befürworter, wie zuletzt etwa die ehemalige Verfassungsrichterin Gertrude Lübbe-Wolff, eine Auffrischung des repräsentativen Systems. Auch der Verfasser dieses Buches hat lange so gedacht, ist mittlerweile aber zurückhaltender geworden.

Geschuldet ist diese neue Bewertung wachsenden Zweifeln am Menschenbild vom »gut informierten Bürger«, das der österreichische Soziologe Alfred Schütz kurz nach dem Ende des Zweiten Weltkriegs in einem berühmten Essay gezeichnet hat. Mag dies über viele Jahrzehnte mehr oder weniger der Realität entsprochen haben, so zerbröselt dieses optimistische Ideal in der digitalen Ära mehr und mehr. Gewiss, das Internet und die sogenannten sozialen Medien sind theoretisch eine unerschöpfliche Quelle für Selbstaufklärung und Weiterbildung – mindestens ebenso groß, wenn nicht noch größer sind aber, wie mehrfach erwähnt, die Möglichkeiten dieser allen zugänglichen Medien zur Manipulation und Desinformation.

Allein die Vorgeschichte des Austritts des Vereinigten Königreichs aus der EU (Brexit), einer auch *online* geführten Kampagne aus Lug und Trug, und die *Tweet*-Herrschaft durch *Fake News* des amerikanischen Präsidenten Donald Trump, der in seiner Regierungszeit 2017 bis 2021 über Twitter mehr als 23 500 Kurznachrichten in die Welt jagte, belegen diesen Missbrauch hinlänglich.

In Kommunen und Regionen, ja auch in den Bundesländern gibt es sicher Themen, die sich für Bürgerinnen-und-Bürger-Entscheide eignen. Auf der Bundesebene hingegen greifen Probleme und Fragestellungen in einer vernetzten Welt oft ins Globale aus und sind auch sonst erheblich komplexer, als viele annehmen. Das macht sie zur idealen und leichten Beute für die zunehmende Zahl der *terribles simplificateurs*, der schrecklichen Vereinfacher.

Bessere Instrumente zur stärkeren Beteiligung der Menschen an der Politik könnten womöglich die von der derzeitigen Bundesregierung aus SPD, Grünen und der FDP jüngst eingeführten »Bürgerräte« werden. Gemeint sind sie als Brücke, um Regierte und Regierende einander wieder etwas näher zu bringen, und in der Tat könnte schon ein Dialog auf Augenhöhe das Verständnis auf beiden Seiten fördern. Hätten die Bürgerinnen und Bürger dazu noch die Möglichkeit, unmittelbarer als bisher Einfluss auf politische Entscheidungen zu nehmen, würde wohl auch die häufig beklagte Kluft zwischen ihren Erwartungen und den Ergebnissen »der Politik« kleiner. Das Grundgesetz erhielte so womöglich wünschenswerte erfrischende Impulse. Dass letztendlich Parlamente fällige Entscheidungen zu treffen hätten, täte der Sache keinen Abbruch.

Unser Fazit: Im Unterschied beispielsweise zur amerikanischen Verfassung, dem ältesten Vorbild moderner Demokratien, benötigt das Grundgesetz *keine* Inventur. Dieser Schluss kann erfreulicherweise auch und gerade nach den Belastungen durch die Corona-Pandemie gezogen werden, was selbstverständlich nicht ausschließt, über einzelne Korrekturen, Ergänzungen und Anpassungen an veränderte Gegebenheiten und Wertvorstellungen immer wieder nachzudenken. Insgesamt aber reicht der verfassungsrechtliche »Werkzeugkasten« aus, um jedenfalls unseren zurzeit absehbaren Herausforderungen begegnen zu können.

Freilich ist eine Verfassung immer nur so gut, wie eine Aktivbürgerschaft sich zu ihr bekennt und kenntnisreich von ihr Gebrauch macht. »Teile des Bürgertums verachten die Demokratie«, klagte der frühere Bundesinnenminister und liberale Politiker Gerhart Baum kürzlich. Noch düsterer klang kürzlich Andreas Voßkuhle, viele Jahre Präsident des Bundesverfassungsgerichts. »Es kann durchaus sein«, so der besonnene Jurist, »dass sich unsere westliche Demokratie nur als eine kurze Phase in der Geschichte der Menschheit erweist, (...) und danach wieder die dunkle Zeit des Totalitarismus zurückkehrt.« Sollte das zutreffen, wäre es fünf vor zwölf. Wenn Demokratiemüdigkeit sich zu aggressiver Abwendung und einer Öffnung hin zum Extremen steigert, wenn ein solcher Haltungsverlust die Mitte der Gesellschaft erreicht, steht alles und damit auch das Grundgesetz auf dem Spiel.

Es verfügt zwar über Sperrriegel gegen seine Aushebelung, wie wir gesehen haben. Aber unterhalb dieser Schwelle, so warnt seit einiger Zeit der anerkannte Verfassungsrechtler Maximilian Steinbeis, sind auch in Deutschland durchaus Szenarien vorstellbar, in denen, ähnlich wie in Ungarn und über Jahre auch in Polen Demokratie und Rechtsstaat Schritt für Schritt ausgehöhlt werden, um ein Regime einer einmal gewählten und fortan unangefochten herrschenden Mehrheit zu installieren. Ein solcher kalter Staatsstreich durch die Hintertür muss nicht unbedingt in radikalem Gewand auftreten; oft beginnt er damit, dass die Bastionen einer unabhängigen Justiz und/oder eines freien Journalismus geschliffen werden.

Über die Folgen solcher schleichenden Verwandlungen von Demokratien in autoritäre, *postdemokratische* Mischwesen sollte sich niemand Illusionen hingeben.

Weltweit ist zu besichtigen, dass die *Tyrannei einer Mehrheit* immer zunächst auf die Beseitigung der Rechte von Minderheiten zielt. Doch am Ende trifft es alle, worauf Susanne Baer, von 2011 bis 2023 Richterin am Bundesverfassungsgericht, eindringlich hinweist: »Werden Grund- und Menschenrechte nicht mehr wirksam geschützt, fehlen sie manchen spürbar schneller, aber letztlich fehlen sie allen.«

Freiheit und Leben, Freiheit und Sicherheit, Freiheit und Gleichheit – anders oder gar besser, als durch das Grundgesetz verbürgt, können diese zentralen Werte für jedes Individuum sinnlich nicht erfahrbar werden. Und zwar weil unsere Verfassung sie nicht gegeneinander ausspielt, sondern sie komplementär, das heißt einander ergänzend versteht, indem diese Werte sich in Reibung und Beschränkung, aber auch Verschränkung entfalten und vervollkommnen – wie die zwei Seiten ein und derselben Medaille.

So *soll* es sein. Dafür, dass es auch so *ist* beziehungsweise *wird*, sind wir alle aufgerufen, uns einzusetzen.

»Bauplan der Demokratie«, so nannten wir das Grundgesetz zu Beginn. Als »Betriebsanleitung für die Bundesrepublik Deutschland« bezeichnete der ehemalige Bundesverfassungsrichter Peter M. Huber die gesammelten Entscheidungen des Bundesverfassungsgerichts. Ich selbst sehe unsere Verfassung, mag das Bild nun in allen Facetten stimmen oder nicht, auch als eine Art Regisseur. Es wäre dies einer, der keine Stücke vorgibt, sondern nur dafür sorgt, dass die Regeln eingehalten werden. Was aufgeführt wird, bestimmen die Akteure – also wir Bürgerinnen und Bürger! – selbst. Ohne Akteure – also uns! – gibt es keine Schauspiele, Komödien, Dramen, Tragödien. Dann bleibt die Bühne gähnend leer. Und der Regisseur tritt ab. Das können wir nicht wollen.

PS: Während dieses Buch in Druck geht, erfährt die deutsche Öffentlichkeit von einem Treffen hochrangiger AfD-Funktionäre mit einer Führungsfigur der sogenannten *Identitären Bewegung* und anderen völkischen Rechtsextremisten in Potsdam. Es wurden dort allen Ernstes so absurde wie menschenverachtende Pläne zur massenhaften Vertreibung von Zuwanderern mit deutscher und ohne deutsche Staatsangehörigkeit erörtert. Das Wort »Remigration«, das man für diese Ungeheuerlichkeit verwendet, hat es immerhin zum Unwort des Jahres 2023 geschafft. Die Parallelen zur NS-Zeit sind offensichtlich, und die neuen Nazis denken nicht nur gegen unsere Verfassung – sie wollen und werden, wo man sie nicht daran hindert, auch gegen diese Verfassung handeln. Die wehrhafte Demokratie ist gefragt!